D0385791

Las novelas históricas de Pío Baroja

Sección: Crítica y Ensayo (novela)
Número: 171.

Carlos Longhurst:
Las novelas históricas
de Pío Baroja

Ediciones Guadarrama
Colección
Universitaria
de Bolsillo
**Punto
Omega**

PUNTO
OMEGA

Portada: Estudio R. & S.
Printed in Spain

© **Ediciones Guadarrama, S. A.** Madrid, 1974
Distribuidor en exclusiva: **Editorial Labor, S. A.**
Depósito legal: M. 14.682-1974
I.S.B.N. 84-250-0171-4
Impreso en: Tordesillas, O. G. Sierra de Monchique, 25. Madrid

Prólogo

El presente estudio vio la luz por primera vez, en forma algo más prolija y académica, en 1969 como tesis doctoral de la Universidad de Exeter, Inglaterra. Las responsabilidades docentes contraídas en aquel año y en los siguientes no me permitieron preparar el estudio para la publicación. Hoy lo ofrezco en forma revisada y podada, porque creo que llena un hueco clarísimo en la crítica barojista, hueco que algunos han reconocido y señalado, como, por ejemplo, Carlos Orlando Nallim, quien en su libro *El problema de la novela en Pío Baroja* escribía: «Hacemos constar aquí que las *Memorias de un hombre de acción* están esperando un trabajo de crítica que las comprenda en su significado histórico y novelístico. No pensamos en que necesariamente debe ser una sola obra y un solo autor quienes las traten...»

Estando la revisión de mi estudio en sus postrimerías, apareció el libro de Francisco José Flores Arroyuelo *Pío Baroja y la historia*. Su libro y el mío tienen puntos de contacto, pero son diferentes en concepción. Flores Arroyuelo optó por un estudio amplio, a modo de introducción al tema de la historia en Baroja, tema que incluye naturalmente las *Memorias de un hombre de acción,* pero que cubre otras materias también. El presente estudio, en cambio, va dedicado todo él, casi de forma exclusiva, a las *Memorias de un hombre de acción,* es decir, a las novelas históricas de Pío Baroja propiamente dichas. Creo que esta limitación del campo abarcado me ha permitido hacer un estudio más analítico y más detallado que el de Flores Arroyuelo. Con todo, aún hubiera querido ceñirme más al tema, explorar más hacia dentro, calar más hondo; pero no ha sido posible, al menos por ahora. A Baroja no se le ha estudiado como se merece, y si hablamos de temas concretos y precisos, como su utilización de fuentes históricas o su concepción de la novela histórica, pues no se le ha estudiado casi en absoluto.

Pero el interés en Baroja sigue indudablemente vivo, quizá más ahora que acabamos de celebrar su centenario, aunque a decir verdad estas ocasiones suelen producir cantidad más bien que calidad. En los años 60 aparecieron tres sólidos estudios sobre los *Episodios nacionales;* ¿será la década del 70 la de Pío Baroja, y en particular la de las *Memorias de un hombre de acción?* Esperemos que sí, porque esas novelas de Baroja verdaderamente lo valen.

Quiero consignar aquí los nombres de algunas personas que me asistieron durante la preparación de este estudio y a quienes debo ayuda de índole diversa: a don Victoriano González Monserrat y familia por el cariñoso recibimiento que he tenido repetidamente en su casa de Madrid durante mis frecuentes visitas a la capital; a don Dalmiro de la Válgoma, secretario de la Real Academia de la Historia, por concederme permiso para consultar la colección Pirala y para reproducir algunos documentos de esa colección; a Geoffrey Ribbans, jefe del Departamento de Español en la Universidad de Liverpool, de cuya experiencia y valiosos consejos pude disponer durante mis años de profesorado en aquella universidad; y a Derek Lomax, antiguo colega en Liverpool, hoy jefe del Departamento de Español de la Universidad de Birmingham, quien, en su capacidad de historiador profesional, me ayudó a poner en claro algunas ideas sobre la concepción barojiana de la historia. Mi mayor deuda la he contraído con José Alberich, de la Universidad de Exeter, quien no sólo fue mi director de tesis, sino que años después leyó con paciencia la nueva versión, haciéndome advertencias atinadas y sugerencias valiosas. A él, y a los ya mencionados, mi más sincero agradecimiento.

Carlos Longhurst
Universidad de Leeds
Abril de 1973

Advertencia

Por razones de accesibilidad, la edición de las obras de Baroja que hemos utilizado a lo largo de este estudio ha sido la de las *Obras Completas,* Biblioteca Nueva, Madrid, 1946-52. Es de advertir, sin embargo, que aunque sólo existe una edición de las Obras Completas, ha habido más de una impresión, y que la paginación original ha sufrido pequeñas alteraciones en una impresión posterior. Por ejemplo, hemos podido comprobar que en el tomo cuarto la numeración varía en cuatro o cinco páginas según la impresión. Desgraciadamente no parece que haya forma de distinguir entre la impresión original y la posterior, puesto que la edición, aparte de esta discrepancia en la paginación, es la misma y los editores no nos han advertido el cambio.

Los 22 tomos de las *Memorias de un hombre de acción* van incluidos en los tomos tercero y cuarto de las Obras Completas, aunque no en el orden en que fueron escritos y publicados. En nuestro estudio hemos creído necesario restablecer la cronología original, como ya explicaremos más adelante.

Varios de los 22 tomos van divididos en dos o más novelas o relatos independientes. Así, para evitar la confusión entre los títulos de los tomos y los títulos de los relatos que puedan ir dentro de un tomo, citamos los tomos en bastardilla y los relatos entre comillas. Por ejemplo, *Los caminos del mundo* es el título del tercer tomo de las *Memorias de un hombre de acción;* «La mano cortada» es el título de una de las tres novelas que componen ese tomo.

Las referencias a las citas de las Obras Completas las damos entre paréntesis en el texto; la cifra romana se refiere al tomo y la arábiga a la página.

Introducción
Las novelas.
El período histórico. El protagonista

> «He oído que muchas gentes conside-
> ran un error de Baroja dedicar estos
> años de plenitud creadora a narrarnos la
> vida de infusorio que su antepasado llevó.
> A mí me acontece pensar lo contrario;
> pero no me extraña. Baroja es, entre los
> escritores de nuestro tiempo, el menos
> comprendido, tal vez por ser el que ma-
> yor actividad exige a sus lectores.»
>
> José Ortega y Gasset

El total de la producción novelística de Baroja asciende a unas sesenta y seis obras. De éstas, veintidós
forman el ciclo histórico que lleva por título *Memorias
de un hombre de acción.* Estas novelas, pues, forman
la tercera parte de la producción barojiana, y su redacción se llevó a cabo a lo largo de veintidós años. Naturalmente, durante estos veintidós años Baroja escribió
novelas que no tienen nada que ver con las *Memorias
de un hombre de acción,* unas doce en total. Pero la
extensión de la serie histórica, el trabajo que requirió
y el esfuerzo que exigió al novelista, la convierten sin
lugar a dudas en la principal creación barojiana del período que va de 1912 a 1934.

Baroja no se hizo novelista hasta casi los treinta años,
y así, pues, las *Memorias de un hombre de acción* puede
decirse que cubren los años de madurez del escritor,
de los treinta y nueve hasta los sesenta y uno. A partir

de los sesenta la calidad de las creaciones barojianas decayó muy visiblemente, y pocas o ninguna de las novelas ofrecen el interés, la vivacidad y el impacto de su anterior producción [1]. Si comparamos las *Memorias de un hombre de acción* con la producción novelesca de la primera época, de 1902 a 1912, hallamos también una diferencia, no de calidad, sino de tono u orientación. El ciclo histórico revela desde luego la misma preocupación ética que caracteriza a casi todas las novelas anteriores: si antes Baroja había denunciado a la humanidad contemporánea desde un punto de vista moral o ético, ahora va a denunciar a la humanidad histórica desde un punto de vista parecido o igual. Pero es asimismo verdad que las novelas históricas revelan un alejamiento del tipo de novela en que consideraciones de índole filosófica son las que parecen predominar en la mente del novelista. En muchas de las novelas que anteceden al ciclo histórico se perciben agudas preocupaciones existencialistas. En ninguna se pone este aspecto más en evidencia que en *El árbol de la ciencia* (1911), novela en que el acuciante problema de cómo vivir una vida que parece incomprensible termina por llevar al protagonista al suicidio. *El árbol de la ciencia,* aunque enmarcada en una situación social concreta, es una novela manifiestamente filosófica, cuyo tema fundamental es la cuestión de la pertinencia o significado cósmico del hombre. Aunque no de forma tan manifiestamente filosófica como ocurre en *El árbol de la ciencia,* muchas otras de las novelas tempranas se ocupan de diversos aspectos del mismo problema fundamental: la búsqueda de una existencia significativa. En *Camino de perfección* (1902) Fernando Ossorio intenta hallar la solución por vía del erotismo y de un misticismo seudorreligioso, pero ninguno de estos métodos resulta satisfactorio, y finalmente Fernando halla consuelo en el trabajo activo para mantener y proteger a su familia. Juan de Labraz, en *El mayorazgo de Labraz* (1903), agobiado por la existencia y por la falsedad de los que le rodean, busca la salvación en la fuga de su medio ambiente normal y adopta una vida de vagabundo. En *La ciudad de la niebla* (1909) observamos a María Aracil luchando por mantener una vida libre e independiente, pero sucumbiendo al final para casarse con su primo, junto al cual no espera encontrar ni amor ni felicidad. En *César o nada* (1910) se propone la acción política como remedio, pero con resultados negativos: César Moncada, escéptico total, intenta contrarrestar su vacío ideológico con un programa ambicioso de acción política, pero la misma persistencia de su actividad junto a sus propios sentimientos humanos ocasionan su fracaso, demostrando así la impracticabilidad de su filosofía. *El mundo es ansí* (1912), al contrario que *Camino de perfección*, no ofrece solución por vía del matrimonio. Si los matrimonios de Sacha fracasan no es únicamente a causa del comportamiento egoísta de sus esposos, sino también a causa de la sensibilidad de su carácter, y como dándose cuenta de ello, Sacha vacila en unirse en matrimonio con Arcelu, de forma que pierde a la única persona con quien ha conseguido establecer lazos de simpatía y comprensión. El problema de cómo orientar la vida ante la incapacidad humana de hallar el significado de la existencia queda, pues, sin resolver.

Todas estas novelas están profundamente imbuidas de un espíritu filosófico o reflexivo, son novelas cuyos temas giran en torno al significado de la existencia, de la orientación que podemos dar a nuestras vidas, y de la posición del individuo en la sociedad. En las *Memorias de un hombre de acción* ya no encontramos esa obsesión con el individuo que no puede adaptarse satisfactoriamente a sus circunstancias. Parece como si Baroja hubiese aceptado finalmente la imposibilidad de hallar una solución satisfactoria al problema existencialista, y consciente de la futilidad de seguir dándole vueltas al asunto, decide dedicar sus energías a capturar la realidad externa y concreta de la vida, que es realmente el único aspecto de la existencia que el hombre puede alcanzar. Si para ello se vuelve hacia la historia es porque en ella encuentra esa realidad externa inmersa en drama y agitación. En las *Memorias de un hombre de acción* late un mundo novelesco lleno de vigor y vitalidad. La

12

misma naturaleza del período histórico de que tratan
estas novelas, con sus continuos trastornos en las esferas
tanto política como militar, le ofrece al novelista una
fuente de inspiración, un marco dentro del cual puede
utilizar sus poderes de invención e imaginación sin per-
der el contacto con la sólida realidad a la que concede
tanta importancia [2]. En los *Episodios nacionales* Galdós
inventaba los argumentos ficticios para que actuasen de
sostén novelesco para la materia histórica, y lo histórico
siempre tenía precedencia sobre lo novelesco. En Baroja
casi se podría decir que ocurre lo contrario: la materia
histórica está ahí para suministrar el impulso inicial a
la imaginación creadora del novelista y para suministrar
también ese marco de realidad al que la materia novelesca debe permanecer anclada. Y podemos decir sin
temor a exagerar que en la invención de esa materia
novelesca ha habido un verdadero derroche de energías
imaginativas. Es extraordinario el alcance y la variedad
de la materia novelesca de las *Memorias de un hombre
de acción,* y seguramente no existe un caso paralelo en
la historia de la novela española moderna; sólo la producción novelística de Galdós ofrece un alcance parecido.
Son numerosos los lances de amor, así como las historias de asesinatos, robos y venganzas; hay historias de
fugas, de persecuciones y de raptos; intrigas políticas,
espionaje y contraespionaje; actos de heroísmo y actos
de traición; novelas de viaje y novelas de reportaje;
relatos de aventuras y relatos de la vida cotidiana; momentos de intensidad dramática y momentos de quietud
reflexiva. La impresión total que el lector recibe es
una impresión de diversidad, confusión y dinamismo. No
es esto lo mismo que la acción, concepto en que la
crítica barojiana ha insistido demasiado, hasta conver-
tirlo en lugar común y casi vaciarlo de significado. Se
trata más bien de la manifestación de la vida en sus
diversas formas y en su fluir inexorable. Esta impresión
de vitalidad que se recibe al leer muchas de las novelas
barojianas, pero que resulta difícil de definir, es especialmente notable en las *Memorias de un hombre de acción,*
donde personas y acontecimientos van y vienen, surgen

13

y desaparecen en una corriente tumultuosa e inexorable, ofreciendo un vasto panorama de las diversas facetas de una humanidad que se mueve sin saber adonde va. Las *Memorias de un hombre de acción* quizá no sean las novelas de Baroja de más fuerza intelectual; pero el cuadro de actividad humana que nos pintan las coloca entre las más ardientes y cautivadoras.

Hemos dicho que Baroja va a la historia en busca de inspiración novelesca y no para darnos una lección de historia o de política como ocurre con Galdós[3]. Esto no quiere decir que a Baroja no le interese la historia; le interesa como a nadie, y en sus investigaciones históricas puso un esfuerzo considerable. Pero le interesa precisamente porque quiere aprovecharse de ella para sus propios fines novelescos, aunque eso mismo le lleve a desarrollar un interés por cuestiones puramente históricas. Guiado por su curiosidad inicial hacia Aviraneta, llega a ese período de la primera mitad del siglo XIX y descubre todo un mundo de intrigas, vilezas, estupideces, luchas, muertes y algún acto de heroísmo y de sacrificio, en resumen, un compendio de las diversas manifestaciones del comportamiento humano, que es lo que verdaderamente le interesa a Baroja.

Aquella época lejana de turbulencia fue testigo de la lucha entre tradición y progreso, entre un sistema político absolutista y otro liberal, y de las vicisitudes que tal choque ocasionó. El alzamiento contra Napoleón tiene motivos patrióticos, pero se lleva a cabo de una manera desesperadamente cruel. Los españoles hacen una guerra salvaje, como si se tratase de una venganza personal. Se consigue el objetivo inmediato —la expulsión de los franceses—, pero a costa del progreso político y de la estabilidad de la nación. A su regreso, en 1813, Fernando no vacila en deshacer el trabajo de las Cortes de Cádiz, y el sistema político sobre el cual preside es ahora un completo anacronismo. Su reinado se caracteriza por la brutalidad, la represión y el estancamiento político. Vio el comienzo de la era del pronunciamiento, de conspiraciones y alzamientos, todos los cuales fueron fracasos costosos para los hombres que los perpetraron. De 1820 a 1823 hay un intervalo en el reinado arbitrario y represivo de Fernando. Pero es una oportunidad perdida, pues los hombres que tienen el poder durante el trienio liberal riñen entre sí: los moderados son desalojados y sustituidos por los exaltados. Una Europa alarmada pide la intervención, y una vez más los franceses violan el territorio y la autonomía españoles. La segunda época absolutista de Fernando es peor que la primera: la persecución de los liberales es implacable; se ejecuta a Riego, al *Empecinado* y a otros jefes liberales. Pero el Destino, que le da a Fernando una hija en vez de un hijo, le obliga, contra su voluntad, a pactar con los liberales. Don Carlos y sus partidarios invocan la Ley Sálica, pero Fernando insiste en que la corona pase a su hija Isabel, provocando así la primera guerra civil de la época moderna. Durante seis años, España, y principalmente las provincias del Norte y de Levante, se ve sumergida en una lucha encarnizada, con constantes atrocidades en ambos bandos. Al derramamiento de sangre acompaña la torpeza política. El Pretendiente carlista une a la terquedad la ineptitud y la antipatía personal, y es completamente incapaz de dirigir la empresa con éxito. En Madrid los ministros caen como bolos y no hay un gobierno capaz de llevar la guerra a su fin. Los pronunciamientos y los motines se dan con frecuencia monótona en el campo liberal, mientras que en el carlista son las disensiones internas lo que realmente conduce a la derrota del carlismo en 1839. La victoria de Espartero le permite a éste expulsar a la reina María Cristina en 1840 y erigirse él en regente. Pero los pronunciamientos continúan, y aunque Espartero consigue aplastar a algunos de sus enemigos, él mismo se ve obligado a salir para el exilio en 1843. Durante los próximos diez años el gobierno de la nación está en manos de los liberales moderados, con Narváez a la cabeza, es decir, de un grupo más o menos conservador que hace lo posible por explotar el miedo a la revolución, pero sin conseguir evitarla. Hay alzamientos, tanto militares como populares, que culminan en la Revolución del 54, con sus inevitables brutalidades y derramamiento de sangre. A la incompetencia política, a las luchas fratricidas, y a los frecuentes disturbios populares, hay que añadir los constantes escándalos en palacio. La monarquía española se hunde a un nivel vergonzoso. La crueldad y arbitrariedad de Fernando, la codicia de María Cristina y la vida licenciosa de Isabel, todo ello contribuye a rebajar la dignidad de la nación.

Ese medio siglo que va de la guerra de la Independencia a la Revolución del 54 es, pues, un período de constante agitación, aunque de escaso progreso para el país. Según el punto de vista, resulta una época pintoresca o exasperante. Para Baroja es ambas cosas. Pintoresca por la balumba de los hechos que pasan en sucesión aturdidora, en un desfile inacabable de intrigas, sociedades secretas, revoluciones, luchas y muertes. Exasperante porque lo que se debatía era al fin y al cabo el problema del derecho humano a pensar y a vivir con libertad sin hacerle la vida imposible al prójimo, problema que la nación española no supo en aquel entonces resolver.

Por esa época turbulenta pasa como un meteoro la figura enigmática de Eugenio de Aviraneta, maestro de conspiraciones, que cuando no actúa por propia iniciativa trabaja como agente secreto del gobierno liberal. Aviraneta nace en Madrid en 1792 y empieza su agitada carrera cuando aun es un muchacho de dieciséis años, al comenzar la guerra de la Independencia. Mientras su padre se hace colaboracionista en Burgos del invasor francés (aunque seguramente era al mismo tiempo un espía de los patriotas españoles), Eugenio abandona el hogar paterno y se une, a fines de 1808 o principios de 1809, a las guerrillas del *Empecinado,* para pasar poco después a las del cura Merino, a cuyo lado luchará contra los franceses hasta la terminación de la guerra. Después de la guerra, Aviraneta vive en Aranda de Duero, donde desempeña el cargo de administrador del Crédito Público. En 1820 es regidor primero de Aranda de Duero. Durante los tres años del régimen liberal, Aviraneta lucha junto al *Empeci-*

nado contra su antiguo jefe, el cura Merino, que ahora emplea la guerra de guerrillas contra sus paisanos pero antagonistas políticos. En la campaña de 1823 contra los absolutistas, es ascendido a capitán de caballería por su valiente conducta en el campo de batalla, y poco después es enviado a Cádiz para exponer al gobierno la precaria situación de las fuerzas liberales en Extremadura y Castilla. Preso por los realistas, es conducido a Sevilla, donde consigue fugarse y llegar a Gibraltar. Aquí perdemos temporalmente el rastro de Aviraneta; sólo sabemos que en 1824 estuvo con Byron en Missolonghi, aunque no sabemos ni qué hizo ni cuánto tiempo estuvo allí. En la primavera de 1825 se embarca en Burdeos rumbo a Méjico. Sobre su estancia en el Nuevo Mundo nos ha dejado unas memorias que fueron publicadas póstumamente. Además de ocuparse en actividades comerciales y periodísticas, Aviraneta toma parte en la expedición militar del general Barradas con el cargo de comisario de guerra, ganándose por su comportamiento y su ingenio los elogios de Barradas. A finales de 1829 Aviraneta está en La Habana, desde donde escribe a varias personalidades pidiendo recomendaciones para que le sea oficialmente confirmado el puesto de comisario de guerra que le había conferido Barradas, y no vacilando en mentirle a uno de sus destinatarios, el realista Francisco Longa, capitán general de Valencia, a quien le oculta, por conveniencia, sus estrechos vínculos con el régimen liberal en 1823. A finales de febrero de 1831 llega Aviraneta a Bayona, pero hasta 1833, en que regresa a Madrid (seguramente a raíz de la amnistía general decretada por María Cristina), no volvemos a tener noticias de él.

En Madrid comienza Aviraneta sus actividades de conspirador. Funda la Sociedad Isabelina, de carácter y objetivos políticos: su meta es apoderarse del gobierno y establecer un régimen y un sistema liberales, asegurando la sucesión de Isabel. Tras la denuncia de la conspiración isabelina Aviraneta es apresado, junto con otras personalidades implicadas en el asunto, entre ellas el general Palafox y el poeta Espronceda. Al poco tiempo todos han sido puestos en libertad, excepto Aviraneta, que permanece preso más de un año, hasta la sublevación de la milicia madrileña en agosto de 1835, sublevación que el mismo Aviraneta ha ayudado a proyectar desde la cárcel. El fracaso de la rebelión hace que Aviraneta tenga que esconderse en Zaragoza, pero con la llegada de Mendizábal al poder la causa contra él es sobreseída. El mismo Mendizábal le envía a Barcelona a desentrañar las maquinaciones carlistas en Cataluña. Desgraciadamente para Aviraneta, al poco tiempo de llegar él a Barcelona tiene lugar la matanza de prisioneros carlistas, y a renglón seguido los isabelinos proclaman la Constitución. Mina, sin pararse a analizar los sucesos, decreta la inmediata deportación de Aviraneta y otros liberales a las Islas Canarias. No pasa Aviraneta mucho tiempo en el destierro, pues a los pocos meses está de vuelta en Cádiz, donde publica un folleto explicando los sucesos de Barcelona en enero de 1836. El verano de ese año está Aviraneta en Málaga, donde presencia el asesinato del gobernador, conde de Donadío, y del general San Just. De Málaga Aviraneta regresa a Cádiz, donde publica un artículo feroz contra Mendizábal que le vale una nueva persecución. Es encarcelado en Puerto de Santa María, pero a los pocos días se le pone en libertad. Entonces es nombrado delegado de la Hacienda Militar de la provincia de Cádiz, y en esta capacidad se une a la expedición de Narváez sobre Arcos de la Frontera, encargándose con gran éxito de la cura y hospitalización de los heridos tras la batalla de Majaceite entre las fuerzas de la reina y las del carlista Gómez.

Es ahora cuando Aviraneta comienza sus trabajos de agente del gobierno. En mayo de 1837 es comisionado por el ministro Pita Pizarro para averiguar los planes carlistas que se están fraguando en el sur de Francia, pero la hostilidad del cónsul español en Bayona, el cual le denuncia a la policía francesa, hace fracasar su misión. Al año siguiente Aviraneta es comisionado una vez más para introducir la discordia en el ejército carlista, valiéndose para ello de la red de agentes liberales que había sido establecida en el territorio y en las filas carlistas. Aviraneta urde una compleja trama, con cartas y documentos falsos, para engañar a don Carlos y explotar y acrecentar las divisiones del campo carlista, empresa que lleva a cabo con éxito, pues sus intrigas y maniobras contribuyen a la rápida desintegración del carlismo en 1839. En vista de la eficacia de sus métodos, Aviraneta es requerido una vez más por el gobierno para que repita la suerte en Cataluña, donde aún continúa la guerra. Camino de Francia, es detenido y encarcelado en Zaragoza por orden de Espartero, pasando varias semanas en prisión. Al fin puede continuar su viaje y se establece en Toulouse, desde donde se pone en contacto con la junta carlista de Berga, y hace averiguaciones sobre los planes de Cabrera. Al terminar la guerra en Cataluña, Aviraneta permanece en Francia intentando desenmarañar las continuas intrigas de los carlistas exilados.

En 1841 Aviraneta es expulsado de Francia, y avisado de que no debe regresar a España, donde Espartero ejerce la dictadura militar, decide ir a Suiza, instalándose en Ginebra, desde donde se dedica a escribir cartas y folletos. Con el exilio de Espartero a Inglaterra, Aviraneta regresa a Madrid, donde vivirá en la oscuridad el resto de sus días. Lo único de importancia que parece haberle ocurrido en su vejez es su prisión durante la Revolución del 54, que le privó de su libertad por varios meses. Aviraneta muere en Madrid en febrero de 1872.

Esto, pues, referido muy someramente, es lo que sabemos de la vida del Aviraneta histórico. El barojiano es otra cosa; pues aunque basado indudablemente en hechos, sobrepasa a éstos en mucho. El Aviraneta barojiano es, por supuesto, un mito, uno de los pocos grandes mitos que ha creado la literatura moderna. Para crear ese mito, Baroja tuvo que recurrir a la historia, y por ahí también nos proponemos nosotros abrir brecha en nuestra tarea.

Primera Parte
**Las memorias de un hombre de acción
como historia**

Capítulo 1
Las fuentes históricas

1. Fuentes relacionadas con Aviraneta

Durante los años de preparación y redacción de las
Memorias de un hombre de acción, Baroja llevó a
cabo una extensa labor de investigación sobre la vida
y hechos de Eugenio de Aviraneta, trabajo por el cual
siempre sintió cierto orgullo: «Como investigador, Galdós ha hecho poco o nada; ha tomado la historia
hecha en los libros; en este sentido yo he trabajado
algo más: he buscado en los archivos y he recorrido los
lugares de acción de mis novelas, intentando reconstruir lo pasado» (VII, 1074). La búsqueda de datos
sobre Aviraneta fue un trabajo largo y penoso, que
requirió pesquisas constantes, en gran parte infructuo-
sas. «Fue una labor un poco de detective», nos dice el
propio Baroja (VII, 1073).

Baroja no nos ha dejado un relato completo de sus
investigaciones; no obstante, podemos hallar ciertas
menciones e indicaciones dispersas a lo largo de su extensa obra [1]. Sus primeros conocimientos de Aviraneta
los adquirió por medio de su propia familia. Don Eugenio era un pariente lejano de la madre de Baroja, y el

novelista a menudo le oyó a ésta relatar anécdotas del conspirador. Igualmente aprendió algunos detalles por boca de la condesa de Lersundi de San Sebastián, y de Angel Pirala, hijo del historiador Antonio Pirala, ya que ambos habían conocido personalmente a Aviraneta. En 1911 Baroja comenzó las investigaciones que habrían de proporcionarle el material básico para veintidós volúmenes y una biografía, aunque en un principio proyectó escribir sólo diez volúmenes. Un año más tarde había recogido suficiente material para sentirse lo suficientemente seguro para comenzar la serie. El primer tomo, *El aprendiz de conspirador,* «que tiene como objeto dar una idea sintética de las hazañas del protagonista y legitimar que de él pueda escribir yo tanto» (VII, 1074), fue concluido en octubre de 1912.

El primer paso en las investigaciones del novelista fue consultar los diversos archivos y bibliotecas de Madrid. En la Biblioteca Nacional halló dos opúsculos de Aviraneta, y varios más en otras bibliotecas, así como su hoja de servicio militar, esta última en lo que era entonces el Ministerio de la Guerra. También consultó naturalmente las numerosas historias generales del período, pero éstas en su gran mayoría sólo ofrecían migajas de información. Las librerías de viejo fueron lugares de frecuentes visitas, en su búsqueda de documentos, manuscritos y cualquier material que ofreciese información acerca de ese personaje oscuro y fascinador que era Aviraneta. A veces, tras meses de búsqueda infructuosa, tropezaba con documentos valiosos por puro azar. Escribe Baroja: «Los datos que yo tenía de Aviraneta eran poco detallados. Estaba con la idea de abandonar mi proyecto de escribir las *Memorias de un hombre de acción* cuando se presentaron dos jóvenes que me parecieron de pueblo, y me dijeron si quería comprarles unos papeles que hablaban del *Empecinado.* Eran cinco o seis cuadernos manuscritos. No eran del *Empecinado,* sino de Aviraneta, escritos unos con letra de éste y los otros copiados por alguien. No tenían una numeración correlativa. Me pidieron poco y los compré. Un par de meses después, al pasar por la librería de García Rico, de la calle del Desengaño, me dijo el jefe, Ontañón: "Tengo unos cuadernos que hablan de Aviraneta, pero no están completos." Me los enseñó y los compré. Con los de casa se completaban en parte pero no del todo» (VII, 1074).

«No del todo»: he ahí el problema constante que Baroja tuvo que afrontar en sus esfuerzos por poner al descubierto la vida y actividades de Aviraneta. Había sacado a luz información suficiente para no renunciar a la empresa; pero había lagunas que no podía llenar como historiador, aunque no vacilase en hacerlo como novelista. «En muchas cosas me he basado en hechos; en otras únicamente en indicios», escribe una vez; y otra: «En lo escrito anteriormente por mí hay algo supuesto o inventado, con el fin de aclarar o explicar lo mal conocido» (IV, 983). Algunos documentos importantes se le escaparon, como por ejemplo los «Apuntes políticos y militares o confesiones de Aviraneta», debido a que no le permitieron ver la «Colección Pirala» que se encuentra en la Academia de la Historia: «En la biblioteca de la Academia de la Historia, en donde está reunida toda la documentación que recogió Pirala sobre la guerra civil, debe haber cosas de gran interés; pero a mí no me permitieron verlas, a pesar de que hice varias solicitudes a la Academia y al ministro de Instrucción Pública» (IV, 1335). En esto tuvo Baroja mala suerte, pues tal como él sospechaba, la «Colección Pirala» contiene varios documentos importantes relacionados con Aviraneta. Años más tarde el novelista Castillo Puche consiguió que le dejasen ver los documentos, y empleó la información así obtenida en su sensacionalista «réplica» a Baroja. A pesar de las dificultades que encontró, algunas claramente insuperables, Baroja pudo no obstante acumular una cantidad considerable de material documental, y es una lástima que la mayor parte se perdiese cuando su casa de Madrid fue bombardeada durante la guerra. Lo que queda en la biblioteca de Vera es poco en comparación.

La pérdida de los documentos y demás información

acumulada por Baroja hace que la tarea del investigador sea un tanto laboriosa. Pues en vez de proceder directamente al cotejo de las fuentes con las novelas, tiene primero que determinar qué información tuvo Baroja a la mano al componer sus novelas, y además tiene que localizar ese material. Ambas tareas suponen serias dificultades.

La principal dificultad nace de la situación del propio Aviraneta. Aviraneta fue un oscuro agente político, y aunque adquirió cierta fama en su día, no ha llegado a suscitar el interés de los historiadores. Apenas se le conocía antes de que Baroja lo convirtiera en héroe de sus novelas. Había habido referencias pasajeras a él en las historias que trataban del período de la primera guerra carlista, así como menciones en la prensa de la época, pero todo esto no ascendía a gran cosa, sobre todo teniendo en cuenta que casi todas las referencias eran a sus actividades durante la última fase de la guerra. En cuanto a la personalidad y carácter de Aviraneta, la poca información disponible era oscura e incluso contradictoria. Según Pirala, Aviraneta amaba el liberalismo con pasión y demostró en sus acciones claridad de juicio y devoción y lealtad a la causa liberal. Según el biógrafo de Espartero, José Segundo Flores, Aviraneta era charlatán, enredador y embustero. Como persona, pues, Aviraneta se prestaba a varias interpretaciones, y esto fue precisamente lo que hizo Baroja: interpretarlo según sus propias creencias y según su visión de la España del siglo XIX. «El famoso Aviraneta, el célebre Aviraneta, así le llamaban los papeles de su tiempo, era un infame, un bandido, un miserable. ¿Por qué?» (III, 11). Este «¿Por qué?» es un interrogante revelador. Demuestra que Baroja, desde un principio, piensa rechazar esa opinión que considera a Aviraneta como hombre de reputación dudosa. Para Baroja, la hostilidad que muchos demostraron a Aviraneta nace del hecho de que Aviraneta en su época fue un hombre excepcional, nada típico de la mayoría de los políticos de su tiempo: «Entre tanto charlatán hueco y sonoro como ha sido exaltado en la España del siglo XIX, a Eugenio de Aviraneta, hombre valiente, patriota atrevido, liberal entusiasta, le tocó en suerte en su tiempo el desprecio, y después de su muerte el olvido» (III, 12). Esta especie de reinterpretación de Aviraneta rige la caracterización que de él nos hace Baroja. A pesar de que al reconstruir la vida de su héroe adoptivo Baroja se basó en hechos siempre que pudo, no cabe duda de que en sus novelas le atribuye al personaje una función ideológica que está por encima de los hechos históricos. La mentalidad del personaje barojiano es una mentalidad muy particular que obedece a la función que Baroja le asignó y que no tiene necesariamente que ver con los hechos históricos de su vida. Fue esta interpretación personal de Aviraneta la que condujo a Castillo Puche a denunciarla como histórica y psicológicamente falsa. Ya volveremos sobre esto más adelante, en un examen más detenido del Aviraneta barojiano; de momento sólo apuntaremos que a pesar de sus penosas investigaciones, Baroja se acercó a su héroe no con el criterio de un historiador fríamente objetivo, sino con el criterio de un novelista, un novelista que viene ya equipado con una visión subjetiva y con una ideología personal. Este criterio de novelista se ve claramente en el hecho de que Baroja, si bien se esfuerza por averiguar hechos y datos, no vacila en imaginarlos e inventarlos cuando se desconocen. Por cierto que esto lo admitió el mismo Baroja, como queda visto en un par de citas incluidas más arriba.

La cuestión, pues, se presenta un tanto complicada para el investigador. En los casos en que el relato barojiano concuerda con la posible fuente en algunos detalles y difiere en otros, podríamos buscar la explicación en la presentación que Baroja hace del protagonista; pero también pudiera ser que esa posible fuente no fuese la usada por Baroja. Y esta alternativa no la traemos a cuento por mera afición a complicar las cosas; es una posibilidad demasiado real. El Aviraneta histórico parece haber padecido una intensa frustración ante la falta de reconocimiento público por lo que él consideraba ser importantes servicios a la madre patria y a la causa liberal, y este sentimiento de injusticia tuvo el efecto de convertirle en grafómano, o al menos de acentuar su grafomanía, pues Aviraneta decidió emplear toda oportunidad para proclamar sus méritos por medio de la palabra impresa, así como en cartas y comunicaciones particulares. Como consecuencia de ello, Aviraneta se repite con frecuencia en sus escritos, relatando la misma historia en diferentes sitios. Siempre existe la posibilidad de que Baroja obtuviese cierta información de una o varios publicaciones, o cartas o manuscritos, y un cotejo minucioso es imprescindible antes de poder descartar esa posibilidad en un caso concreto.

Las dificultades que el investigador de las fuentes aviranetianas de Baroja tiene que superar son, pues: primero, la pérdida de la mayor parte de los apuntes y documentos recogidos por Baroja; segundo, la pobreza de la información histórica fidedigna sobre Aviraneta, y tercero, la naturaleza repetitiva de los escritos de Aviraneta. Estos problemas complican la labor de investigación; pero de ningún modo la impiden. Lo que nos proponemos hacer a continuación es dar una idea general, por medio de una selección de ejemplos concretos, de lo que hemos hallado ser las principales fuentes de información de Baroja sobre Aviraneta.

i) Información oral

En la composición de las *Memorias de un hombre de acción* las fuentes orales fueron menos importantes que en la composición de los *Episodios nacionales*. Galdós pudo hablar con personas que habían presenciado los acontecimientos que nos narra en sus novelas, entre ellas con la misma reina Isabel [2]. Quien suministró a Galdós mayor número de datos fue Mesonero Romanos, como puede comprobarse consultando la correspondencia que tuvo lugar entre ellos [3]. Una y otra vez, sobre todo durante la composición de la segunda Serie, Galdós recurrió a Mesonero en busca de información sobre los acontecimientos menos conocidos que Mesonero había presenciado, sobre los rasgos físicos de personas a quienes había conocido, canciones populares que había oído, y otros detalles parecidos que no suelen encontrarse en los libros de historia. Esto no se da naturalmente en Baroja, ya que él escribe de acontecimientos que han ocurrido casi cien años antes y, por lo tanto, no le es posible hallar a personas que hayan presenciado esos acontecimientos. Sí pudo hablar con personas que habían conocido a Aviraneta en sus últimos años, pero para entonces Aviraneta estaba ya retirado de la política y vivía oscuramente, y por lo tanto esas personas que le conocieron por aquella época es muy probable que no supiesen gran cosa de él. En realidad, en lo que a fuentes orales se refiere, Baroja obtuvo casi toda su información por medio de sus padres y parientes: «Mi padre y mi madre conocieron a Aviraneta en su juventud. Mi padre de pasada, con poca intimidad. Mi madre lo recordaba más; le había visto muchas veces en casa de su abuelo, don Antonio María de Goñi. Mi madre refiere bastantes anécdotas de la vida del conspirador: cómo fue una vez a su casa de San Sebastián sin peluca (el viento se la había llevado); cómo se burlaba de la gente donostiarra; cómo le gustaba chismografiar y contar sucesos de su vida aventurera» (IV, 1180). También pudo suministrarle a Baroja algunos detalles la condesa de Lersundi, cuya madre había sido madrina en la boda de Aviraneta y que había visitado la casa de Aviraneta con frecuencia durante su niñez.

Baroja también escribió a varios historiadores, pero sin resultado. Miguel Morayta, autor de *La masonería en España* (1915), ni siquiera sabía escribir el apellido del conspirador correctamente y le llamaba Amoravieta. Fermín de Lassala, autor de *La separación de Guipúzcoa y la Paz de Basilea* (1895), tenía poco más que añadir: «Su personalidad fue notoria, aunque su acción fue siempre secreta... Escribió un folleto que hará usted bien en conocer... Nunca crucé palabra ni saludo con el famoso conspirador unas veces, policía otras, a pesar de verle casi diariamente...» Juan Pérez de Guzmán resultó igualmente estéril como fuente de información: «Siento que me diga usted que el conspirador, folletista y enredador Avinareta (sic) era algo pariente de usted...

Avinareta (sic) no merece que su pluma de usted ni aun estampe su nombre...» [4].

ii) Las historias generales

Las historias generales del período prestan poca atención a Aviraneta, y, con una importante excepción, Baroja no pudo obtener mucha información de ellas. Varias son las obras que mencionan a Aviraneta, pero lo hacen casi invariablemente con relación a sus últimas asignaciones, verbigracia, las misiones que precedieron y siguieron al Convenio de Vergara. No hay mención de su participación en acontecimientos anteriores a 1833, con excepción de una breve mención en el artículo de José Gómez de Arteche «La Guerra de la Independencia bajo su aspecto popular: los guerrilleros» [5]. De aquí sacó Baroja el detalle de que Aviraneta había luchado en las guerrillas de Merino durante la guerra de la Independencia. Escribe Arteche refiriéndose a Merino: «Para pintarnos su astucia y las precauciones que tomaba a fin de no ser sorprendido por los franceses, ni víctima de una traición por parte de sus subordinados, pernoctaba de la manera que vais a oír de boca del famoso Aviraneta, compañero suyo de fatigas y conocido de cuantos, como yo, no mozos, le habrán visto figurar disputando al general Espartero la gloria del Convenio de Vergara» [6]. Arteche no da más detalles de Aviraneta. La importancia de esta referencia pasajera está en que puso a Baroja sobre la pista de una de las publicaciones del propio Aviraneta, *Las partidas de brigantes,* que una vez localizada proporcionó a Baroja la importante información que incorporó en su novela *El escuadrón del Brigante.*

Juan Valera, en su continuación de la *Historia general de España,* de Modesto Lafuente, da detalles de la insurrección del 15 de agosto de 1835 en Madrid y nombra a Aviraneta como uno de los promotores del motín. Valera también habla del papel que desempeñó Aviraneta en dividir a los carlistas durante las últimas jornadas de la guerra civil y de las restricciones a que se vio sometido por parte de aquellos que le tenían que haber ayudado y no obstaculizado: «Era tan mala la opinión que como revolucionario se tenía de Aviraneta, que hacía difícil, hasta para los que conociéndole se fiaban de él, defenderlo y responder de su lealtad. Así había sucedido en 1835, cuando llegado Aviraneta a Barcelona en calidad de agente de Mendizábal, no impidió esto que Mina lo deportase a Canarias sin otro motivo que el de infundadas sospechas» [7]. En Baroja encontramos lo siguiente: «La opinión que se tenía de Aviraneta era tan mala, que ha sido muy difícil, hasta para los que le conocen y se fían de él, defenderle y responder de su lealtad. De ahí que ande perseguido y preso; lo mismo le pasó en 1835, cuando llegó a Barcelona en calidad de agente de Mendizábal. Entonces el general Mina le deportó a Canarias sin más motivo que los celos de otros liberales» (IV, 817). La adaptación que Baroja hace de Lafuente prosigue con bastante fidelidad durante unos párrafos más. Baroja no vaciló en utilizar estas líneas de la *Historia general de España,* como puede verse haciendo el cotejo apropiado:

LAFUENTE/VALERA

Consecuencia de esta doble situación de descrédito en Aviraneta y de reparo en abonarlo por parte de los que lo empleaban, resultó que al ser enviado por la Reina y por Pita para entablar sus trabajos de zapa contra el carlismo, sujetaron a su hombre de confianza a una dependencia y fiscalización del cónsul de Bayona, que hasta cierto punto coartaba la libertad de acción de Aviraneta y perjudicaba al éxito de sus trabajos. Espartero y sus generales, igualmente prevenidos contra el agente secreto, desautorizaban y estorbaban de mil maneras la espontaneidad

BAROJA

A consecuencia de esta doble situación de descrédito en Aviraneta y de reparo en abonarlo por parte de los que le empleaban, resultó que, al ser enviado por la reina y por Pita Pizarro para comenzar sus trabajos de zapa contra el carlismo, le pusieron en Francia bajo la vigilancia del cónsul de Bayona, que coartaba la libertad de acción de Aviraneta y le estorbaba en sus trabajos.
—¿Espartero tuvo algo que ver en eso?
—Espartero y sus generales, igualmente prevenidos contra el agente secreto, desautorizaban y estorbaban de mil ma-

de sus movimientos; circunstancias todas éstas que dan mayor valor a los servicios de
Aviraneta, los que, como se
verá, no fueron estériles y antes al contrario contribuyeron
a la venturosa catástrofe que
lanzó a don Carlos del territorio
español, sin que deba dejarse
de tener en cuenta que los amigos de Aviraneta le atribuyeron,
en el éxito de los trabajos que
condujeron al tratado de Vergara, una participación que fue
en gran parte obra y efecto de
hechos ajenos a la inmediata y
directa acción del agente secreto...

Las intrigas y las artes de
Aviraneta llegaron de tal manera a aumentar la confusión entre los dos bandos contrarios
[verbigracia, los carlistas moderados y los carlistas puros o
apostólicos], que su rompi-
miento se hizo ya inevitable [8].

neras la espontaneidad de sus
movimientos.
—Pero al último, ¿los trabajos de Aviraneta tuvieron éxito?
—Sí. Los trabajos de Aviraneta contribuyeron al movimiento que lanzó a don Carlos
del territorio español. Los amigos le atribuyeron una gran
participación en los preliminares del Convenio de Vergara...

Las intrigas de Aviraneta llegaron de tal manera a aumentar la confusión entre los bandos absolutistas, que su rom-
pimiento se hizo ya inevitable
(IV, 817-8).

Esto lo escribía Baroja en el tomo decimonoveno de
la serie sencillamente como un recordatorio de lo precedente. Los hechos que describe aquí ya habían sido
tratados con gran detalle en volúmenes anteriores. Baroja
no tenía necesidad de recurrir a un libro de historia y
tomar prestada una descripción de acontecimientos que
conocía ya de memoria. Si lo hizo fue porque el material
lo tenía a mano entre su colección de notas y documentos y la transcripción más o menos fiel era lo más
rápido y conveniente en ese momento.

El marqués de Miraflores, en sus *Memorias del reinado de Isabel II,* también habla de Aviraneta en relación con el Convenio de Vergara. Miraflores explica las
actividades de Aviraneta del siguiente modo: «Ya dije
muy de paso que existió en la frontera muchos meses
un agente del gobierno español llamado don Eugenio

Aviraneta, cuya travesura fue de alta utilidad a la causa en favor de cuyos intereses trabajaba. Este agente, ya célebre en la historia de nuestras agitaciones políticas desde 1833, se había constituido en Bayona, y tomado sobre sí fomentar con habilidad extrema las disensiones en el campo carlista, aprovechando ser natural del país y sus relaciones. La memoria que este agente presentó al gobierno de su majestad con fecha 15 de noviembre de 1839 es uno de los documentos curiosos de la época y un curso completo del arte de conspirar. Aviraneta por medio de ardides excitó y acaloró pasiones que pudieron contribuir grandemente a disolver la causa carlista. En un mismo día hacía temer a don Carlos la que llamaba traición de Maroto, y a Maroto el veneno y el puñal de los apostólicos. A la vez excitaba a los apostólicos desterrados por Maroto contra aquel jefe, como le hacía a él temer lo que los apostólicos fraguaban contra su enemigo [9]. Legitimista francés para don Carlos, le hacía la singular confianza de una conspiración que contra su causa se fraguara en una sociedad secreta de Madrid, en comunicación con otra que decía existir en Azpeitia, a cuya cabeza se hallaba Maroto, y ni la sociedad de Madrid ni la de Azpeitia existían más que en la cabeza de Aviraneta, el cual había fingido signos, esferas, sellos, triángulos, que había hecho llegar con destreza ingeniosa a poder de don Carlos por el intermedio de Marcó del Pont, enajenado de gozo de llevar a su Rey tan preciosos descubrimientos. Aviraneta unas veces en vez de legitimista francés aparecía sólo vizcaíno, y esparcía proclamas en vascuence que debieron contribuir a excitar los deseos de paz, y otras, conspirador activo y diestro, atizaba la revolución en los momentos decisivos en la línea de Andoain, ejerciendo acción hasta sobre los batallones insurreccionados» [10]. Esta narración está basada en la *Memoria* que Aviraneta envió a Miraflores y que éste reproduce en un apéndice. Habiendo ofrecido estos detalles, quién sabe si con la intención de provocar la incredulidad del lector, Miraflores procede a rebajar la importancia de los trabajos de Aviraneta: «Habré de decir, sin embargo, que si

33

bien este diestro agente no dejó de tener un influjo útil en la pacificación, fuera excesiva jactancia de su parte suponer que a lo que él llama sus trabajos, en lenguaje de clubs y sociedades secretas, era debido exclusiva ni aun principalmente el convenio de Vergara. Este suceso... nadie tiene derecho a reclamarlo como su obra exclusiva. Cuando el agente Aviraneta se situó en Bayona para comenzar su obra, el verdadero determinante de los sucesos, es decir, la situación, estaba ya creada» [11]. Tras haber disparado esta andanada sobre las pretensiones de Aviraneta, Miraflores puede dárselas de magnánimo, y dedica unas líneas de elogio a la honradez y dedicación de Aviraneta, valiéndose de la oportunidad para dejar sentado que él, Miraflores, en su capacidad de embajador de España en París, ayudó a Aviraneta en cuanto pudo. En realidad, no es difícil adivinar que el pedante y pulido Miraflores detestaba a Aviraneta y sus procedimientos, considerando que las actividades de éste podían mancillar su dignidad personal. Que Aviraneta no se fiaba de Miraflores se deduce claramente de sus cartas al agente Martínez López [12], y que Miraflores se sentía confuso y molesto por las actividades de Aviraneta queda bien claro en la siguiente comunicación que envió a su gobierno sobre sus relaciones con el conspirador. Menciona que Aviraneta le pidió protección contra la policía francesa, y luego prosigue: «... se presentó en mi casa don Eugenio Aviraneta, que me tuvo hora y media en conversación de un interés difícil de describir. Inútil será entrar en pormenores de que V.E. estará enterado, pues según lo que me ha dicho este famosísimo personaje, tiene dada cuenta al gobierno de todo. Mas no han podido menos de llamar gravísimamente mi atención los datos tan interesantes que su conversación me ha proporcionado. Sin antecedentes ni noticias positivas, puedo asegurar a V.E. que tardé poco en penetrar las tramoyas horribles que constantemente se están tramando en Bayona, con el fin de irritar pasiones y encender de nuevo la guerra.

Yo soy, excelentísimo señor, bastante circunspecto

para abandonarme a una creencia ciega en cosas semejantes. Aseguro a V.E. que sólo oírlo referir me ruboriza como hombre y me indigna como español. Mas sea como quiera, aumentan más y más el vivísimo deseo de dejar este puesto que cada instante se convierte de una manera más determinada en una superintendencia de policía, en donde hay que manejar y saber cosas y mezclarse en cuestiones que me humillan a mis propios ojos»[13].

Baroja incluye la historia de las relaciones de Aviraneta con Miraflores en los últimos dos tomos de la serie. Percibiendo la animosidad que existió entre Aviraneta y Miraflores, Baroja va mucho más allá de lo que puede leerse en las *Memorias* del marqués, y supone que éste no sólo negó protección diplomática a Aviraneta, sino que fue él precisamente el culpable de su deportación de Francia en junio de 1841. Si Baroja tiene o no razón al hacer esta suposición, no lo sabemos. Ciertamente es razonable suponer que la vigilancia implacable a que Aviraneta fue sometido en esta ocasión fue instigada por una persona de gran influencia. Pero debemos recordar también que la situación política en Francia no era estable, y no hay que sorprenderse demasiado ante el hecho de que la policía quisiera mantener a un intrigante político bajo estrecha vigilancia, aunque por otra parte la información sobre las actividades de Aviraneta tuvo que emanar de una fuente española. De todas formas está bastante claro que Miraflores sentía una profunda aversión por las maquinaciones de Aviraneta y no colaboró para nada en sus pesquisas, a pesar de que la misión de Aviraneta le había sido encomendada por el mismo gobierno español.

Otra obra que nos habla de Aviraneta es *Los políticos en camisa,* del escritor satírico Martínez Villergas. En ella encontramos una descripción de Aviraneta que no anda lejos de la caricatura: «[Aviraneta] es un hombre que ha conspirado incesantemente, que dominado por el instinto y por el hábito conspiraría aunque no quisiese. Conspiraría en un desierto, conspiraría incomunicado en el fondo de una mazmorra, conspiraría aunque como Noé quedase solo en el arca y el arca sola en el mundo»[14]. El relato de las actividades de Aviraneta es naturalmente satírico, y por lo tanto resulta exagerado y a veces incluso grotesco. El trozo que citamos a continuación es un buen ejemplo; el autor se refiere a la estancia forzosa de Aviraneta en las Islas Canarias después de su deportación de Barcelona. Estas líneas son tan claramente humorísticas y burlescas que nadie las va a tomar en serio. Es curioso que incluso en este caso Baroja no pierde la oportunidad de utilizar este material, aunque naturalmente toma la precaución de calificarlo de «pura fantasía» por mediación de Aviraneta:

Villergas	Baroja
En este archipiélago, en este rincón del mar donde nadie se ocupaba de política, ha instalado sociedades secretas: ha infestado todas las islas; lo ha plagado todo de logias, de conciliábulos, de clubs; hasta en la isla del Hierro, tan desierta como está, se estienden las ramificaciones de su trama; hasta allí tiene catecúmenos que se instruyen para recibir el bautismo de la revolución[15].	Mi biógrafo... dice... que yo intranquilicé la isla de tal manera, que en aquel rincón del mar, donde nadie se ocupaba de política, instalé sociedades secretas, lo plagué todo de logias, conciliábulos y clubs, y que me marché porque el general gobernador hizo la vista gorda. —¿Y eso ya no es verdad? —No; es fantasía, pura fantasía (III, 1268).

No obstante, esto no impide que Baroja transcriba otro extracto de Villergas y lo ofrezca como sustancialmente verídico. El único comentario de Baroja es que hay «más o menos exageración». He aquí el trozo en cuestión: «Deportado a Canarias por un golpe de arbitrariedad del general Mina... urdió una conspiración en el buque mismo que le conducía, indisponiendo a los marineros con la tropa que le custodiaba. Cuando estuvo seguro del triunfo, hizo partícipe de su plan a uno de sus compañeros de infortunio, el cual, para evitar una catástrofe dio cuenta de todo al jefe mismo de la tropa, no sin haber obtenido antes el consentimiento del mismo Aviraneta. ¡Tan seguro estaba éste de los re

sultados! Es de advertir que Aviraneta urdió este complot persuadido de que el jefe de la escolta tenía orden
reservada de pasarle por las armas al llegar a cierta
altura, y así que dijo a sus compañeros que con tal que
el jefe le asegurase, bajo su palabra de honor, que su
vida y la de los demás deportados no corrían ningún
riesgo, desistiría de su propósito, pero que de otra suerte era inevitable su ruina y la de todos los que le obe-
deciesen, si es que hubiese alguno. Apenas tuvo conocimiento de la trama quiso el jefe castigarla en su autor,
pero la disposición en que halló los ánimos le reveló su
impotencia. Entonces enseñó a Aviraneta la orden que
tenía; y convenciéndose éste por sus propios ojos de que
no le esperaba el trágico fin a que se consideró condenado por un ímpetu sangriento de Mina, se dio por sa-
tisfecho, y tuvo la prodigiosidad de someter de nuevo
la tripulación y las tropas a las órdenes de sus jefes
naturales. En un momento deshizo lo que había hecho;
restableció la subordinación, que había relajado, lo volvió todo al estado normal. Eolo de los elementos revolucionarios, lo soltó y lo sujetó como quiso y cuando
le dio la gana» [16]. No sólo es el incidente ya de por
sí improbable, sino que además el tono del relato es
tan claramente burlón que la veracidad de los hechos
tiene que ser puesta en duda muy seriamente. Villergas
está escribiendo con intención satírica, pero Baroja sólo
admite cierta exageración, aceptando lo factual del relato como esencialmente verídico [17].

Vemos, pues, que Aviraneta no era desconocido por
los historiadores de la época. Pero, por otra parte, la
atención que le prestan es pasajera y breve. Sin embargo, hay un historiador que le dedica bastante más atención, concediéndole más importancia y presentándole a
una luz mucho más favorable. Este historiador es Antonio Pirala, cuya rica y extensa historia de las guerras
carlistas, *Historia de la guerra civil y de los partidos
liberal y carlista,* fue una de las principales fuentes de
Baroja, en relación tanto con Aviraneta como con los
acontecimientos políticos y militares entre 1833 y 1840.

Pirala menciona a Aviraneta por primera vez con

referencia a la sociedad secreta La Isabelina, de la cual, según Pirala, Aviraneta era fundador. Los hechos, tal como los explica Pirala, fueron brevemente éstos: en enero de 1834 Aviraneta partió de Madrid con destino a Barcelona para ponerse en contacto con los isabelinos de esta ciudad, pero habiendo sido delatado por el agente de éstos, que era en realidad un espía de Cea Bermúdez, fue detenido y deportado a Galicia. Aviraneta, sin embargo, pudo escapar y regresar a Madrid, donde se dispuso a conspirar con otros isabelinos para derrocar el gobierno moderado-liberal de Martínez de la Rosa, que había sustituido a Cea como primer ministro. El fracaso del gobierno al no imponerse a las turbas de asesinos durante la matanza de frailes del 17 de julio de 1834 alentó a los isabelinos a planear una insurrección abierta, pero poco antes de iniciarse ésta, la operación fue delatada al gobierno por uno de los conspiradores que resultó ser un espía carlista. Muchos de los conspiradores, entre ellos importantes personalidades, fueron presos por la policía, pero durante la investigación subsiguiente Aviraneta consiguió embrollar el asunto de tal forma que el fiscal se vio obligado a declarar inocentes a todos salvo a Aviraneta, siendo éste el único que continuó en la cárcel [18].

La historia de este complot político nos la cuenta Baroja en su novela *La Isabelina*. Baroja halló los detalles en Pirala y se dispuso a adoptarlos y desarrollarlos, vertiéndolos en molde novelesco. Baroja incorpora casi todos los detalles suministrados por Pirala respecto a las personas implicadas en el complot, sus objetivos políticos y plan de campaña, los espías que traicionaron a los isabelinos, etc. Con todo, Baroja no siempre acepta los juicios de Pirala. Por ejemplo, Pirala dice que los jefes de La Isabelina fueron impulsados a actuar al ver la impotencia del gobierno ante las turbas del 17 de julio. Baroja sugiere, por el contrario, que los acontecimientos sangrientos del 17 de julio fueron un serio contratiempo para los isabelinos: «Tienen [los isabelinos] un movimiento preparado para el día 24. Corre por ahí su proyecto de constitución... y la lista de los que serán ministros; todo el mundo lo sabe. Por eso le digo a usted que no creo que sean ellos los instigadores de la matanza de frailes. Esto les ha debido venir muy mal» (III, 1106).

Hay un interesante ejemplo en *La Isabelina* de cómo Baroja sabe sacar partido incluso de fragmentos de información, adaptándolos en su novela de una manera muy imaginativa. En Pirala encontramos la siguiente afirmación: «Contra lo que algunos han creído, podemos asegurar que la matanza de frailes no fue un acto preparado por la sociedad [isabelina]» [19]. Esta afirmación es de suma importancia, pues absuelve a Aviraneta de la sospecha de que había tenido alguna relación con los calamitosos sucesos del 17. Ahora bien, Baroja en esta ocasión no se limita a repetir la afirmación, sino que inventa toda una pequeña trama para destacar más vivamente la inocencia de Aviraneta. Venancio Chamizo, cura amigo de Aviraneta, es visitado por don Jacinto, un jesuita, quien le informa de que la matanza de frailes fue instigada por La Isabelina. Don Jacinto conduce a Chamizo a una casa de los barrios bajos donde un joven yace enfermo y en su delirio acusa a los isabelinos de haber ordenado la matanza. Chamizo, trastornado por esta revelación, se dirige al jefe de policía, el cual le informa que las acusaciones son falsas. En vista de estos testimonios contradictorios, Chamizo decide prolongar sus indagaciones. Localiza e interroga a algunos de los maleantes que habían capitaneado a las turbas asesinas, pero ellos niegan todo conocimiento de Aviraneta, proclamando con orgullo que actuaron por su propia iniciativa. Finalmente, Chamizo decide visitar al joven enfermo de nuevo, y descubre que su enfermedad y su delirio habían sido un engaño. La inocencia de Aviraneta queda, pues, establecida, y lo que en Pirala había sido una sola frase se transforma por la mano de Baroja en tres capítulos de la novela.

Baroja también debe a Pirala la información sobre el papel de Aviraneta en la insurrección del 15 de agosto de 1835. Cuenta Pirala cómo Aviraneta, hallándose en la cárcel a raíz de su complicidad en la conjuración isabelina, descubrió un complot carlista que se fraguaba dentro de la misma cárcel. Aviraneta no vaciló en prevenir al gobierno, pues éste, aunque sólo tibiamente liberal, era siempre preferible a uno carlista, y el gobernador de la cárcel, simpatizante carlista, fue sustituido por uno de simpatías liberales. A renglón seguido, los liberales progresistas, o exaltados, descontentos con el gobierno moderado visitaron a Aviraneta en la cárcel y le encargaron un proyecto de insurrección. Aviraneta ideó el plan que le pedían y esperó los resultados. La insurrección, realizada por la milicia madrileña, tuvo un comienzo prometedor, pero Aviraneta no fue puesto en libertad inmediatamente. Cuando los insurrectos le libertaron, ya habían cedido la iniciativa al gobierno, apoyado por el ejército. Aviraneta se vio obligado a ocultarse, partiendo para Zaragoza poco después [20].

Este relato lo adoptó Baroja para su novela *El sabor de la venganza* (para esa parte de la novela que se refiere a Aviraneta, claro está). Los detalles que encontramos en el relato barojiano provienen casi todos de Pirala y, salvo ciertos pequeños cambios, siguen la versión de éste muy de cerca. En ocasiones las dos versiones son casi idénticas, según puede apreciarse en los extractos que copiamos a continuación:

PIRALA	BAROJA
Por no molestar a Aviraneta, suponiendo que descansaría, no le pusieron en libertad aquella noche... ¡Por no molestar a un preso retardar su libertad! ¡Y retardarla creyéndole necesario! [21].	Otros me dijeron que no habían ido a la cárcel por no molestarme. ¡Por no molestar a un preso retardar su libertad! ¡Y retardarla creyéndolo necesario! (III, 1190).
[El fiscal, don Laureano de Jado,] le dijo a Guiu: Estoy admirando el genio fecundo y travesura de Aviraneta. El consiguió embrollar su proceso de tal manera, que ha sido preciso a los tribunales poner en libertad como inocentes a todos sus cómplices, y él ha logrado su libertad fraguando	El fiscal que nombraron para esta causa fue don Laureano de Jado, enemigo mío, que meses después decía a todo el que le quería oír: Estoy admirado del genio fecundo y de la travesura de Aviraneta. El ha conseguido embrollar su proceso de tal manera, que ha sido preciso a los Tribunales poner en

desde la cárcel el pronunciamiento del 15 de agosto en la Plaza Mayor; y para complemento de su maquiavelismo, aquí tiene Vd. este proceso de la conspiración de la Cárcel de Corte, que es la concepción más revolucionaria que han podido imaginar los hombres para vengarse de los que él tenía por sus enemigos, y hasta del mismo juez, comisionado regio, y del escribano de su causa. Este proceso está vestido con tales declaraciones y pruebas que me veo obligado a pedir contra los presuntos reos cuando menos un presidio: pues bien, como fiscal estoy en la obligación de obrar de esta manera, y como particular estoy convencido y casi seguro, que todo el proceso no es más que un solemnísimo embrollo, fraguado por la profunda imaginación de Aviraneta[22].

libertad como inocentes a todos sus cómplices, y, para complemento de su maquiavelismo, ha fraguado este proceso de la conspiración de la Cárcel de Corte, que es la concepción más revolucionaria que ha podido imaginar el cerebro de un hombre para vengarse de los que él consideraba enemigos, y hasta del Juez Regio y del escribano de la causa. Este proceso está vestido con tales declaraciones y pruebas que me veo obligado a pedir contra los presuntos reos, cuando menos un presidio. Pues bien: si como fiscal estoy en la obligación de obrar de esta manera, como particular me hallo cada vez más convencido y casi seguro de que todo el proceso no es más que un solemnísimo embrollo fraguado por la fecunda imaginación de Aviraneta (III, 1187).

Aparte de ciertos pequeños cambios estilísticos, los extractos barojianos reproducen tan fielmente la versión de Pirala que no puede haber duda acerca de sus fuentes.

Pirala también nos habla de la deportación de Aviraneta a raíz de los disturbios de Barcelona en enero de 1836, pero en este caso la principal fuente de Baroja fue el folleto de Aviraneta *Mina y los proscriptos,* folleto que el mismo Pirala utilizó.

De todas las operaciones de Aviraneta, la más ambiciosa fue su campaña de 1837-1838, que tuvo por objetivo el agravar y acrecentar las divisiones que existían en el campo carlista, operación a la cual Pirala dedica bastante atención. En junio de 1837 Aviraneta llegó a San Sebastián, habiendo sido comisionado por el ministro Pita Pizarro para que averiguase los planes de los carlistas. Poco antes de partir Aviraneta de San Sebastián, las tropas de la Reina estacionadas en Hernani se amotinaron, y su comandante en jefe, el conde de Mirasol, acusó públicamente a Aviraneta de haber instigado la rebelión. Aunque Aviraneta se defendió en su folleto *Vindicación de don Eugenio de Aviraneta* al año siguiente, Mirasol reiteró su acusación en un manifiesto publicado en 1843. Más adelante Aviraneta escribió una carta a Pirala en la que se defendía *in extenso* de los cargos que le eran imputados y en la que daba cuenta de sus movimientos a lo largo de la frontera entre Bayona y Barcelona. Esta carta de Aviraneta la reproduce Pirala en su obra [23], y Baroja la tuvo muy en cuenta al redactar su novela *El amor, el dandismo y la intriga*.

Pirala también da detalles del agente de Aviraneta, María de Toboada; del proyecto de Aviraneta para capturar a don Carlos y de su organización para infiltrar las líneas carlistas; de la preparación y ejecución de la operación Simancas, y del agente García Orejón, colaborador de Aviraneta; y reproduce una memoria compuesta por los comisionados de la línea de Hernani, organización de agentes liberales establecida por Aviraneta en San Sebastián [24]. Sin embargo, aunque Baroja ofrece toda esta información, su principal fuente en este caso fue el mismo Aviraneta, como comprobaremos más adelante.

Finalmente, Pirala se ocupa de las relaciones de Aviraneta con la junta carlista de Berga. Comisionado de nuevo por Pita Pizarro, esta vez para procurar la división de los carlistas en Cataluña, Aviraneta fue detenido en Zaragoza por orden de Espartero. Al poco tiempo se le puso en libertad, y Aviraneta pudo continuar su viaje a Toulouse, desde donde comenzó una larga correspondencia con la Junta de Berga, haciéndose pasar por un legitimista francés. Tras hacer indagaciones entre los carlistas exilados, Aviraneta avisó a la Junta que Cabrera, perseguido por Espartero, retrocedía hacia el norte y pasaría por Berga, donde se detendría el tiempo suficiente para vengar la muerte del conde de España, que había sido asesinado por la Junta. Aviraneta incitó a los junteros a que desafiaran a Cabrera e impidiesen su entrada en Berga [25]. La historia de Aviraneta y la Junta de Berga nos la relata Baroja en *Los confidentes audaces* y *La venta de Mirambel* y hace uso de la información que suministra Pirala, aunque también utilizó ciertos escritos de Aviraneta, de los cuales trataremos más adelante.

Pirala concluye su relación de los trabajos de Aviraneta con las siguientes palabras laudatorias (que por cierto proporcionaron a Baroja una primera pista sobre el encuentro de Aviraneta con Lord Byron, uno de los más curiosos e interesantes episodios de la serie barojiana [26]): «Amante sincero de la libertad, apasionado de ella hasta el fanatismo, gastando su pingüe fortuna por defenderla en España, así como la causa española en América, cuando en 1823 no pudo pelear aquí por la libertad, marchó con Lord Byron a defender la de Grecia. No todos los liberales ostentan los inmensos servicios de Aviraneta, su grande desinterés. De claro juicio y excelente criterio, de buen talento, amante de las artes y entendido en muchas, si su nombre es para algunos temible porque ha sabido conspirar, debe ser cuando menos considerado de todos, porque no ha conspirado nunca en provecho propio, no ha sabido enriquecerse, vive con un modesto sueldo y ha mostrado ser consecuente amigo de sus amigos, sin abrigar en su pecho rencor a nadie» [27].

Que Pirala consideraba las hazañas de Aviraneta dignas de un puesto en la historia queda bien claro. Lo que no está tan claro es hasta qué punto Pirala tenía razón en considerar significativos los trabajos de Aviraneta. Castillo Puche alega que Pirala se tragó cándidamente las historias de Aviraneta sin molestarse en comprobar sus asertos y pretensiones. Pero si esto es así, entonces Pirala no fue el único engañado por Aviraneta; la Reina y los ministros que le dieron una nueva comisión después de Vergara, y que tuvieron que costear sus operaciones, también habrían sido engañados. Que la presunción de Aviraneta le llevaba siempre a la exageración, y que Pirala por regla general aceptó sus afirmaciones, es indudable. Pero lo es igualmente que Castillo Puche en su «réplica» a Baroja, busca afanosamente el rebajar las acciones de Aviraneta a cada paso y por lo tanto le resulta conveniente el tachar de crédulo a Pirala [28].

iii) Los folletos de Aviraneta

A pesar de los datos sobre Aviraneta suministrados por Pirala, Baroja jamás pudiera haber reunido toda la información que incluye en sus novelas si no hubiera sido por los escritos del propio Aviraneta. Fueron los folletos publicados por Aviraneta lo que facilitó a Baroja gran parte de la información sobre las actividades del conspirador. El mismo Baroja nos ha dejado una lista de los folletos que él consiguió encontrar, lista que supone incluye todas las publicaciones de Aviraneta (Jaime del Burgo, en sus *Fuentes de la historia de España: Bibliografía de las luchas políticas y guerras carlistas en el siglo XIX* [Pamplona, 1953-5], tomo 1.º, da la misma lista). Es como sigue:

1) *Estatutos de la confederación general de los guardadores de la Inocencia o Isabelinos,* Bordeaux, 1834.

2) *Lo que debería ser el Estatuto Real, o Derecho Público de los españoles,* Zaragoza, 1835.

3) *Mina y los proscriptos,* Argel, 1836.

4) *Vindicación de don Eugenio de Aviraneta de los calumniosos cargos que se le hicieron por la Prensa con motivo de su viaje a Francia en junio de 1837 en comisión de gobierno, y observaciones sobre la guerra civil de España y otros sucesos contemporáneos,* Madrid, 1838.

5) *Apéndice a la vindicación publicada por don Eugenio de Aviraneta el 20 de junio de 1838,* Bayonne, 1839.

6) *Memoria dirigida al gobierno español sobre los planes y operaciones puestos en ejecución para aniquilar la rebelión de las provincias del norte de España,* Toulouse, 1841, y Madrid, 1844.

7) *Contestación de Aviraneta a los autores de la Vida política y militar del general Espartero, Duque de la Victoria,* Madrid, 1864.

8) *Apéndice a la contestación de Aviraneta a los autores de la Vida política y militar del general Espartero, Duque de la Victoria,* Madrid, 1864.

9) *Las guerrillas españolas o las partidas de brigantes de la guerra de la Independencia, receta para la curación de Francia contra la invasión de los ejércitos extranjeros, dedicada a la comisión de armamento y defensa de los Departamentos de Francia por un español enemigo constante de toda dominación extranjera,* Madrid, 1870.

10) *Mis memorias íntimas 1825-1829. Memoria sobre el estado actual del reino de México y modo de pacificarlo,* Méjico, 1906.

Todos estos escritos los conoció y los utilizó Baroja en mayor o menor grado. *Las guerrillas españolas* fue una importante fuente de *El escuadrón del Brigante,* los *Estatutos* suministró ciertos detalles para *La Isabelina, Mina y los proscriptos* tiene su paralelo barojiano en *Las furias,* y la *Memoria dirigida al gobierno español* se utiliza a lo largo de cuatro novelas (desde *El amor, el dandismo y la intriga* hasta *Las mascaradas sangrientas).* Los demás folletos contribuyeron con detalles que ayudaron a Baroja a rellenar el cuadro de la vida de Aviraneta[29]. Nos proponemos ahora cotejar un par de folletos aviranetianos con las correspondientes novelas barojianas para ilustrar hasta qué punto Baroja se sirvió de los escritos de Aviraneta al redactar sus novelas. Para ello vamos a utilizar *Mina y los proscriptos* y la *Memoria dirigida al gobierno español.*

La principal fuente de la versión barojiana de los acontecimientos políticos que tuvieron lugar en Barcelona en enero de 1836 fue *Mina y los proscriptos,* folleto redactado por Aviraneta y Tomás Bertrán Soler al regresar de su exilio en las Islas Canarias. El lugar de publicación se da en el folleto como Argel, pero esto no fue más que un ardid por parte de los autores para no dar a conocer su paradero en la península; en realidad el folleto fue impreso y publicado en Cádiz [30]. Aviraneta, como es lógico, se hallaba furioso con las personas responsables de su deportación, actitud que se pone de manifiesto en el tono del folleto, el cual representa un mordaz ataque contra aquellos que le enviaron a Barcelona, así como contra los que gobernaban aquella ciudad. Transcribimos a continuación algunos de los párrafos más interesantes: «No fue otro el objeto del viaje de uno de nosotros a Barcelona, y así lo acreditaba la carta original del ministro Mendizábal que obra en nuestro poder; pero avisados de antemano los *unitarios*, recelando con fundamento su próxima y segura destrucción, echaron mano de todos los resortes que sugiere la maldad y la hipocresía; y alucinando a los menos cautos, seduciendo a los unos y pervirtiendo a los otros, consiguieron por último la entera escisión de los patriotas; y prestándose a los planes ambiciosos de un club de jóvenes inexpertos y atrevidos, prepararon los elementos de una sedición popular que pudiera conducir a los gobernantes al entronizamiento del poder, y les proporcionara un medio especioso para podernos extrañar de la península, titulándonos revolucionarios o anarquistas, o quizá agentes o emisarios de Carlos, nombres que deben su creación al comité Llauderista, sección integrante de los clubs absolutistas» [31]. En su novela *Las furias,* Baroja recoge estas ideas y las desarrolla ampliamente, suministrando él mismo detalles de las diversas facciones políticas de Barcelona. Aviraneta y Soler atacan a Ramón Xaudaró, figura prominente del Club Unitario, y a Feliú de la Peña, secretario de Mina, y Baroja no sólo repite estos ataques, sino que les presta mayor sustancia por la adición de detalles sobre el carácter y las actividades de estas figuras. Aviraneta y Soler proceden a acusar a Mina de negligencia en su conducta: «Si examinamos detenidamente los procedimientos del general Mina, se nos presenta a la vista otro cargo que no parece menos grave. En efecto, con sólo haber saludado los rudimentos del arte de la guerra debe conocer cualquiera que un general que en virtud de facultades que supone haberle sido conferidas reasume todos los poderes, ni pudo ni debió abandonar la administración de las cuatro provincias, mayormente hallándose éstas envueltas en los mayores riesgos, con el solo fin de dirigir el bloqueo de unos peñascos áridos e inaccesibles que sirvieron de guarida a un puñado de forajidos»[32]. Aviraneta y Bertrán resumen así sus cargos: «¿Quién provocó el asesinato de los presos con criminal estudio? Mina, con el parte que dio desde el Santuario de Hort anunciando el asesinato horroroso de 33 prisioneros; su confidente Xaudaró por medio del periódico que redactaba, y su detestable mentor Feliú de la Peña, quien le entregó una copia de aquel parte fatal en la misma noche del día en que lo recibió»[33]. El punto de mayor interés en este caso es que en la versión barojiana Mina no es el primer culpable ni mucho menos. No cabe duda que las simpatías de Baroja por el gran guerrillero liberal le impidieron presentarle a una luz tan desfavorable como lo hace Aviraneta, y el novelista trata de explicar las severas críticas de Aviraneta como resultado de la decisión de Mina de deportarle:

—Habrás leído mi folleto *Mina y los proscriptos*.
—Sí.
—No es la verdad completa, porque lo escribí en la emigración, en Argel, y me hallaba verdaderamente furioso (III, 1251).

La exculpación de Mina en la versión barojiana queda compensada por la mayor inculpabilidad de su secretario, Feliú de la Peña. El resumen de Baroja lleva un énfasis bien diferente al resumen aviranetiano:

—Y en Barcelona, ¿quién provocó la matanza?
—La gente, el pueblo; pero Alvarez, Feliú de la Peña y Xaudaró dejaron hacer.
—¿Y por qué?
—Yo creo que Feliú, que era el más listo de todos, fue el que vio claramente la cuestión. Feliú sabía que los isabelinos iban a hacer la revolución. Si antes de la revolución viene la matanza (se debió decir él), el movimiento constitucional aborta y queda desacreditado. Y esto pasó. Después de la matanza se formó una comisión militar, y la organización isabelina fue completamente deshecha (III, 1268).

47

En esta ocasión Baroja nos ha dado una versión diluida del relato de Aviraneta y Bertrán Soler. Evita deliberadamente la invectiva de éstos contra Mina, así como su terminología excesivamente brutal y el tono rencoroso del relato. La versión barojiana es más comedida y aparenta llevar más razón y convicción.

La segunda parte de *Mina y los proscriptos* es un relato personal de Aviraneta en el que nos explica su participación en los acontecimientos de Barcelona, y este relato lo sigue Baroja muy de cerca. Aviraneta comienza relatando cómo, a raíz de su liberación de la cárcel durante la insurrección del 15 de agosto de 1835 en Madrid, se tuvo que refugiar en Zaragoza, donde publicó su folleto *Lo que debería ser el Estatuto Real*. Todo esto lo repite Baroja con detalles sacados del folleto (III, 1251). Las dos versiones prosiguen de la siguiente forma:

AVIRANETA	BAROJA
A mediados de setiembre me puse en correspondencia con don Ramón Gil de la Cuadra, mentor de Mina y paniaguado y siervo del Conde de Toreno, quien me pidió parecer acerca de la marcha que debía adoptar el nuevo Ministerio: mi opinión fue o que adoptase el sistema que yo propuse en mi folleto, o convocar Cortes constituyentes [34].	Don Ramón Gil de la Cuadra me pidió mi parecer acerca de la marcha que debía de seguir el nuevo Ministerio, y yo le contesté dándole las soluciones que a mí se me figuraban las más oportunas en aquel momento (III, 1252).

Podemos observar cómo al adaptar el original de Aviraneta, Baroja se ha cuidado de suavizar ese tono de importancia que parece darse el que pronuncia o escribe ese párrafo. La narración continúa con el relato de cómo Aviraneta vino a aceptar la misión que le llevó a Barcelona:

AVIRANETA	BAROJA
Presenté al Ministro Mendizábal una esposición solicitando	Me habían aconsejado que presentase en el Ministerio una

que aquella causa [es decir, la razón de su encarcelamiento] fuese comprendida en el Real decreto de 25 de setiembre y que en consecuencia se sobreseyese en ella, y así fue decretado. Agradecido a tan grande beneficio, me ofrecí al Ministro para que me ocupara en lo que creyera útil a la patria, y S.E. me manifestó el crítico estado de Cataluña, las intrigas del bando carlista y del estrangero y lo conveniente que sería el que yo pasase al lado del General Mina para desentrañar aquellas maquinaciones [35].

solicitud pidiendo que aquella causa fuese comprendida en el Real decreto de 25 de noviembre [36], y que, en su consecuencia, se sobreseye. A Mendizábal le pareció bien que siguiera este procedimiento, y me aseguró que sobreseería la causa.

Agradecido a tan grande beneficio, me ofrecí a él para que me ocupase en lo que creyera más útil a la patria, y el ministro me manifestó el estado crítico de Cataluña, las intrigas que allí se desarrollaban, atizadas por los carlistas y por los extranjeros, y lo conveniente que sería el que yo pasara al lado del general Mina para desentrañar aquellas maquinaciones y auxiliar al general (III, 1253).

Aviraneta sospechaba que Gil de la Cuadra no veía con buenos ojos su intervención y procuraba su fracaso, pero no obstante aceptó la comisión y partió para Barcelona. Al llegar allí, envió una comunicación a Mina, pero no recibió respuesta. También escribió a Mendizábal, informándole que había descubierto el foco de las intrigas carlistas. Todos estos detalles también se hallan en la versión barojiana.

El día 4 de enero, al comenzar los disturbios populares, Aviraneta fue a ofrecer sus servicios al general Alvarez y a la esposa de Mina. La versión de Aviraneta y la de Baroja son prácticamente idénticas:

AVIRANETA   BAROJA

Hallándome con esta señora en los momentos más críticos de la gran catástrofe, me manifestó cuanto había ocurrido y estaba ocurriendo en la junta celebrada con asistencia de los

Doña Juanita iba y venía intranquila y nerviosa. Me contó lo que había ocurrido y estaba ocurriendo en la junta que se celebraba en Palacio, con asistencia de los comandantes de la

49

comandantes de los batallones
de la Guardia Nacional, quienes tomando la palabra dijeron: «que ellos abundaban en
los mismos sentimientos que
los batallones que mandaban:
que se usase de represalias con
los prisioneros de la ciudadela
por lo hecho por los carlistas
en el Santuario de Hort y en
Balaguer; que se les asesine».
La esposa del General Mina
aconsejó y rogó varias veces
al General Alvarez que hiciese consignar en el acta las ex-
presiones de los comandantes
de la Guardia Nacional [37].

Guardia Nacional. Estos, tomando la palabra, dijeron con
claridad que ellos estaban iden-
tificados con los sentimientos
del pueblo, y que creían justas las represalias contra los
prisioneros de la Ciudadela por
las matanzas hechas por los carlistas en Balaguer y en el Santuario del Hort. La señora de
Mina rogó varias veces al general Alvarez que se consig-
nase la opinión expresada por
los comandantes de los batallones en el acta de la reunión
(III, 1262).

Finalmente, Aviraneta se ocupa de los acontecimientos políticos que tuvieron lugar al día siguiente y de los
consejos que él le ofreció al general Alvarez. Una vez
más encontramos que Baroja transcribe el original fielmente, pero esta vez añade dos interesantes detalles:
el primero es un comentario destinado a explicar el
aserto de Aviraneta de que el alzamiento va dirigido
contra el general Mina; y el segundo es un curioso
pronunciamiento que pone en boca de Aviraneta y cuyo
objeto no puede ser otro que el de poner de relieve la
audacia de éste:

El día cinco por la mañana
varió la escena: ya no se trataba de asesinatos, sino de publicar la Constitución. Me per-
soné con el General Alvarez y
le encontré lleno de temores y
zozobras, y llevándome a uno
de los balcones del salón me
dijo: «Aviraneta tengo la mayor confianza en V. porque me
constan sus antecedentes: díga-
me V. francamente: ¿hay algu-

... me presenté después de
comer en Palacio ante el general Alvarez, y le encontré ro-
deado de su Estado Mayor,
lleno de zozobra y de temores.
Alvarez, llevándome a uno de
los balcones del salón, y cre-
yéndome, sin duda, jefe del movimiento, me dijo:
—Aviraneta, tengo la mayor
confianza en usted porque me
constan sus antecedentes; díga-

na prevención popular contra mí? ¿Se quiere atentar contra mi vida? Porque en este caso voy a renunciar inmediatamente al mando.» Yo le respondí: «No hay ninguna prevención contra V.; en mi concepto los tiros se dirigen contra el General Mina; y por lo que he podido vislumbrar, este movimiento tiene un origen impuro. Si V. deja el mando, dejará V. acéfala la ciudad, y por consiguiente entregada a los horrores de la anarquía. Sosténgase V. hasta la llegada del General Mina [38].

me francamente: ¿hay alguna prevención en el pueblo contra mí? ¿Se quiere atentar contra mi vida? Porque en este caso voy a renunciar inmediatamente al mando.
—No hay ninguna prevención contra usted —le respondí—; en mi concepto, los tiros se dirigen contra el general Mina.
—¡Contra Mina! ¿Y por qué?
—La cosa es clara. Los liberales de aquí y los isabelinos quieren la Constitución, y Mina no la quiere. Es decir, la quiere, pero cuando a él le parezca.
—¿Y usted no cree que haya algo contra mí?
—Nada. Contra usted no va nadie.
—¿Usted qué haría?
—Yo, en el caso de usted, y siendo don Antonio María Alvarez, le avisaría a Mina y le diría: «Se ha proclamado la Constitución. Venga usted cuanto antes.» Ahora, si yo fuera el gobernador de la ciudad y Aviraneta, proclamaría la República y me nombraría presidente (III, 1264).

Los extractos que hemos venido citando nos demuestran hasta qué punto Baroja se apoyó en Aviraneta al componer sus novelas. Baroja extrajo no sólo los detalles que eran necesarios para rehacer la biografía de Aviraneta, sino que además en muchas ocasiones reprodujo las opiniones que ofrecía Aviraneta sobre acontecimientos y personalidades, proporcionando en lo posible detalles confirmativos cuando éstos no se hallaban en el original, y logrando así reforzar la versión aviranetiana. No obstante, Baroja no llega a identificarse totalmente con su héroe. Es por ello por lo que generalmente permite a Aviraneta expresar sus propias opiniones en lugar de ofrecerlas él mismo directamente; y a veces Leguía, a quien podemos considerar el *alter ego* novelesco de Baroja, interroga y apremia a Aviraneta. En alguna ocasión, Baroja no parece creer que la opinión expresada por Aviraneta sea justificada, y entonces decide cambiar ligeramente o atenuar la versión original.

El más famoso de los escritos de Aviraneta es seguramente la *Memoria* que presentó al gobierno detallando y justificando sus actividades como agente del gobierno en el norte de España. Esta *Memoria* proporcionó a Baroja gran parte de la información sobre las maniobras de Aviraneta que nos son relatadas en las cuatro novelas comprendidas en los tomos trece a dieciséis de la serie, y es de gran interés comprobar qué uso hizo Baroja de su fuente.

Aviraneta comienza su *Memoria* contándonos cómo en mayo de 1837 el ministro Pita Pizarro le encomendó la tarea de investigar una conjuración carlista dirigida desde Bayona y que tenía por objeto el instigar una sublevación en Andalucía. Baroja sigue esta relación muy de cerca, pero evitando la terminología rimbombante y pretenciosa que caracteriza el estilo de Aviraneta. En el proceso de adaptación de la fuente hay, pues, una simplificación lingüística considerable, como vemos, por ejemplo, en el siguiente extracto:

AVIRANETA	BAROJA
Aunque las circunstancias eran críticas y el estado de la insurrección carlista no daba tregua para emplear los medios lentos que son a propósito en tan difíciles averiguaciones, sin embargo, abrasado del celo patrio que me animaba, le aseguré no omitiría todos los recursos que me sugiriese mi imaginación para desentrañar los secretos que tanto interesaban a la causa pública; y le hice varias observaciones que el gobierno debió encontrar justas y	En principio le dije que sí [es decir, que aceptaba la comisión] y le hice varias observaciones (IV, 12).

útiles, puesto que resolvió mi
marcha aun sin haber yo visto
ni conocido al ministro que
me comisionaba [39].

No sólo se simplifica la expresión, sino que además se
omite toda la charlatanería pretenciosa del original [40].
Queda bien patente que en el extracto que acabamos
de transcribir Aviraneta está poniéndose moños de una
manera un tanto ingenua, flaqueza a la que se entregaba
con facilidad y que tiene como consecuencia el que sus
escritos resulten menos creíbles de lo que pudieran ser.
No es de sorprender que Baroja evite cuidadosamente
este peligro, y así, en vez de despachar a Aviraneta con
su encargo en razón de sus «observaciones», le hace
asistir a una entrevista con el ministro.

Al llegar a San Sebastián, Aviraneta fue detenido por
Mirasol, pero logró tranquilizarle y se le permitió continuar su viaje a Bayona. Baroja añade por su parte
una explicación de este episodio: la acción de Mirasol
se debió a un aviso que le habían enviado desde el
cuartel general en Madrid comunicándole que el objeto
de Aviraneta era el engendrar un motín en el ejército [41].

En Bayona, Aviraneta se vio constantemente perseguido y hostigado por el cónsul de España, Agustín
Fernández Gamboa, y no pudo persistir en sus indagaciones. Baroja no sólo acepta la versión que Aviraneta
nos ofrece acerca de la actitud hostil adoptada por Gamboa, sino que añade una explicación de la extraña conducta de este funcionario: «Gamboa es amigo y agente
de Calatrava, y éste es a su vez compadre de Mendizábal
y de Gil de la Cuadra. Todos ello son masones escoceses y enemigos míos, y me persiguen» (IV, 23) [42].
Aviraneta había criticado duramente a Mendizábal en
un artículo publicado en 1836 y Baroja cree por lo tanto
que es víctima de la ira de éste [43]. No obstante, hay
indicios para suponer que la verdadera razón de la persecución a que Aviraneta fue sometido es que Gamboa,
metido en negocios y combinaciones comerciales total-

mente incompatibles con su puesto, se recelaba del olfateo de Aviraneta y quería deshacerse de él cuanto antes [44].

En vista de la hostilidad del cónsul y de la policía francesa, Aviraneta decidió abandonar Bayona y dirigirse a Perpiñán, pero ante la imposibilidad de burlar la vigilancia de la policía consideró que era inútil continuar sus pesquisas y no había más remedio que regresar a España. Todos los detalles que ofrece Avinareta los incluye Baroja, pero en una versión muy condensada. Mientras que Aviraneta emplea unas mil palabras en su relato, Baroja en el suyo requiere sólo unas doscientas cincuenta (IV, 34). En esta ocasión el trabajo de Aviraneta fue ineficaz, y Baroja no quiere subrayar su fracaso.

La misión de Aviraneta concluyó con la publicación por su parte de un artículo en el que se defendía de ciertas acusaciones hechas contra él en la prensa durante su ausencia, y con su proyecto de publicar un manifiesto en el futuro:

AVIRANETA	BAROJA
Aunque tenía el proyecto de publicar un manifiesto, las circunstancias de entonces eran graves, y en obsequio a la causa nacional preferí sacrificar la mía propia. El pretendiente con sus hordas se acercaba a la corte, se necesitaba unión entre los patriotas para acudir a la común defensa, y habría sido casi una traición el dividir los ánimos con un escrito que por precisión habría de herir la susceptibilidad de ciertas notabilidades; y por otra parte no me pareció político revelar en tales momentos los secretos u objeto de mi viaje a Francia [45].	Tenía el proyecto de publicar un manifiesto para confundir a mis enemigos —me decía Aviraneta con cierta solemnidad al final de su carta—, pero las circunstancias son tan graves, que, en obsequio de la causa nacional, voy a sacrificar la mía propia. El pretendiente, con sus hordas, se acerca a la corte; se necesita unión entre los patriotas para acudir a la común defensa, y creo sería una traición el dividir los ánimos en un momento de peligro con un alegato que, necesariamente, heriría la susceptibilidad de algunas notabilidades. Tampoco quiero llamar la atención ni arrojar luz sobre el objeto de mi viaje a Francia (IV, 35).

Baroja copia casi palabra por palabra, haciéndole escribir a su Aviraneta lo que el Aviraneta real había escrito en su folleto. Pero es significativo que él no se identifique con el estilo aviranetiano y por eso inserta ese comentario de Leguía. En esta ocasión Baroja no simplifica, pero en vez de ello tenemos ese comentario en el que se disocia de lo que copia, y eso que en esta ocasión la pomposidad y presunción de Aviraneta no llegan a su máximo.

Con el retorno de Pita Pizarro al gobierno como ministro de Hacienda en diciembre de 1838, Aviraneta fue comisionado de nuevo para reanudar sus averiguaciones en el Norte. En Bayona, Aviraneta contrató a una joven, llamada María de Taboada, para que fuese al campo carlista a averiguar el grado de ruptura entre los carlistas puros y los moderados y a establecer contacto con estos últimos. Aviraneta da detalles de las andanzas de la Taboada detrás de las líneas carlistas, y Baroja saca buen partido del relato, convirtiéndolo en el principal episodio de *El amor, el dandismo y la intriga*. En este caso en vez de condensar el original para darnos la información básica prefiere verterlo en molde altamente novelesco. Se mantiene fiel al relato aviranetiano en cuanto a fechas, lugares y objetivos; pero convierte el episodio en una aventura de tonos románticos y dramáticos. Es más, al hacer que María de Taboada se deje seducir por Leguía, Baroja se está tomando grandes libertades con un personaje histórico.

Aviraneta prosigue su memoria dándonos noticias de otras actividades en las que se vio ocupado: la diseminación de propaganda a favor de la paz; la redacción y publicación de dos folletos apócrifos, uno atacando a Maroto y cuyo autor se decía ser el confesor de don Carlos, Fray Ignacio de Lárraga [46], y otro que pretendía demostrar que los vascos realmente favorecían la liquidación de la lucha; y el intento de establecer contacto con Maroto para comenzar negociaciones preliminares. Todo esto lo incluye también Baroja, y referencias a estas actividades pueden hallarse en *Las figuras de cera*.

Baroja incluye asimismo la historia de Aviraneta sobre su intervención para impedir un préstamo bancario a los carlistas:

<table>
<tr><td align="center">AVIRANETA</td><td align="center">BAROJA</td></tr>
<tr><td>

Por aquel club supe que se trataba de un empréstito de 500 millones de reales por las casas de Tastet y Francessenne... El negocio era una combinación mercantil de particulares ingleses y franceses, dirigido a arruinar la poca industria que nos queda... Cerciorado yo de cuanto hacía Tastet, así como de los manejos ocultos que mediaban para el arreglo, y temiendo que don Carlos, impelido por la ley de la necesidad, realizase el empréstito a toda costa, con objeto de recibir de sus resultas armas, caballos y otros efectos de guerra, además de una suma de dinero con que contentase a la tropa, principié a trabajar para impedirlo. Hice decir al club de Azpeitia y al de Bayona que aquella era una trama oculta de Maroto con los ingleses para exterminar a los carlistas fieles al Pretendiente; pues dueño de este modo aquél de las tropas, transigiría con Espartero, sacrificando la causa de la religión y de la legitimidad. Esta idea lisonjeó mucho a los fanáticos, se la apropiaron, pusiéronla en juego, y fue tal la conjuración que se armó contra dicho empréstito, que Tastet se vio forzado a retirarse del campo enemigo sin haber podido conseguir nada [47].

</td><td>

Se trataba de hacer un empréstito de 500 millones de reales a don Carlos por las casas Tastet y Francesin... El negocio era una combinación de comerciantes ingleses y franceses, dirigida a arruinar la poca industria española... Aviraneta temía que, a pesar de que las condiciones eran duras, don Carlos, impulsado por la necesidad, firmase el empréstito para poder tener armas, caballos, efectos de guerra y dinero para pagar a las tropas... [Aviraneta] dio informes a los antimarotistas de Fermín Tastet, banquero bilbaíno que había sido liberal y masón; hizo decir a los clubs de Tolosa, de Azpetia y de Bayona que el empréstito era una trama pérfida de Maroto para exterminar a los carlistas puros y al pretendiente, pues dueño el general de este modo de las tropas, pagándolas espléndidamente, haría lo que quisiera, transigiría con Espartero, sacrificando la causa de la legitimidad y la del catolicismo. Esta era la explicación de que fueran liberales y masones los que ofrecieran el dinero. La idea lisonjeó a los fanáticos, se la apropiaron, y fue tal la enemistad que se produjo contra este empréstito, que Tastet tuvo que escaparse del Real y marchar corriendo a Francia (IV, 230).

</td></tr>
</table>

Los dos aspectos que destacan al cotejar estos extractos son, primero, la aceptación del relato aviranetiano por parte de Baroja, y segundo, su consolidación o reforzamiento de ese relato por la adición de ciertos datos, verbigracia, las conexiones liberales y masónicas de Tastet, de manera que la versión barojiana parece más convincente.

Llegamos ahora a la obra maestra de Aviraneta, su Simancas, o «famoso archivo» como él lo llama. Dejaremos que el mismo Aviraneta nos explique en qué consistía el Simancas: «Figuré la existencia de una sociedad secreta en Madrid, con un agente de la misma en Bayona, encargado de dirigirla y fomentarla dentro del campo enemigo. A Maroto y a aquellos jefes que pertenecían a su cuerda, los representaba como corifeos de dicha sociedad, siendo el primero el presidente del triángulo mayor del Norte de España, pues que se suponían muchos triángulos organizados en los batallones disidentes, y entre los principales habitantes del país. Compuse un cuadro sinóptico, una esfera para descifrar los signos y jeroglíficos, y la correspondencia oficial, escrita en papel de fábrica española, con membretes impresos y adornada con dos magníficos sellos; en fin, con todos los atributos necesarios para no dejar la menor duda acerca de la existencia de la tal asociación... Maroto, como presidente del triángulo del Norte, era el director de la trama para derrocar a don Carlos y proclamar principios de moderación que sustituyesen a los absolutos, enseña inseparable del carlismo. Las instrucciones todas emanaban del directorio, y desde él se ordenaba todo cuanto Maroto y los suyos debían de ejecutar. Los acontecimientos de Estella y otros estrepitosos que debían seguirse (y han sucedido enteramente tales como se designaban en la correspondencia), todo estaba propuesto y acordado por el directorio en la extensa [correspondencia] del famoso archivo que en lo sucesivo ha sido conocido en mis comunicaciones con el nombre del Simancas» [48]. Una vez acabada la manufactura de tan explosiva carga quedaba el problema de plantarla en la corte de don Carlos sin dar lugar a que se sospechase su verdadera procedencia. Aviraneta se hizo pasar por un legitimista que había encontrado casualmente una colección de cartas y documentos que señalaban a Maroto como jefe de una conjuración masónica destinada a derrocar a don Carlos. Contrató a un francés y le envió al campo carlista, donde se puso en contacto con la facción apostólica, insinuando la existencia de la conjuración de los marotistas. En visitas posteriores el agente de Aviraneta fue produciendo muestras fragmentarias de la colección de documentos que convencieron a don Carlos y a sus allegados de la realidad del complot. El pretendiente exigió ver la colección entera y Aviraneta no vaciló en enviársela.

Aviraneta tenía gran confianza en la eficacia de su Simancas. Poco antes de despachar la última consigna de documentos a la corte carlista escribió a Pita Pizarro: «Ha llegado el momento crítico: la mina reventará, y puede V. asegurar a S.M. que según están atados los cabos en el Simancas, el estampido va a ser tremendo, se degollarán horrorosamente, y daremos fin a la rebelión» [49].

Como consecuencia del Simancas, dice Aviraneta, don Carlos se decidió a actuar contra Maroto e intentó robarle la lealtad de sus tropas, cosa que no pudo conseguir, aunque un batallón sí se pronunció contra Maroto, haciendo que su situación fuese aún más difícil de lo que ya era.

La historia del Simancas la cuenta Baroja en el transcurso de cuatro novelas (tomos 13 a 16). Es un buen ejemplo de esos casos en que Baroja, bien que ofreciéndonos aproximadamente la misma versión, refunde el relato dándole forma mucho más novelesca, ampliándolo acá, poniendo una nota de dramatismo allá. Baroja comienza su relato con la visita de Aviraneta al grabador que va a falsificar los diplomas masónicos (IV, 113). Este detalle es de invención barojiana, pero perfectamente plausible. El episodio se continúa en la siguiente novela (IV, 224-9). Aquí se nos relatan los viajes del agente de Aviraneta a la corte de don Carlos con muestras de documentos incriminando a Maroto, y los primeros efectos que la revelación surtió en la corte carlista. El relato de Baroja sigue muy de cerca al de su fuente (casi palabra por palabra en ocasiones) e incorpora todos los detalles que se encuentran en la relación de Aviraneta. Roquet, que así se llamaba el agente, llegó a la corte carlista y entregó un mensaje de Aviraneta a dos coroneles de don Carlos, los cuales exigieron pruebas del complot marotista. En su segundo viaje, Roquet llevó muestras de los documentos del Simancas, lo cual causó sensación entre los carlistas puros. Tras una infructuosa tentativa de informar directamente a don Carlos, Roquet fue enviado a consultar al obispo de León. Este usó de su influencia para lograr que Roquet fuese conducido a la presencia del Pretendiente. El agente de Aviraneta pudo así mostrarle los documentos a don Carlos en persona, el cual pidió que se le trajese la colección entera. Todo esto se halla en los relatos tanto de Aviraneta como de Baroja. El próximo episodio en la versión barojiana se halla en la siguiente novela (IV, 348-53), y trata del traslado de la colección de falsos documentos desde Bayona hasta la corte carlista. Es ahora cuando Baroja se sirve de la oportunidad para emplear su licencia de novelista y añadir cierto dramatismo al relato original.

Aviraneta comienza esta parte de su historia contando cómo envió a Roquet con un inventario de la colección de documentos y cómo éste fue detenido por la policía francesa. En cambio, en la versión barojiana, esto no fue más que una estratagema de Aviraneta para engañar al cónsul:

AVIRANETA	BAROJA
… volví a despachar al confidente el 1 de julio con el inventario de los papeles, según deseaba el intendente carlista, y en el pueblo de San Juan de Luz fue detenido por los gendarmes y despojado de aquéllos, que el subprefecto entregó al cónsul [50].	A pesar de la promesa, Gamboa, por envidia o por celos, hizo todo lo contrario de lo prometido, y, pocos días después, Roquet fue preso en San Juan de Luz por los gendarmes y registrado minuciosamente. El cónsul no se salió con la suya. Aviraneta y Roquet habían pensado realizar aquel primer viaje como mero ensayo. Al francés le encontraron papeles sin im-

portancia. Estos papeles los recogió la policía y se los llevaron al comisario, el comisario los envió al subprefecto,
el subprefecto al cónsul y el
cónsul se los presentó a Aviraneta, sin duda para demos-
trarle su omnipotencia (IV,
349).

El próximo paso fue disponer el traslado y la entrega
de documentos a don Carlos. Primero la versión de Aviraneta. Su plan es el siguiente: él mismo cruzará la frontera con los documentos; en Behovia se los entregará
a uno de sus agentes, Orbegoso; Orbegoso los llevará
al caserío de Chapartenia, donde serán recogidos por
Roquet, quien los llevará a don Carlos. El primero de
agosto, Aviraneta salió de Bayona seguido de Nenín,
agente de Gamboa. Al llegar a la frontera fue detenido
e interrogado por la policía, pero pudo antes poner el
legajo de documentos en manos de un amigo para mayor seguridad. Al día siguiente, Aviraneta le entregó el
paquete a Orbegoso, quien a su vez se lo entregó a Roquet, pero en esta ocasión el traspaso fue interceptado
por los agentes de Gamboa, los cuales insistieron en
sacar copia de los papeles más importantes antes de
dejar partir a Roquet. De vuelta en Bayona, Aviraneta
halló a Nenín informando al cónsul acerca del suceso.
El 5 de agosto, Roquet llegaba a la corte de don Carlos
y entregaba el legajo de papeles a Marcó del Pont, brazo derecho de don Carlos. Ahora veamos la versión
barojiana.

Aviraneta sale de Bayona, seguido de Nenín, y cuando se dispone a cruzar la frontera es detenido. Se le
exige abrir su maletín, y el paquete de documentos,
cuidadosamente sellado, es confiscado. Aviraneta finge
estar enojado, pero una vez en territorio español puede
permitirse el lujo de reír: el paquete que le acaban de
confiscar no contenía otra cosa que recortes de periódico, y el Simancas está a salvo. Su astucia ha vencido a

Gamboa. Pero Nenín descubre pronto la argucia y sigue tras las huellas de Aviraneta. Al día siguiente, Aviraneta entrega los documentos a Orbegoso, el cual parte para su cita con Roquet. Aviraneta, mientras tanto, se extraña de que Nenín haya abandonado la persecución y no dé señales de vida, y sus recelos le llevan a seguir a Orbegoso para asegurarse de que su reunión con Roquet se haya efectuado felizmente. Al aproximarse a Chapartenia, Aviraneta distingue a dos franceses de guardia en la puerta del caserío. Rápidamente se vuelve y regresa con refuerzos, cogiendo a Nenín en el acto de copiar los documentos del Simancas. Los documentos son recuperados; Orbegoso, que había sido encerrado, es puesto en libertad; los franceses son devueltos a su patria derrotados y humillados, y Nenín es detenido. Poco después aparece Roquet, quien recibe el Simancas de manos del propio Aviraneta, y parte para la corte carlista. Pocos días después Aviraneta regresa a Bayona y encuentra a Gamboa visiblemente enojado por su falta de éxito.

La versión de Baroja no es, pues, radicalmente diferente de la de su fuente. Pero es altamente novelesca en comparación. Baroja ha cambiado el relato original lo suficientemente para hacer posible la introducción de una nota de dramatismo y «suspense» en la narración. Las dos principales innovaciones son la estratagema de Aviraneta para engañar a la policía francesa en el puesto de frontera y el episodio dramático de Chapartenia, que coloca a Aviraneta en el centro de la atención, exhibiendo su temple e iniciativa. Si en la fuente el papel de Aviraneta es esencialmente el de maquinador, en la novela es no sólo el maquinador, sino también el hombre de acción.

iv) Los escritos inéditos de Aviraneta

Como hemos visto, los folletos de Aviraneta constituyeron una fuente importantísima de datos y material para Baroja. Pero además de estas publicaciones de Aviraneta, Baroja manejó un material totalmente inédito. Estos escritos inéditos de Aviraneta son hoy casi imposibles de hallar en su mayor parte, aunque la conocida grafomanía de Aviraneta probablemente asegura la pervivencia hasta nuestros días de algunos de sus manuscritos. Baroja consiguió desenterrar varios manuscritos, y es una verdadera lástima que este material inédito, fuese original o copia, desapareciese cuando su casa de Madrid fue bombardeada durante la guerra. Los manuscritos hallados por Baroja tuvieron que ser, como mínimo, los siguientes:

1) Relato de Aviraneta sobre la campaña del *Empecinado* en 1823.
2) Relato de Aviraneta sobre su encuentro con lord Byron en Missolonghi en 1824.
3) Una sección, o secciones, de los «Apuntes políticos y militares o confesiones de Aviraneta».
4) Relato de Aviraneta sobre su encarcelamiento durante la Revolución de 1854.

Los relatos sobre la campaña del *Empecinado* y sobre el encuentro con Byron al parecer no se conocen, pero su existencia la podemos dar por segura a la vista de ciertos comentarios de Baroja [51]. Los «Apuntes políticos y militares o confesiones de Aviraneta» se hallan en la Real Academia de la Historia en Madrid. El manuscrito no es de fácil consulta, pues se halla dividido en innumerables trozos a lo largo de los numerosos legajos que componen la Colección Pirala, colección que contiene miles de documentos referentes a la primera guerra carlista. Sabemos positivamente que a Baroja no le permitieron ver esta colección. Si la hubiese visto hubiera averiguado que el lugar de publicación del folleto *Mina y los proscriptos* no fue Argel, sino Cádiz, y que Aviraneta no pisó el terreno argelino a su regreso de las Islas Canarias en 1836 [52]. Firmes en el convencimiento de que Baroja no consultó la Colección Pirala, resulta extraordinariamente interesante hacer el cotejo de los «Apuntes políticos» con las *Memorias de un hombre de acción,* pues hay ocasiones en que los dos coinciden

62

sustancialmente. Castillo Puche, que reprodujo la mayor parte de estos «Apuntes políticos» en su libro, dice que Baroja no conocía estas notas de Aviraneta. En cambio, no menciona el hecho de que parte de estos apuntes, por cierto llamados en la cubierta del libro de Puche «documentación totalmente inédita», ya había sido reproducida por Baroja en las *Memorias de un hombre de acción*. Incluso en los trozos reproducidos por Puche se hallan varios que tienen paralelos casi idénticos en Baroja. Veamos algunos ejemplos:

AVIRANETA	BAROJA
Estaba convalesciente y sin poderme tener en pie, cuando un Ministro de la Corona se presentó en mi habitación a saber el estado de mi salud y manifestarme al mismo tiempo que S.M. desearía que fuese cuanto antes a Francia a evacuar igual comisión que la que ya había desempeñado en mi último viaje con tanto provecho de la Nación, que se sabía que Cabrera se dirigía a Cataluña y que unido a los carlistas de aquel Principado podrían organizar larga resistencia, en daño del trono de la Reina y la Constitución del Estado. Me conformé en salir luego que estuviese más aliviado.	Se hallaba convaleciente sin poder tenerse en pie cuando Arrazola se presentó en su habitación a saber el estado de su salud.
	—La reina desearía que fuese de nuevo a Francia con una comisión parecida a la que ha desempeñado usted en su última estancia en Bayona —le dijo.
	—Pues iré. ¿Ocurre algo nuevo?
	—Nada. Se sabe que Cabrera ha pasado a Cataluña empujado por O'Donnell, y se teme que, unido a los carlistas del Principado, organice una larga resistencia que sea un obstáculo para la paz total.
	Aviraneta estaba deseando salir de Madrid, y dijo al ministro:
	—Partiré inmediatamente que pueda (IV, 711).
Escribí una carta a Arias Tejeiro, ministro de D. Carlos, que a la sazón se hallaba en Berga al lado de la Junta de Cataluña, que tenía asiento en aquella villa. Le decía que era el mismo legitimista que con tiempo avisó a D. Carlos que Maroto	Su primera maniobra fue escribir una carta a Arias Teijeiro, el ex ministro de Don Carlos. Arias seguía en Berga, al parecer en buenas relaciones aún con la Junta de Cataluña...
	Aviraneta, entre otras cosas, decía al ex ministro gallego:

le iba a ser traidor y vender su causa. Que le remití el archivo o los papeles todos de la logia masónica que comprovavan su delito, y que a consecuencia de aquellos papeles D. Carlos mandó que entrasen en España el General D. Basilio Antonio García, el cura Echevarría, y el Coronel Aguirre, para ponerse al frente de los Batallones 5°, 11°, y 12° de Navarra, que el mismo Monarca dispuso que se sublevaran en Etulain y el Baztán, poniéndose al frente del 5° de Navarra un conocido y amigo, Arreche, alias Bertache, que por no haber sabido quitar de en medio a Maroto, se desgració la operación y se perdió la causa del Pretendiente. Que el mismo ajente, Mr. Roquet, que era el portador de mi carta había sido el comisionado que de acuerdo con el obispo de León, se vio con D. Carlos y Marcó del Pont, y anduvo en todas las negociaciones, y que le informaría más al pormenor de los sucesos. Que el General de Cataluña era otro de los transacionistas, y que muchas cosas que no podía confiar a la pluma pudiera decirle de palabra. Arias Tejeiro me contestó dándome las gracias por mi celo y servicio a favor de la causa de D. Carlos alentándome a que continuase; diciéndome que una persona de su entera confianza se vería conmigo en Tolosa de Francia, y me presentaría por contraseña la mitad de su tarjeta, remitiéndome a mí la otra mitad.

«Yo soy el mismo legitimista francés que avisó con tiempo a Don Carlos la defección de Maroto y le remitió los papeles todos de la logia masónica a que pertenecía y que comprobaban claramente su traición.

A consecuencia del envío de aquellos papeles, Don Carlos ordenó la vuelta a España de los jefes carlistas que estaban desterrados por Maroto en Francia, entre ellos el general don Basilio Antonio García, el canónigo Echevarría y el coronel Aguirre, para ponerse al frente de los batallones 5, 11 y 12 de Navarra. El mismo Don Carlos dispuso se sublevasen estos batallones en Etulain, poniendo al frente del 5 al subteniente Luis Arreche, alias *Bertache*. El movimiento se hizo tarde. Por no haber sabido prender en seguida a Maroto, se desgració la operación y se perdió la causa del rey en las provincias vascongadas. En Cataluña y Aragón se dibuja en el horizonte algo parecido. Aquí se da por seguro que el general Segarra, sustituto del conde de España en el mando de las fuerzas catalanas, es partidario de la transacción…

Podría contarle a usted, señor Arias, más noticias importantes; pero no son cosas que se puedan confiar a una carta…

Unos días después Arias Tejeiro contestó con una esquela dirigida al señor Etchegaray, dándole las gracias por su celo por la causa de Don Carlos, alentándole para continuar la campaña y diciéndole al mismo tiempo que una persona de su entera confianza se vería con él en Tolosa y le presentaría para darse a conocer como contraseña la mitad de la tarjeta que le enviaba en la carta (IV, 955).

A mediados del mes de mayo se vio conmigo el ayudante del conde de España y me dijo: «Los asuntos de Cataluña se encrespan y Dios sabe en qué vendrán a parar: me escriben de Berga que los asesinos de mi general están llenos de miedo y trabajan para que el pueblo haga causa común con ellos y traten de defenderse en la ciudad, donde no admiten más que a los asesinos y gente perdida, aprovisionando la población con toda clase de víveres, que la junta hace venir de los pueblos»[53].

Unos días después, don Eugenio se encontró con Castelnau, el ex ayudante del conde de España, que tenía la obsesión de vengar la muerte de su antiguo jefe. Castelnau le dijo:

—Tengo noticias de que los asuntos de Cataluña se encrespan.

—¿Qué sucede?

—Tristany y Segarra no se entienden con la Junta, y ésta, a su vez, no quiere nada con Cabrera.

—Esto toma mal cariz.

—Sólo Dios sabe en qué va a terminar todo ello.

—Y en sus gestiones con relación a la muerte del conde, ¿ocurre alguna novedad?

—Me escriben de Berga que los asesinos del general están llenos de miedo, y que trabajan para que el pueblo haga causa común con ellos —contestó Castelnau—. Tratan de defenderse en la ciudad, donde no admiten más que a gente catalana, y están aprovisionando la población con toda clase de víveres, que la Junta hace traer de los pueblos próximos (IV, 964).

Podríamos seguir citando durante páginas y páginas, pero no creemos que sea necesario; el paralelo entre los «Apuntes políticos y militares» y las novelas barojianas está probado. No obstante, el lector que quiera completar el cotejo puede hacerlo consultando el libro de Castillo Puche, páginas 292 a 306, y las novelas barojianas *La senda dolorosa* (IV, 705-13), *Los confiden-*

tes audaces (IV, 813-15, 818-20) y *La venta de Miram-bel* (IV, 955-66, 969-74, 979). Es más, utilizando los extractos reproducidos por Puche a lo largo de su libro, el lector curioso podrá hallar varios casos más en que los «Apuntes políticos» tienen su equivalente en las novelas barojianas. Baroja, pues, conocía bastantes más de los escritos inéditos de Aviraneta de lo que Puche está dispuesto a admitir [54].

Pero si Baroja no consiguió ver los escritos de Aviraneta de la Colección Pirala, ¿cómo se explica que pudiera reproducir con bastante exactitud páginas enteras de ellos? Está claro que Baroja tuvo que tener en su posesión documentos idénticos o muy parecidos. Y ello en realidad no tiene por qué sorprendernos demasiado. Debemos tener en cuenta que Aviraneta era un grafómano. A lo largo de su vida produjo una porción de escritos con el fin, suponemos, de ganarse el reconocimiento público por lo que él consideraba importantes servicios a la patria y a la causa liberal. Como consecuencia de ello, Aviraneta se repite a cada paso. Tenía también la costumbre de repartir copias de sus escritos. El mismo nos confiesa que al publicar un folleto distribuía ejemplares a varios amigos y personalidades. El imprimir no siempre estuvo a su alcance: las *Memorias íntimas,* cuidadosamente preservadas en manuscrito, nunca llegaron a publicarse en vida de Aviraneta, a pesar de que se trataba de uno de sus principales escritos y, desde luego, el más extenso, y los gastos de imprenta en el caso de *Mina y los proscriptos* los pagó un banquero gaditano. Bien pudo ser que Aviraneta se contentase con escribir cartas y repartir notas manuscritas cuando el imprimir le resultaba económicamente imposible. Desde luego, la gran cantidad de material manuscrito que Aviraneta entregó a Pirala demuestra su predisposición a impartir información escrita, estuviese o no impresa. Por otra parte, ha habido un par de hallazgos de manuscritos aviranetianos que confirman la propensión de Aviraneta a refundir sus escritos. En febrero de 1828, estando en La Habana, Aviraneta redactó una «Memoria sobre el estado actual del reino de México

66

y medio de pacificarlo». Tras un análisis minucioso de la situación mejicana en sus vertientes militar y económica, Aviraneta proponía un plan de campaña contra los insurrectos, que tenía como finalidad el colocar en el trono de Méjico a un príncipe español[55]. Al año siguiente, el 3 de noviembre de 1829, Aviraneta refundía su memoria y producía un nuevo documento, «Sobre el partido que debe adoptar la España para recuperar el reino de México», un resumen del cual envió al capitán general de Valencia, Francisco Longa, en febrero de 1830, resumen que ha sido publicado por Luis Fernández (véase el apéndice I). Otros documentos aviranetianos fueron hallados por el bibliófilo Claudio Rodríguez Porrero y glosados por el profesor Luis de Sosa en un artículo publicado en 1943 (véase apéndice). Entre los documentos se halla una relación de Aviraneta sobre su detención y encarcelamiento durante los motines de 1854 en Madrid. El cotejo de la versión aviranetiana glosada por Sosa con la novela barojiana *El sabor de la venganza* revelan varios puntos de contacto, demostrando una vez más que Baroja tuvo en sus manos, si no éste, al menos un documento muy parecido.

Está claro, pues, que Baroja conoció una proporción bastante considerable de los escritos inéditos de Aviraneta. La imputación que Castillo Puche le hizo a Baroja de que no leyó las memorias de Aviraneta es injustificada y da una impresión totalmente falsa. Baroja llegó a encontrar y a utilizar varios fragmentos importantes de esas memorias, memorias que Aviraneta continuamente reelaboraba y repartía —los «Apuntes políticos» de la Colección Pirala son claramente una sección de esas memorias, la referente a los años del conflicto entre liberales y carlistas, y los documentos hallados por otras personas representan otras tantas porciones de las memorias[56]. Quién sabe si en algún rincón perdido se encuentra hoy la versión completa de esas memorias —su hallazgo sería un feliz acontecimiento, no sólo por su intrínseco interés, sino además porque nos permitiría ver claramente y sin tener que hacer conjeturas el papel exacto que jugaron estas memorias aviranetianas en la composición de las *Memorias de un hombre de acción*. Hoy por hoy lo único que podemos afirmar es que Baroja consiguió desenterrar varios escritos inéditos de Aviraneta y que los incorporó fielmente en sus novelas.

v) Documentos oficiales y la prensa

Además de consultar las historias de la época y los folletos y papeles de Aviraneta, Baroja buscó referencias a él en los archivos oficiales y en la prensa de su época. Pero los documentos que Baroja pudo hallar fueron de poca importancia en comparación con la información procedente de Pirala y de los escritos del propio Aviraneta. En la iglesia de Santa María de la Almudena, en Madrid, Baroja halló la hoja de bautismo de Aviraneta que le suministró los detalles sobre la fecha y lugar de nacimiento de Aviraneta, quiénes eran sus padres, etcétera [57].

Las dos hojas de servicio halladas por Baroja fueron fuentes de alguna importancia en lo que se refiere a las acciones militares en que Aviraneta participó y cargos administrativos que desempeñó [58]. Estas hojas de servicio dan una visión esquemática de la carrera oficial de Aviraneta desde 1820 hasta 1853. Comienzan con la comisión de Aviraneta en 1820 de perseguir a las guerrillas absolutistas que operaban en la provincia de Burgos bajo el mando de los curas Merino y Barrios. Al año siguiente, Aviraneta fue requerido una vez más por el jefe político de Burgos para hacer frente a Merino. La hoja de servicio menciona también la campaña de 1823, registra todas las acciones militares en que Aviraneta tomó parte durante las diversas campañas, y habla de su «bizarra conducta» en varios combates. La hoja de servicio menciona, asimismo, que Aviraneta fue comisionado en agosto de 1823 para ir a Cádiz «a hacer presente al gobierno la triste situación del ejército en Extremadura y Castilla, y pedir instrucciones sobre la conducta que se debía seguir en lo sucesivo». Aparte de los apuntes manuscritos de Aviraneta sobre la campaña del *Empecinado* que hemos mencionado más arri-

ba, los detalles de la hoja de servicio fueron la principal
fuente de información sobre las actividades militares de
Aviraneta de 1820 a 1823, información de la que Baroja supo sacar máximo partido en *Con la pluma y con
el sable* y *Los recursos de la astucia*. Por supuesto, estas
hojas de servicio contienen mucha más información de
la que hemos mencionado aquí. Se refieren al papel
de Aviraneta en la expedición mejicana del general Barradas, y también a sus trabajos durante la guerra civil.
Pero para estos aspectos tuvo Baroja fuentes mucho
más fructuosas, como ya hemos tenido ocasión de comprobar.

Baroja también buscó noticias de Aviraneta en la
prensa de la época, pero sus esfuerzos en esta esfera no
produjeron resultados significativos: aparte de las menciones de Aviraneta en la prensa allá por el período del
Convenio de Vergara, no parece que encontrase nada
de importancia. En particular, Baroja no parece haber
hallado nada sobre las actividades tempranas de Aviraneta (por otra parte, es escasamente problable que
Aviraneta figurase en la prensa con anterioridad a 1834).
Lo poco que encontró Baroja se refiere a la época de
la campaña de Aviraneta contra el carlismo y a sus
actividades en el norte de España y el sur de Francia
durante las últimas jornadas de la guerra.

El artículo de prensa más interesante que hemos visto es uno del mismo Aviraneta, y es posible que Baroja
no lo conociese, aunque sabía de su existencia [59]. Este
artículo, reproducido por Castillo Puche [60], se titula «La
Verdad», y fue publicado en un periódico gaditano en
agosto de 1836, al poco tiempo de regresar Aviraneta
de su exilio en las Islas Canarias. En él, Aviraneta ataca
salvajemente a Mendizábal y a su gobierno, acusándoles
de no implementar la constitución de 1812 como se
había prometido tras la revolución de julio, y llamán-
doles «ese partido retrógrado» y «curanderos pragmáti-
cos». Aviraneta fue impulsado a escribir este artículo
como resultas del injusto tratamiento que consideraba
haber recibido aquel mismo año a manos del gobierno
de Mendizábal. Esta arremetida contra Mendizábal la

sostuvo Aviraneta durante algún tiempo. En su *Vindicación* (1838) escribe: «En mi manifiesto publicado en Argel el año pasado, describo por menor y apoyado en documentos la trama inmoral que se forjó en Madrid para enviarme con comisión del servicio a Barcelona, pero siendo el doble y verdadero fin confinarme a las islas Canarias en unión de otros patriotas de aquella capital. En vano recurrimos al trono pidiendo justicia y la formación de causa: nuestros ruegos fueron desoídos por el presidente del consejo de ministros, don Juan Alvarez y Mendizábal, que con la imprudencia de que es susceptible un hombre que ignora absolutamente las leyes de su país, los derechos que garantizan la libertad y seguridad individual del ciudadano, los usos parlamentarios, el decoro y dignidad del solio, y los miramientos debidos a la desgracia, se atrevió a insultar a sus víctimas calificándolas criminales en el santuario de las leyes, en el estamento de próceres el 22 de enero de 1836» [61].

2. Fuentes históricas generales

Para obtener la información histórica general que forma una parte tan importante de las *Memorias de un hombre de acción,* Baroja manejó una cantidad enorme de libros, y en algunos casos en que la información que buscaba o no estaba en los libros o aparecía sumida en la oscuridad, intentó llegar a la verdad por medio de sus propias investigaciones. Identificar cada libro y cada documento que contribuyó de alguna forma a la serie novelesca sería una tarea imposible, y lo que nos proponemos hacer aquí es sencillamente una breve mención de varias obras que hemos podido verificar fueron utilizadas por Baroja.

Baroja manejó todas las historias generales del siglo XIX, pero, con algunas excepciones, no parece haberles concedido demasiado crédito [62]. Halló que los historiadores tenían la tendencia de copiarse unos a otros y de aceptar las versiones existentes en vez de esforzarse

honradamente por llegar a la verdad: «Yo intenté hace
años conocer la historia de España de la primera mitad
del siglo XIX. Durante mucho tiempo leí libros, folletos, papeles, para encontrar hechos exactos y demostra-
dos. No hallé más que incertidumbre y oscuridad. Unos
historiadores se copiaban los datos a otros, y el primero
que los exponía no indicaba dónde los había encontrado» (V, 1101) [63]. La más clara excepción a esta
condena general es sin duda el largo estudio sobre la
primera guerra carlista de Antonio Pirala. En numerosas
ocasiones Baroja recurrió a Pirala, y esta dependencia
puede verse claramente por medio del cotejo textual.
El extracto que transcribimos a continuación es sólo
un ejemplo de muchos que pueden hallarse si se tiene
la paciencia de buscarlos:

PIRALA

La invasión francesa decidió
el porvenir de Merino. El 15
de enero de 1808 descansó en
Villoviado una compañía de cazadores. Para seguir a la mañana siguiente su marcha a Lerma, pidió bagajes, y no pudién-
dose completar el número necesario, se llenó con las personas del pueblo, embargadas para
servir de acémilas. No se libró
Merino de disposición tan humillante, y fue cargado con el
bombo, los platillos y otros instrumentos de la música. Al llegar a la plaza de Lerma, los
arrojó al suelo con encono, y
poniendo los dedos en cruz dijo
a los franceses:
—Os juro por ésta que me
la habéis de pagar. Algunos culatazos fueron la contestación
a esta amenaza, cuyo sentido
comprendieron los franceses. Y
cumplió su amenaza.
El juramento del español es
como la venganza del corso; y
ni como hombre, ni como espa-

BAROJA

La invasión francesa decidió
el porvenir de Jeromo, el ex
pastor, que, de cura de escopeta y perro, llegó a ser brigadier de verdad.
Un día de enero de 1808 descansó en Villoviado una compañía de cazadores franceses.
Querían seguir por la mañana
su marcha a Lerma, y el jefe
pidió al Ayuntamiento bagajes,
y como no se se pudiera reunir
el número de caballerías necesario, al impío francés no se
le ocurrió otra cosa más que
decomisar a los vecinos del
pueblo como acémilas, sin ex-
cluir al cura.
Para mayor escarnio, le car-
garon a Merino con el bombo,
los platillos, un cornetín y dos
o tres tambores. Al llegar a la
plaza de Lerma, Merino tiró todos los instrumentos al suelo
y, con los dedos en cruz, dijo:
—Os juro por ésta que me
la habéis de pagar.
Un sargento que le oyó le

71

ñol, ni como sacerdote, podía perdonar Merino la triple ofensa hecha en él a la humanidad, a la patria y a Dios. Despojóse de su sotana profanada, se armó de una escopeta en el mesón de Quintanilla, púsose en acecho guarecido de un bosque inmediato a un camino, y el primer francés que pasó —un correo— cayó muerto a su disparo.

No quedó satisfecha su ira; corre a Villoviado; arma a su criado y vuelve al bosque. Cuando pasaban franceses le decía:

—Apunta a los que veas más majos, que yo haré lo mismo.

Cada tiro costaba la vida a un francés: la espesura de los matorrales les aseguraba la impunidad. Poco después se unió a aquella terrible pareja un sobrino del cura, y este triunvirato continuó en su tarea de matar franceses diariamente [64].

agarró de una oreja, y, a culatazos y a puntapiés, lo echaron de allí. Merino iba ardiendo, indignado. ¡A él! ¡A un ministro del Señor hacerle cargar con el bombo!

Merino, furioso, se fue al mesón de la Quintanilla, se quitó los hábitos, cogió una escopeta y se emboscó en los pinares. Al primer francés que pasó, ¡paf!, abajo. Por la noche entró en Villoviado y llamó a un mozo acompañante suyo en las excursiones de caza. Le dio una escopeta y fueron los dos al pinar. Cuando pasaban franceses, el cura le decía al mozo:

—Apunta a los que veas más majos, que yo haré lo mismo.

Los dos se pusieron a matar franceses como un gato a cazar ratones. Cada tiro costaba la vida a un soldado imperial. La espesura de los matorrales y el conocimiento del terreno en todas sus sendas y vericuetos les aseguraba la impunidad.

Poco después se unió a la pareja un sobrino del cura, y esta trinidad continuó en su evangélica tarea de ir echando franceses al otro mundo (III, 135).

Esta afición que Baroja le tuvo al libro de Pirala es fácilmente comprensible. En primer lugar, Pirala es el historiador que más generosamente trata a Aviraneta, y ello muy posiblemente le congració con Baroja. En segundo lugar, la obra de Pirala está muy bien documentada, y esto al menos da la impresión de que se ha llevado a cabo una investigación seria y objetiva [65]. Y en tercer lugar, la obra de Pirala ofrece el relato más completo del período 1833-1840, y aun hoy sigue siendo indispensable para los estudiosos de ese período.

El resto de los libros mencionados en la nota 62 contienen bastante información sobre el período en cuestión, pero Baroja no parece haberse apoyado en ninguno de ellos excesivamente. La continuación de Valera de la *Historia general de España* de Lafuente no es de gran utilidad para una persona que requiere información detallada, pues está escrita en términos bastante generales. En *Anales del reinado de Isabel II* (1850-51), de Javier de Burgos, se nota claramente el prejuicio contra el partido progresista. En la cuestión de los asesinatos de Barcelona en 1836, Burgos está abiertamente en contra de Mendizábal y de Alvarez. Baroja también se muestra anti-Alvarez y en menor grado anti-Mendizábal, pero esto se debe más a Aviraneta que a Burgos. Los escritos de Alcalá Galiano fueron de utilidad para temas tales como la masonería durante el primer período absolutista, la Revolución del 20, la personalidad de Riego, el avance de Bessières sobre Madrid en 1823 y la derrota de O'Daly en Brihuega, y finalmente la intentona liberal de 1830. *La estafeta de Palacio* (1871-72), de Ildefonso Antonio Bermejo, también le suministró detalles, y en *Las luchas políticas,* de Fernández de los Ríos, halló Baroja varias anécdotas curiosas de políticos y otras personalidades, como aquella sobre el número de «pes» en Pío Pita Pizarro (IV, 844). La *Historia de los heterodoxos,* de Menéndez y Pelayo, fue naturalmente de utilidad limitada, y aunque Baroja en ocasiones se ve obligado a recurrir a él, prefiere con mucho el reprenderle por haber dado información incorrecta, como, por ejemplo, en el caso de Luis Usoz y Río (V, 1151)[66]. La *Historia de España en el siglo XIX* (1902), de Pi y Margall y Pi y Arsuaga, también fue usada por Baroja, pero no extensamente. La versión de la muerte del general Urbiztondo (IV, 220; y muy ampliada en V, 1159) proviene de esta obra.

Desde luego todas estas obras no agotan ni con mucho la información histórica contenida en las *Memorias de un hombre de acción*. Baroja leyó extensamente, como una ojeada a sus numerosos artículos históricos dejará en claro. Otras obras de carácter general que podemos añadir a la lista de Browne son: Estanislao de Koska

73

Bayo, *Historia de la vida y reinado de Fernando VII* (1842); Manuel Lassala, *Historia política del partido carlista* (1841); N. Pastor Díaz y F. de Cárdenas, *Galerías de españoles célebres contemporáneos o biografías y retratos de todos los personajes distinguidos de nuestros días en las Ciencias, en la Política, en las Armas, en las Letras y en las Artes* (1841).

Baroja también utilizó monografías y estudios de menos alcance, muchos de los cuales hace tiempo que fueron olvidados, si es que alguna vez fueron bien conocidos. Para la Conspiración del Triángulo extrajo información de Sanjinés y Osante, *Héroes vizcaínos. Ligeras memorias del general Renovales* (s. a.), y de Cecilio Corpas, *Précis historique de l'origine et des progrès de la rebelion d'Espagne* (1823), así como de la ya mencionada obra de Estanislao de Koska Bayo [67]. Para la historia del Batallón de los Hombres Libres empleó detalles sacados de Abel Hugo, *Histoire de la campagne d'Espagne en 1823* (1824-5). Para la fracasada invasión liberal de 1830 usó las conocidas *Memorias del general don Francisco Espoz y Mina,* aunque también tuvo otro material a mano [68].

Para Cabrera y la guerra en el Este de España usó la obra de Dámaso Calbo y Rochina de Castro, *Historia de Cabrera y de la guerra civil en Aragón, Valencia y Murcia. Redactada en presencia de documentos de una y otra parte* (1845); la de Cabello, Santa Cruz y Temprado, *Historia de la guerra última en Aragón y Valencia* (1845-6); y la de Buenaventura de Córdoba, *Vida militar y política de Cabrera. Redactada con presencia de los datos históricos, noticias y documentos oficiales publicados hasta ahora y de los inéditos que conserva y ha facilitado aquel caudillo que fue del ejército carlista* (1844). De estas tres obras, la de Calbo es la que inspira más confianza, y aunque Baroja extrajo información de ella, parece haberla utilizado menos que otra obra anónima, de claros prejuicios y exactitud dudosa, titulada *Vida y hechos de los principales cabecillas facciosos de las provincias de Aragón y Valencia, desde el levantamiento carlista de Morella en 1833 hasta el presente, por un emigrado del Maestrazgo* (1840). De esta obra provienen muchos de los detalles sobre los jefes carlistas que operaban en la zona de Levante.

Las memorias del marqués de Miraflores ofrecen muchos detalles sobre la situación política en 1840 y sobre la visita de la reina a Barcelona que culminó en su abdicación, detalles que Baroja usó en su novela *Desde el principio hasta el fin*. Finalmente, para la Revolución de 1854 usó *La revolución de julio en Madrid* (1854), de Ribot y Fontseré, y para el asesinato de Francisco García Chico a manos del populacho, el libro de Julio Nombela *Impresiones y recuerdos* (1909-12, tomo 2.°), que contiene el relato de un testigo ocular.

La existencia y actividades de las sociedades secretas es otro asunto que Baroja se tomó la molestia de investigar. Seguramente tiene razón cuando llama a la *Historia de las sociedades secretas antiguas y modernas en España y especialmente la franc-masonería* (1871), de Vicente de la Fuente, «una serie de bolas». Sobre la historia de la francmasonería en España el mismo Baroja da una lista de los libros que tratan del tema, y añade que ninguno vale gran cosa. Lo mismo puede decirse de las otras sociedades secretas liberales, la de Carbonarios y la de Comuneros, y de la organización secreta absolutista «El ángel exterminador», arma de los apostólicos durante la «ominosa década», sociedad esta última que apenas ha dejado huellas. No obstante, a pesar de la escasez de información digna de crédito, Baroja ha conseguido al menos dar una viva impresión de la composición y actividades de estas sociedades, si bien algunos de los juicios que ofrece no pueden ser más que conjeturas[69].

Lo mismo ocurre con la versión barojiana de la personalidad y muerte del conde de España. La incursión de Baroja en este campo supuso un nuevo trabajo de investigación, pero desde un punto de vista estrictamente histórico los resultados fueron escasos, si bien desde un punto de vista literario produjo dos de las más interesantes novelas de la serie. Baroja anduvo rebuscando por varios archivos de Barcelona y visitó la región de Ariège (Gascuña), de donde era oriundo el conde. No obstante, si cotejamos la historia de los acontecimientos según están relatados en *La senda dolorosa* con la versión de Pirala [70], hallaremos que la historia de Baroja es una vez más una adaptación de su historiador favorito, con algunos detalles de las *Memorias* de Miraflores de propina [71].

Uno de los puntos interesantes que salió a luz en nuestras investigaciones es la preferencia de Baroja por obras históricas de autores extranjeros. A este respecto hay un comentario del mismo Baroja muy revelador: «Los informes extranjeros acerca de nuestras guerras y disensiones del siglo XIX suelen ser casi siempre más interesantes y más curiosos que los españoles. Los españoles se hallaban en ese tiempo en el período de la preocupación y del cultivo de lo legalista y lo jurídico, y en vez de contar hechos se dedicaron a discursear y a emplear lugares comunes. Los extranjeros, que ya habían pasado ese período oratorio y vacuo, buscaban más en los hechos y en las anécdotas el carácter del hombre» (V, 1347). Para Baroja, los historiadores españoles por regla general se ocupan de cuestiones teóricas y pedantescas y no penetran en la personalidad. Por consiguiente, Baroja se vuelve hacia los escritores extranjeros en busca de esos detalles más puramente humanos que es lo que verdaderamente le interesa. De Norteamérica vino la obra de Charles Le Brun *Retratos políticos de la Revolución de España* (1826), libro que tuvo un gran atractivo para Baroja y que fue consultado con frecuencia. La obra de Le Brun es un examen agudo y franco, casi caricaturesco en ocasiones, de las principales figuras políticas del período 1820-26. Es fuertemente liberal, aunque trata despiadadamente a ese conocido tipo de liberal dado a la oratoria política, como Romero Alpuente y muchos otros. Para *El Empecinado* no tiene más que elogios, y para los responsables de su muerte, incluido Fernando VII, nada más que críticas encarnizadas. El impacto de esta obra en Baroja puede apreciarse, por ejemplo, en el retrato que éste nos da de José Manuel Regato.

De Inglaterra vinieron, entre otros, la obra de Michael J. Quin *Memorias históricas sobre Fernando VII* (1840) y la de Thomas Wisdom *Estudio histórico-militar de Zumalacárregui y Cabrera* (1890) [72]. El libro de Quin contiene muchos detalles interesantes de Fernando y su corte, así como de los actos de represión del régimen absolutista, pero como la obra está escrita desde una posición claramente liberal es difícil evaluar su exactitud [73]. La primera parte del libro de Wisdom fue de escasa utilidad, ya que Baroja dice poco de Zumalacárregui. Sin embargo, no cabe duda que Baroja usó esta obra al redactar su relato sobre el encuentro entre Mina y Zumalacárregui en Larrainzar en la primavera de 1835 (IV, 355-6. Baroja escribió un relato más detallado en un artículo posterior, V, 1164-8) [74].

La contribución alemana consistió en las obras del príncipe Lichnowsky y del barón Von Rahden, habiendo pertenecido ambos al bando carlista. El relato de Lichnowsky sobre la guerra carlista está en su *Erinnerungen aus den Jahren 1837-1839* (1841). Esta obra apareció en francés, bajo el título de *Souvenirs de la Guerre Civile en Espagne* (1844), siendo ésta la versión que Baroja conoció. Rahden escribió dos obras: *Wanderungen eines Alten Soldaten* (1846), que contiene una sección sobre la guerra carlista, y *Miguel Gómez. Ein Lebenslichtbild* (1859), sobre el general carlista. Esta última obra la conocía Baroja bien (véase «Gómez y su expedición», VIII, 889) [75].

Las obras francesas fueron una rica fuente de información para Baroja. Esto, naturalmente, era de esperar, no sólo porque una parte considerable de la acción de las novelas barojianas transcurre en Francia, sino sobre todo porque la proximidad de los acontecimientos a la frontera y el constante tráfico de personas e información suscitaron gran interés por parte de los franceses en el conflicto español, interés que se ve reflejado en el número de publicaciones francesas sobre la cuestión. Sería demasiado enfadoso dar una lista de todos los libros que Baroja tuvo a la mano; nos limitaremos a mencionar algunas de las obras más interesantes que sabemos positivamente fueron usadas por él.

Como para compensar los relatos liberales del reinado de Fernando VII, tenemos el libro de un partidario ferviente de la monarquía, *L'Espagne sous Ferdinand VII*, del marqués de Custine (1838). Baroja se da perfecta cuenta de que la obra en cuestión no es enteramente digna de confianza, pero al mismo tiempo sabe hacer uso de interesantes detalles sin aceptar las conclusiones y juicios del autor [76]. Otro libro francés sobre la historia política del reinado de Fernando VII usado por Baroja es el *Essai Historique sur la Révolution d'Espagne et sur l'Intervention de 1823* (1832), del vizconde de Martignac. El *Annuaire Historique Universel* (1820-43, 24 tomos), de Charles-Louis Lesur, rico en detalles sobre los acontecimientos y personalidades de la España de aquel tiempo, también fue de gran utilidad, como se desprende de las numerosas citas en los artículos de Baroja. Para las intrigas en la corte española durante los últimos días de Fernando, Baroja usó dos opúsculos franceses poco conocidos, *La Verité sur les Evénements qui ont eu lieu en Espagne depuis la Maladie du Roi* (1833), de autor anónimo, y *Un Chapitre de l'Histoire de Charles V* (1835), de Louis Auguet de Saint Sylvain. Estas dos obras dan detalles de las disputas, politiqueos e intrigas por parte de la familia real y sus allegados. Finalmente, el libro de Louis Lurine, *Le Père Cyrile et le Général Maroto* (1838), y el de M. G. Mitchell, *Le Camp et la Cour de Don Carlos* (1839), contribuyeron información sobre las intrigas políticas en el campo carlista.

Aquí damos por terminada nuestra relación de las fuentes históricas de las *Memorias de un hombre de acción*. Desde luego no podemos pretender que nuestro estudio haya sido exhaustivo, ni mucho menos. En cuanto a las fuentes relacionadas con Aviraneta, creemos que hemos abarcado todo lo principal, aunque forzosamente hemos tenido que ser selectivos en nuestras ilustraciones. En lo que se refiere a fuentes históricas generales nuestra intención ha sido únicamente el dar una idea general del alcance de las lecturas de Baroja; pero el campo es enorme, y no cabe duda de que se podrían identificar muchas otras obras que contribuyeron materialmente a las novelas barojianas. No obstante, quizá estemos ahora en situación de hablar de las investigaciones de Baroja con conocimientos concretos de lo que realmente significaron. A veces hallamos en libros de crítica referencias a la labor de investigación de Baroja, pero nunca se nos explica qué es exactamente lo que Baroja investigó, ni qué extensión tuvieron esas investigaciones. Por ejemplo, en el libro de Antonio Regalado García sobre los *Episodios nacionales* de Galdós encontramos lo siguiente: «Siempre tendió nuestro autor [Galdós] a la fácil solución de recoger los hechos como los encontraba en las historias de su tiempo, bien diferente en esto de Baroja, que hizo una auténtica investigación en archivos y bibliotecas sobre la historia del siglo XIX para sus *Memorias de un hombre de acción,* y que elaboró trabajosa y concienzudamente sus propios juicios, como quiera que se los considere, para superar el confusionismo de las fuentes y la falta de trabajos fundamentales. de síntesis y de crítica imparcial» [77]. En vista de lo mucho que Baroja tomó prestado de Pirala, y dado que Regalado piensa que la *Historia de la guerra civil* es «de interpretación defectuosa por la tendencia mixtificadora del autor, que tiene poco escrúpulo en tergiversar hechos y datos en abono de sus prejuicios» [78], este crítico tendrá que revisar un tanto sus opiniones sobre la «auténtica investigación» de Baroja.

Pero no vayamos a dar la impresión de que Baroja fue culpable de entregarse a la mera transcripción sin ningún sentido crítico, mientras que al mismo tiempo intentaba dar la impresión de haber llevado a cabo una genuina investigación. Sí es verdad que Baroja copiaba con frecuencia —y no sólo cuando se trataba de hechos indisputables—, pero esto lo admitió él abiertamente: «En la historia, no sé cómo se puede evitar el copiar; únicamente en los comentarios es posible hacer algo original; en lo demás me parece imposible. Yo he copiado, cuando he tenido que hacerlo, sin escrúpulo» (IV, 1339).

En esta cuestión, las inclinaciones políticas de Baroja no parecen haber tenido ningún impacto significativo. Desde luego Baroja siente una clara aversión hacia el dogmatismo y fanatismo carlistas, pero esto no le impidió ni mucho menos el estudiar las obras de escritores carlistas. Y si entre las obras usadas por Baroja, las de historiadores liberales sobrepasan las de historiadores carlistas y absolutistas, esto no hace más que reflejar el hecho ineludible de que en el siglo XIX se escribieron más historias liberales que reaccionarias. Si gran parte de las historias disponibles resultaron ser obras polémicas, esto no es culpa de Baroja. Que Baroja sentía más simpatías por la causa liberal que por la carlista o absolutista es, desde luego, cierto. Pero esto, en cuanto hemos podido comprobarlo, no le condujo a aceptar la historiografía liberal ni a rechazar la reaccionaria. En su utilización de libros y documentos demuestra a veces más y a veces menos discriminación, pero su criterio no fue político, sino puramente personal. Cuando Baroja copiaba de los libros lo hacía sencillamente porque el material que le interesaba estaba ahí a la mano, y le convenía, como novelista, el apropiarse este material e incorporarlo a sus novelas.

Pero hubo muchos casos en que el material que Baroja buscaba o no estaba en los libros de historia o no estaba allí en suficiente detalle. En estos casos Baroja no vaciló en lanzarse a la búsqueda de la información para intentar descubrir la verdad por sí mismo, y no es más que justicia el reconocer los méritos de su iniciativa. Antes de cerrar definitivamente este capítulo veamos lo que escribe un crítico barojiano a este respecto: «Baroja no era aficionado a las bibliotecas públicas, ni siquiera a la del Ateneo, como Galdós, y es muy de presumir que la mayoría de las obras utilizadas para documentar sus novelas las adquiriese y las guardase en Vera. Casi todo el arsenal histórico que da consistencia de época a las *Memorias de un hombre de acción* y otras novelas de ambientación decimonónica tienen que proceder de su copiosa colección» [79]. Hay una verdad general contenida en estas líneas, pero el cuadro queda incompleto. Pues aun siendo Baroja poco aficionado a las bibliotecas públicas y prefiriendo almacenar las obras que le iban ayudando a redactar sus novelas históricas, no debemos olvidar que la mayor parte de la información sobre Aviraneta no se halla en los libros, sino en sus propios escritos, y el dar con el paradero de éstos necesitó una búsqueda laboriosa en bibliotecas, archivos, librerías, etc. Ni tampoco debemos ignorar el hecho de que Baroja visitó no sólo los archivos de Madrid, sino también los de Barcelona, Toulouse y Aranda de Duero. Igualmente, su insistencia en ofrecernos descripciones de primera mano de los escenarios de la acción de sus novelas requirió numerosos desplazamientos para familiarizarse con el ambiente y la configuración geográfica de los diversos lugares. Si en muchas ocasiones Baroja tuvo que echar mano de lo que los libros de historia le decían y aceptar sus versiones, apenas podemos censurarle por ello, dadas las dificultades con que tuvo que enfrentarse. De todos modos las normas que debemos aplicar a la obra de Baroja son al fin y al cabo las de un novelista, no las de un historiador.

6

Capítulo 2
La interpretación de la historia

A pesar del importante lugar que la historia ocupa en los escritos de Pío Baroja, apenas existen estudios de este aspecto de su obra [1]. Como en la cuestión de las fuentes, nos hallamos ante un territorio prácticamente inexplorado. Lo que nos proponemos de momento es seguir a Baroja en su viaje por la España guerrera y política de la primera mitad del siglo XIX, para descubrir la visión que Baroja nos da de este período. Lo importante en este capítulo es ver cuáles fueron los aspectos de la historia que Baroja seleccionó y cómo los interpretó. Por interpretación no queremos decir la formulación de ideas generales sobre la historia de España, sino sencillamente la actitud de Baroja hacia los acontecimientos y personalidades que describe según se nos revela en la presentación que de ellos hace. Baroja no compartió la tendencia de varios de sus contemporáneos a escribir sobre la historia de España en términos predominantemente abstractos [2]. A Baroja le interesaba la historia como espectáculo y no como algo en torno a lo cual construir teorías; lo que le atraía era el detalle, la anécdota, las diversas manifestaciones de la humanidad en acción [3]. No quiere esto decir que Baroja no tuviera ciertas ideas sobre la historia en general (este aspecto lo veremos en el próximo capítulo). Lo que sí quiere decir es que Baroja nunca interpretó la historia de España en términos abstractos, como lo hizo Angel Ganivet en su *Idearium español* [4].

El tratamiento de la historia en las *Memorias de un hombre de acción* es selectivo. Cubrir cada uno de los acontecimientos de importancia que tuvieron lugar en la primera mitad del siglo XIX hubiera sido claramente imposible, aparte de que esto tampoco le interesaba al novelista. El procedimiento de Baroja consiste sencillamente en seleccionar ciertos aspectos o acontecimientos y concentrar la atención sobre ellos. El criterio que con más frecuencia gobernó la selección fue la participación de Aviraneta en esos acontecimientos. Así, pues, la fase final de la guerra carlista es tratada en detalle, mientras que los primeros años de la guerra y sobre todo las campañas de Zumalacárregui, apenas se mencionan. Claro que Baroja no se limita únicamente a los acontecimientos en que Aviraneta se vio envuelto, como demuestra por ejemplo la novela *Los caudillos de 1830*. Es decir, que la decisión de Baroja de narrarnos un episodio particular de la historia de España no es siempre consecuencia de las exigencias biográficas de la serie.

Otro factor que Baroja parece haber tenido en cuenta al seleccionar y organizar su material fue el precedente establecido por Galdós. Es evidente que Baroja evitó de manera consciente el modelo galdosiano. Lo que Galdós pasó por alto o trató someramente, Baroja lo recoge y explora; lo que fue tratado con más atención por Galdós, Baroja lo desatiende. Por ejemplo, Galdós tuvo poco que decirnos sobre las conspiraciones liberales del período 1814-1820; Baroja nos da un relato de la «Conspiración del triángulo». Del mismo modo, Galdós dedicó dos párrafos al «Batallón de los hombres libres» que intentó detener a Angulema en la frontera; Baroja le dedica un capítulo entero. Por otra parte, Galdós trató de la prisión y ejecución de Vinuesa en bastante detalle; Baroja despacha este tema en ocho líneas. Cuando Galdós y Baroja se refieren a un mismo acontecimiento, se nota a veces una diferencia de énfasis. Por ejemplo, Galdós explica la muerte del jefe de policía Francisco García Chico en términos puramente políticos; para Baroja la muerte de Chico tuvo tanto que ver con odios personales como con la política.

1. LA LUCHA CONTRA EL INVASOR, 1808-1814

Galdós abrió sus *Episodios nacionales* con la batalla de Trafalgar porque ésta simbolizaba una derrota gloriosa. Al escoger una derrota gloriosa como punto de partida, Galdós, según un crítico, «no hacía más que reflejar los sentimientos de sus contemporáneos, que buscaban las virtudes nacionales en el heroísmo puesto a prueba por los fracasos...»[5]. La idea dominante es la de heroísmo colectivo. La manera en que Baroja abre su serie no puede formar mayor contraste. El año: 1837; las circunstancias: una nación profunda y cruentamente dividida. Una descripción brillantemente efectiva de un pueblo fétido y abandonado anuncia el tema de la guerra. Esta introducción sirve para subrayar lo que va a convertirse en el tema predominante de la serie: una lucha encarnizada y persistente en la nación. Una vez lograda esta pincelada de fondo por medio de esta mirada anticipadora[6], Baroja retrocede en el tiempo y comienza a trazar la génesis y desarrollo de la infeliz situación evocada en las páginas iniciales y subsiguientes del primer tomo de la serie. El punto de partida es cronológicamente la guerra de la Independencia, y precisamente de este tema trata el segundo tomo. Pero antes, en las páginas finales del primer tomo, Baroja nos da una perspectiva general de las condiciones sociales y políticas de España a finales del siglo XVIII y comienzos del XIX, antes de que se materializase la lucha contra el invasor francés. Entre otras cosas, Baroja destaca el profundo efecto que la revolución francesa tuvo en la vida política e intelectual de España. Precisamente uno de los puntos de contraste entre las *Memorias de un hombre de acción* y los *Episodios na-*

cionales es la relativa importancia del marco internacional. Galdós apenas dice nada sobre el papel que jugó la diplomacia internacional en los acontecimientos de España. Baroja insiste en este aspecto muchísimo más. España, nos dice, no era un feudo aparte; lo que pasaba fuera de sus fronteras tenía repercusiones internas. A lo largo de la serie se pueden apreciar varios intentos por parte de Baroja de situar lo que ocurría en España dentro del marco de la política internacional.

El primer tomo forma, pues, una especie de prólogo para la serie. Primero vemos la situación en 1837: una nación en la agonía de la guerra civil. Luego retrocedemos brevemente a fines del siglo anterior. Una vez abocetado ese fondo sociopolítico, Baroja alcanza su verdadero punto de partida: la invasión francesa de 1808. Baroja considera que este acontecimiento fue un momento crítico en la historia de España: «yo no sospechaba que la invasión francesa produjera el alzamiento del país y aquel incendio que acabó con una España y dio principio a otra», nos dice Aviraneta (III, 125).

Baroja ve la guerra de la Independencia como esencialmente la lucha del pueblo, entidad bien distinta de las clases superiores, de los militares y de los políticos. Fue el pueblo quien rehusó aceptar la presencia francesa en territorio español y resolvió tomar armas contra el invasor. Fue un movimiento espontáneo desde abajo: «Sin el arranque y la genialidad del pueblo, la época de la guerra de la Independencia habría sido de las más bochornosas de la historia de España» (III, 123) [7]. Lo extraño a primera vista es que esta admiración de Baroja por la gente humilde que le declaró la guerra a los franceses está muy lejos de verse corroborada por la presentación que Baroja hace de las guerrillas en *El escuadrón del Brigante*.

El motivo de esta aparente falta de consistencia se halla en el proceso de selección que Baroja se vio obligado a seguir. No cabe duda de que hubiera preferido relatar las hazañas guerrilleras de Mina o de Julián Sánchez, pero como Aviraneta luchó en las huestes de Merino y como tenía a mano el relato aviranetiano, Baroja decidió lógicamente concentrar la atención en la campaña de Merino. Y el cuadro que Baroja nos pinta no puede ser menos a propósito para provocar nuestra admiración por el cura guerrillero y su partida.

Baroja comienza su relato contándonos cómo el reclutamiento y armamento de las guerrillas se pudo llevar a cabo gracias a los sacrificios de los sectores más pobres de la sociedad española. Pero a pesar de que existía una predisposición general a hacerles la vida imposible a los franceses, el movimiento guerrillero no se distinguió precisamente por un espíritu de cooperación. Merino se vio obligado a dividir a sus tropas en varias facciones en un intento de impedir que las envidias y rivalidades entre hombres de distintos pueblos y distritos degenerasen en actos de violencia. En cuanto a la guerra de guerrillas en sí, el veredicto de Baroja no puede ser más explícito: «El ser guerrillero es, moralmente, una ganga; es como ser bandido con permiso, como ser libertino a sueldo y con la bula del Papa. Guerrear, robar, dedicarse a la rapiña y al pillaje, preparar emboscadas y sorpresas, tomar un pueblo, saquearlo, no es seguramente una ocupación muy moral, pero sí muy divertida» (III, 153). El juicio que Baroja hace de las guerrillas es por lo tanto moral, y no político o militar. En otra ocasión, refiriéndose al furioso ultimátum de Soult a los españoles que habían tomado armas (mayo de 1809) y a la réplica igualmente furiosa de la Regencia, escribe Baroja: «[Era] la barbarie contra la barbarie. De joven hay momentos en que la guerra llega a parecer algo hermoso y sublime; indudablemente todo ello es vida, y vida fuerte e intensa; pero por cada instante de generosidad, de abnegación, de heroísmo que se encuentra en los campos de batalla, ¡cuánta miseria, cuánta brutalidad! Guerrear es suprimir durante un período la civilización, el orden, la justicia; abolir el mundo moral creado con tanto trabajo, retroceder a épocas de barbarie y de salvajismo» (III, 162). ¡Qué lejos estamos del mundo heroico de Galdós en *Trafalgar!* Baroja insiste una y otra vez en los aspectos antiheroicos de la lucha. Nos relata cómo se incitaba a los soldados de la armada imperial a desertar por medio de la propaganda religiosa y política. A los soldados prusianos se les instaba a que no luchasen por los enemigos de su país, mientras que a los italianos y polacos, en su mayoría católicos, se les advertía que al luchar por los enemigos de la religión estaban condenando sus almas. Junto a esta propaganda religiosa existía la literatura libelista, que ridiculizaba a Napoleón y a otros miembros de la familia Bonaparte y los tildaba de depravados y criminales. Este aspecto sórdido de la lucha contra los imperialistas franceses, sobre todo la invocación de motivos religiosos para encender el odio de la gente sencilla hacia los franceses, es para Baroja imperdonable, y sale a relucir la aversión barojiana por la cultura judía cuando le hace decir a Aviraneta: «A pesar de ser yo guerrillero patriota, esta alianza entre Dios y el Rey de España, de que nos hablaban los fanáticos, me repugnaba, me recordaba las historias de la Biblia y las ilusiones de un pueblo tan miserable como el pueblo judío» (III, 178).

Cuando examinamos la versión que nos da Baroja de las campañas de Merino, hallamos que lejos de elogiar al cura guerrillero, Baroja le trata desdeñosamente, no tanto por su personalidad como por los métodos que empleaba. Lo que Baroja encuentra abominable es la estrategia de Merino. No oculta su admiración por la extraordinaria resistencia física del hombre, pero continuamente critica sus tácticas. La estrategia de Merino consistía en emplear una fuerza considerable de espías y delatores que le tenían al tanto de los movimientos de las tropas francesas a las cuales les tendía emboscadas cuando se presentaba la oportunidad, atacando únicamente cuando disfrutaba de superioridad de números y de posición. Aviraneta nos dice que encontraba la táctica de Merino cobarde y repugnante, y que sentía remordimiento cuando tenía que dar la orden de disparar sobre el enemigo impotente. Aunque Baroja sabe que todos los guerrilleros se adherían a la práctica de atacar únicamente cuando disfrutaban de superioridad numérica, mantiene que no todos los cabecillas empleaban un sistema de luchar tan inhumano: «Al menos cuando se luchaba a pecho descubierto, como lo hacía el Brigante en pequeño y como lo hicieron en grande Mina, el Empecinado, y don Julián Sánchez, la impresión del peligro experimentado, del valor del jefe marchando a la cabeza, hacía un efecto tónico» (III, 160). Una batalla en campo abierto tenía más dignidad; en cambio, la guerra tal como la hacía Merino era «una carnicería metódica y siniestra. Allí no se ganaban acciones; se mataba» (III, 160) [8].

En la ocasión de la acción militar del Portillo de Hontoria, Baroja revela simpatía e incluso admiración por las tropas francesas que Merino astutamente ha hecho caer en su trampa mortal. A pesar de su inferioridad numérica, los soldados franceses ofrecen una valiente resistencia, alentados por su intrépido jefe que mantiene el ánimo de sus tropas maltrechas entonando la Marsellesa. La conducta heroica del comandante francés es contrastada con la cobardía de Merino, el cual, viendo el apoyo moral que el comandante francés les da a sus tropas, ordena a un grupo de expertos tiradores que dirijan su fuego sobre la persona del comandante, hasta que al fin consiguen derribarle. Después de terminada la batalla, Aviraneta y dos compañeros recogen el cuerpo del comandante: «... llevamos el cadáver de Fichet hasta un bosquecillo de pinos, le pusimos la espada sobre el pecho y le enterramos. Me parecía que el comandante francés nos miraba y nos decía: —¡Gracias compañeros!» (III, 202). Quizás la única nota de sabor épico, está dedicada a un soldado francés.

Baroja no comparte esa opinión que atribuye los excesos de los guerrilleros a un ciego fervor patriótico. Por lo general, lo que les impulsaba era una absoluta crueldad y un odio injustificable. No se trataba sencillamente de combatir a las fuerzas invasoras con el fin de expulsarlas del territorio patrio, sino de matar el mayor número de franceses por puro afán de barbarie sanguinaria. El Jabalí representa un tipo de guerrillero algo común: «El Jabalí, en circunstancias normales, habría estado en un presidio o colgado de una horca; en plena guerra, convertido en jefe respetable, lleno de galones y de prestigio, podía asesinar y robar impunemente, no por afán patriótico, sino por satisfacer sus instintos crueles» (III, 162). El odio irracional y desenfrenado que muchos sentían por los franceses queda ilustrado por el siguiente episodio de *El escuadrón del Brigante:* «Al bajar del caballo encontramos a un francés bañado en sangre que debía de estar sufriendo horrores. Al vernos, exclamó: —¡Socorro! ¡Perdón! ¡Agua! Lara y yo nos acercamos a socorrerle; pero Fermina la navarra, amartillando su carabina y poniendo el cañón en la boca del herido, gritó: —Toma agua— y disparó a boca de jarro, deshaciéndole el cráneo. Los pedazos de seso me salpicaron la ropa y las manos... —¡Ese asqueroso francés!—exclamó ella. ¡Qué se muera!» (III, 203). Fermina, normalmente una persona cuerda y humana, se deja llevar de un impulso bestial y sádico ante el mero hecho de tropezarse con un francés solitario e inofensivo. Esta terrible escena resume de manera gráfica lo que es para Baroja un fenómeno inexplicable y perturbador: una nación sacudida por un paroxismo de saña y salvajismo.

¿De qué sirvió tanta crueldad?, pregunta Baroja. La barbarie con que se llevó a cabo la lucha sólo sirvió para establecer un precedente de lo que sobreviniera veintitantos años después. A la revitalización de España desde luego no contribuyó: «Muchos, y yo mismo, han asegurado que de la guerra de la Independencia surgió el renacimiento de España. Sin tanta matanza habría surgido también», dice Aviraneta (III, 162).

Aunque el tratamiento barojiano de la época de la guerra de la Independencia gira en torno a las actividades de los guerrilleros, también se refiere de pasada a otros aspectos de la guerra y de la época. Uno de estos temas es el de la cuestión de la política francesa en España. Baroja no cree que la derrota francesa fuese resultado exclusivo de la resistencia española. Los franceses tuvieron ellos mismos gran parte de la culpa. Su principal defecto era la ineptitud política: «Los jefes que envió a España Bonaparte... se distinguían, muchos como valientes; algunos... como buenos estrategas; pero en política no hubo uno que no dejara de ser una perfecta nulidad» (III, 184). Sobre todo no hacían ningún esfuerzo por comprender a una raza distinta a la suya, y es precisamente esto lo que explica el fracaso de la dinastía de los Bonaparte en España. No sólo eran culpables los franceses de actos innecesarios de crueldad que resultaban contraproducentes, pero, lo que es más importante, escandalizaban al español normal y corriente por su ostentación y su irreverencia ante cuestiones religiosas. José Bonaparte era un «farsantuelo que quiere echárselas también de rey de verdad y se llama a sí mismo Majestad Católica de España y príncipe francés» (III, 228), y que se pasaba más tiempo en asuntos de faldas que en asuntos de estado [9].

Finalmente, Baroja se refiere a los problemas políticos que, al menos para las mentes más agudas, cobraban mayor relieve y urgencia. Los ideales de la revolución francesa yacían desacreditados. ¿Significaba ello un inevitable retorno al sistema absolutista? ¿Ofrecería la Constitución de Cádiz un medio de introducir reformas sin que se las tachase de innovaciones afrancesadas? «Si las cortes de Cádiz hacen una constitución, como parece, tendrán Vds. que abandonar la causa del rey José. Desde ese momento, el ser afrancesado ya no tendrá objeto», le dice Aviraneta a Marchena (III, 229) [10]. Sobre todo, ¿para qué había luchado el país? ¿Para volver al antiguo sistema personificado en la figura de Fernando, o para establecer un nuevo sistema, representado por la Constitución de Cádiz? De esta manera Baroja pone de relieve las divisiones que comenzaban a tomar forma. La división que había prevalecido durante la guerra entre patriotas por un lado y franceses y afrancesados por otro, había sido transitoria y artificial. De ahora en adelante no se trataría de una lucha entre invadido e invasor; sería una lucha de la nación contra sí misma.

2. LIBERALISMO CONTRA ABSOLUTISMO, 1814-1834

Los temas principales que Baroja selecciona del período 1814-1834 son: i) la Conspiración del Triángulo; ii) la revolución de Riego; iii) el trienio liberal, con particular referencia a Aranda de Duero; iv) la campaña del *Empecinado* contra las guerrillas absolutistas entre 1820 y 1823; v) la invasión francesa de 1823; vi) la intentona liberal de 1830; vii) la situación política tras la muerte de Fernando y la conspiración isabelina. La selección de iii), iv) y vii) venía dictada por la participación de Aviraneta en esos acontecimientos, pero esto no es aplicable a los demás, y la participación de Aviraneta en éstos es invención de Baroja.

Como anticipo de lo que va a venir, Baroja nos muestra cómo incluso entre los prisioneros españoles en Francia durante la ocupación napoleónica de España existía tal hostilidad entre constitucionales y absolutistas que las disputas llegaron a hacerse acres y violentas. Refiriéndose a los de ideas liberales, dice Arteaga, el protagonista realista de «La culta Europa» (*Los caminos del mundo*): «Yo muchas veces pensaba: ¿qué va a pasar en nuestro país cuando estos hombres vuelvan allá?» (III, 269).

Llegado el caso, lo que pasó fue que los liberales, perseguidos por el régimen absolutista de Fernando VII, recurrieron a organizaciones secretas. Muchos oficiales que volvían de Inglaterra y Francia influenciados por ideas liberales se vieron tratados duramente por los realistas, y los guerrilleros eran desbandados o destinados a guarniciones aisladas: «Entre los guerrilleros descontentos era donde encontrábamos más gente dispuesta a luchar por la Constitución», le hace decir Baroja a Aviraneta (III, 336). Lo que no dice Baroja que bien pudiera haber dicho, es que la disolución de las partidas de guerrilleros fue más que nada una cuestión económica: Fernando estaba en quiebra y no tenía con qué pagarles.

Baroja prosigue su análisis de la situación al finalizar la guerra identificando a los dos focos de acción liberal secreta: los oficiales que regresaban del exilio, y los masones. Estos dos grupos fueron apoyados por otros grupos de españoles exilados tras los pronunciamientos de Mina y Porlier. Fue precisamente uno de estos grupos, radicado en París, el que ideó y proyectó la Conspiración del Triángulo; al menos esta es la forma en que Baroja explica la participación de Aviraneta en la conjuración. No parece que haya ninguna prueba o indicio que haga pensar que Aviraneta fue enviado por los liberales de París para tomar parte en la conspiración [11]. Si las exigencias de la fidelidad biográfica no intervienen para nada en la selección histórica en este caso, ¿por qué decidió Baroja incluir en su serie novelesca un relato de la Conspiración del Triángulo? Es una elección extraña. De todos los intentos liberales de derrocar al régimen absolutista durante esta época, éste es el menos típico. No se trata aquí de un alzamiento heroico y romántico para proclamar la libertad, sino de una conjuración tenebrosa con un objetivo criminal: el asesinar a Fernando [12]. Es difícil ver por qué Baroja decidió escribir su novela en torno a este oscuro complot, sobre todo cuando podía haber tratado de los pronunciamientos de Mina, Porlier o Lacy. Una posible explicación reside en el descubrimiento por Baroja de nuevos datos sobre la conspiración. Esto lo dice el mismo Baroja: «Respecto a la parte histórica, hay bastantes datos nuevos acerca del general Renovales y sus cómplices, que no se encuentran en las historias escritas, y que yo he ido sacando del Archivo Histórico Nacional y de otros archivos» [13]. En realidad la mayor parte de los detalles de la versión barojiana se encuentran en la obra de Estanislao de Koska Bayo *Vida y reinado de Fernando VII*. Además, aunque Baroja ha subtitulado su historia «Los hombres de la Conspiración del Triángulo», el episodio principal no es esta conspiración precisamente, sino otra, algo más novelesca y de invención barojiana, en la cual Aviraneta se infiltra en una sociedad secreta absolutista y a duras penas evita

92

el ser descubierto y asesinado. Los detalles estrictamente históricos sobre la Conspiración del Triángulo están expuestos en el transcurso de sólo tres capítulos. Naturalmente, no podemos culpar a Baroja de habernos dado poca información. Sencillamente, no hay más. Bayo es el que más detalles ofrece, e incluso José Luis Comellas, que tuvo a su disposición las actas judiciales, tiene poco nuevo que decir sobre el caso. De todas formas, lo importante aquí no son los datos, sino el hecho de que Baroja haya escogido para tratamiento especial la conspiración liberal menos típica y menos representativa del período. Pero, claro, Baroja, al contrario que Galdós, no busca lo típico y lo representativo, sino lo que a él le parece interesante o revelador en alguna forma. No obstante, el lector de Baroja poco conocedor de la historia de España bien pudiera creer, tras leer esta historia, que los liberales españoles de la época de Fernando VII eran hombres de tendencias republicanas que estaban perfectamente dispuestos a cometer un regicidio para conseguir sus objetivos políticos, creencia por supuesto disparatada.

De la Conspiración del Triángulo al alzamiento de Riego van cuatro años que Baroja cubre sólo muy de pasada y en términos generales: «Todo el mundo estaba descontento; el país marchaba mal, y a pesar de las prisiones y deportaciones ordenadas por el ministro don Bernardo Mozo de Rosales, marqués de Mataflorida, se hablaba en las calles con audacia. Había gran incertidumbre entre la gente; muchos deseaban un cambio radical en la política. El optimismo de la guerra de la Independencia había desaparecido. El Tesoro estaba exhausto; el ejército, desnudo y hambriento; los caminos, infestados de partidas de bandidos» (III, 393). Como es costumbre en la historiografía liberal, Baroja adjudica al rey gran parte de la culpa de estos males: «Ya no había tanto entusiasmo por Fernando VII... Algunos empezaban a comprender que el rey tenía gran parte de la culpa de todos los males; sólo el pueblo bajo, que experimentaba simpatía por la manera de ser plebeya y grosera del Borbón, se sentía fernandino»

(III, 394). Finalmente señala Baroja que antes de la Revolución del 20 había más libertad que en el tiempo de la Conspiración del Triángulo, no porque Fernando lo quisiera, sino porque la corte estaba corrompida y «toda corrupción produce naturalmente cierta libertad política» (III, 395) [14]. Todo esto hizo posible la revolución; pero lo que la hizo realidad fue el puro azar de los acontecimientos.

La manera en que Baroja nos pinta el alzamiento liberal no puede ser más denigrante. El alzamiento, dice Baroja, estuvo mal planeado y mal efectuado, y su éxito se debió más a la buena fortuna del momento que a la inspiración y habilidad de sus jefes: «Difícilmente se podía comprender que un movimiento tan mal planeado y dirigido acabara con tanto éxito» (III, 401). No debe sorprendernos que Baroja trate tan desdeñosamente a lo que al fin y al cabo es el primer gran paso liberal en España. Su juicio es certero; y si atribuir el éxito de la revolución liberal al azar en vez de a una confluencia de circunstancias complejas es un tanto simplista, no deja de ser verdad que este episodio en la temprana historia del liberalismo español fue un asunto mediocre con momentos verdaderamente absurdos [15]. Al no ensalzar la revolución, Baroja está demostrando no sólo cierta honradez, sino también una certera apreciación de los hechos. Claro que no hay nada de extraordinario en todo esto, pues no todos los liberales y los historiógrafos han ensalzado la Revolución de Riego; el mismo Alcalá Galiano la calificó de «conjuración mezquina» [16]. Baroja es parco en los detalles del alzamiento —le dedica cuatro páginas—, y ello se debe sin duda a la baja opinión que tenía de la forma en que fue implantado y a su falta de simpatía por el elemento militar liberal oficial. Cuando vino a tratar de la intentona liberal de 1830, que tuvo consecuencias de muchísimo menos alcance, le dedicó un tomo entero.

Siguiendo las huellas de su héroe, Baroja aprovecha el período de la regiduría de Aviraneta en Aranda de Duero para relatarnos los esfuerzos liberales por llevar a cabo reformas sociales. La expropiación y venta de

94

las tierras monásticas fue, según Baroja, una medida buena en principio, pero, por desgracia, contraproducente en la práctica. Se pensó no sólo como medida para aumentar las rentas públicas, sino también como medio de crear una clase de pequeños terratenientes que consolidasen el gobierno revolucionario al prestarle su apoyo incondicional. La medida fracasó porque los reformadores liberales no tomaron en cuenta los prejuicios religiosos profundamente arraigados de la gente: «El pueblo constantemente rechazó aquellas ofertas que le parecían sacrílegas. Si alguien se aprovechó, luego se hizo más católico que nadie» (III, 410). La opinión pública se mostraba igualmente hostil a los intentos liberales de introducir medidas de sanidad pública: «La gente consideraba una ofensa el que alguien encontrara puerco y maloliente el pueblo, y aquel prurito de limpiar les parecía ridículo y vejatorio y una manifestación de tiranía insoportable» (III, 414). En estas cuestiones de reforma social, Baroja se muestra un tanto duro e intransigente con aquellos que no compartían las ideas liberales, y los tacha de retrógrados y estólidos. Muchas de las reformas introducidas por los liberales fracasaban ante la hostilidad de la población, y el estado de los pueblos permanecía sin mejorar. De Aranda nos dice Baroja: «Los pueblos se encontraban en un estado lastimoso: las calles, sucias; las fuentes, cegadas; los caminos, deshechos. Las pocas escuelas eran verdaderas mazmorras, y la viruela reinaba en todas partes que era un horror. Escario ofició al alcalde de Burgos para que enviase un cirujano provisto de vacuna; pero la gente de los pueblos no quería vacunarse. Se hizo una suscripción voluntaria para plantar árboles en los bordes de las carreteras, y el jefe político, Aviraneta y otros varios, dieron cada uno quinientos reales, y se comenzó la plantación en Arauzo de Miel; pero los primeros arbolitos puestos fueron en seguida arrancados» (III, 456). El problema fundamental de los reformadores liberales es el de una minoría cualquiera cuyas ideas no hallan eco en la gran masa del pueblo; pero agravado en este caso por la miopía de los liberales, que no parecían darse cuenta de que ellos no eran más que una pequeña minoría en el país: «No comprendían estos reformadores que se encontraban en España en una minoría insignificante, porque no sólo en el campo, en donde todos eran realistas, sino en Madrid mismo, no estaban los liberales con relación a los serviles en proporción de uno a diez» (III, 750) [17]. La hostilidad entre liberales y absolutistas que existía en la esfera de lo social se reflejaba también en el campo de batalla. Las guerrillas absolutistas desafiaban al régimen liberal por la fuerza de las armas. Baroja subraya que las actividades de las guerrillas absolutistas las hacía posible la ayuda prestada por el pueblo, de la misma forma que había sido el pueblo quien había hecho posible la guerra de guerrillas contra los franceses en la guerra de la Independencia. Si antes la hostilidad del pueblo iba dirigida contra los franceses, ahora iba dirigida contra los liberales; para muchos era tan patriótico luchar contra éstos como contra los soldados de Napoleón. Los absolutistas no sólo disfrutaban de las simpatías y cooperación de una mayoría de la población, sino que además eran dirigidos por altos dignatarios de la Iglesia y estaban protegidos por el rey. El alzamiento absolutista contra el régimen liberal, sigue explicando Baroja, era esencialmente clerical, estaba instigado por los obispos y su organización se llevaba a cabo en las parroquias rurales. La unión rey-Iglesia-guerrilleros era un enemigo formidable para un gobierno liberal falto de experiencia [18].

Como ejemplo de la confrontación abierta entre liberales y absolutistas durante el trienio, Baroja nos da un relato detallado de la campaña del *Empecinado,* debiéndose su selección al hecho de que Aviraneta luchó con el *Empecinado,* y también a que Baroja halló una colección de cartas y documentos relacionados con esta campaña que le ayudaron a reconstruir la historia y a rellenar el esbozo que le proporcionó la hoja de servicios de Aviraneta. Baroja dedica bastante atención a las hazañas del Empecinado; «Los guerrilleros del *Empecinado* en 1823» en gran parte no es más que una reconstrucción en forma novelesca de la lucha entre las fuerzas del *Empecinado* y las guerrillas absolutistas, con frecuentes referencias a las campañas de otros jefes militares de ambos bandos. Baroja siente mucha más simpatía por el *Empecinado* que por el soldado profesional. No cabe duda de qué lado está Baroja en la controversia sobre la derrota liberal de Brihuega en enero de 1823. Muchos hicieron al *Empecinado* culpable de la derrota por no haber acudido a ayudar al general liberal O'Daly. Baroja explica cómo el *Empecinado,* que marchaba a apoyar a O'Daly, fue retardado al tener que librar batalla con el enemigo camino de Brihuega. O'Daly mientras tanto, sin enviar un mensaje al *Empecinado,* decidió atacar por su cuenta al enemigo. El resultado de esta decisión fue una humillante derrota para los liberales: «O'Daly había sido culpable; su vanidad, su deseo de vencer solo, ocasionó aquella derrota, que contribuyó a desmoralizar a los liberales» (III, 509).

Es interesante ver cómo Baroja caracteriza al *Empecinado* a la luz de sus comentarios sobre la caracterización que hace Galdós del famoso guerrillero. Escribe Baroja: «Veamos un héroe histórico, pintado por Galdós en uno de sus *Episodios.* Galdós hace un tomo sobre el *Empecinado.* ¿Y qué es el *Empecinado* de Galdós? El *Empecinado* de Galdós es un pobre patán, muy noble, muy bueno, muy valiente, que no sabe hablar; es decir, está caracterizado como un tipo de teatro, como un alcalde de aldea de género chico, por decir *marchemos* cuando debe decir *marchamos, dir* por *ir,* y cometer otras faltas y solecismos. La cosa no puede ser más simple ni más primaria. Para mí, al menos, lo interesante en el *Empecinado* sería lo interno, lo psicológico, el saber la evolución de su espíritu; no saber su manera de hablar, que, a pesar de lo que supone Galdós, yo me figuro que el guerrillero, como castellano viejo, hablaría bien, y probablemente con corrección» (IV, 316). En realidad tampoco Baroja se ocupa demasiado de «lo interno, lo psicológico, la evolución de su espíritu»; se interesa más por los acontecimientos externos que por

97

la caracterización interna del *Empecinado*. No obstante, Baroja nos ofrece un bosquejo del guerrillero que, aun siendo breve, nos ayuda a formarnos una idea de su personalidad. Baroja insiste en la diferencia entre el *Empecinado* de la guerra de la Independencia y el *Empecinado* del período liberal, es decir, en lo que él llamaría años después «la evolución de su espíritu». Esta evolución la traza Baroja de la siguiente manera: «Don Juan Martín Díez, el *Empecinado,* caballero de la militar Orden Nacional de San Fernando y mariscal de campo de los ejércitos nacionales, parecía en la época constitucional tan abandonado de indumentaria, tan campesino, tan sencillote como en tiempo de la guerra de la Independencia. Sin embargo, el que le hubiera conocido a fondo hubiese comprendido que la identidad era superficial y que el guerrillero no sólo no era el mismo, sino que había cambiado por completo. Los seis años pasados en la soledad de su finca en Castrillo del Duero enseñaron mucho al *Empecinado*. Don Juan Martín había leído y pensado sobre las cosas y había perdido la fe. Ya no rezaba el rosario por las noches, ni frecuentaba apenas la iglesia. El pueblo, que lo sabía, iba trocando el amor que le profesaba por el desvío. El *Empecinado,* en este tiempo, era un anarquista de la época: odiaba a los curas y a los ricos. Vivía con una mujer con quien no estaba casado, y sentía un gran desprecio por todas las jerarquías. Abrazado a la causa constitucional por entusiasmo y por agradecimiento, trabajaba por ella como si fuera cosa propia, de vida o muerte» (III, 446). La flaqueza política del *Empecinado* yacía en su bondad fundamental y en el rechazamiento de medios tortuosos para conseguir sus objetivos. Creía que las doctrinas liberales eran justas y buenas; y por consiguiente, los métodos políticos de los liberales debían ser justos y francos. A Baroja le son infinitamente más atractivas las figuras de los liberales de la época fernandina (Mina, Torrijos, el *Empecinado)* que las del período posfernandino. En los primeros ve sinceridad, dinamismo y heroísmo; en los de la segunda etapa liberal ve retórica y decadencia. Baroja ha hecho del *Empecinado* un símbolo del liberalismo temprano español. Es una de las pocas —poquísimas— figuras históricas a quien Baroja otorga libremente sus elogios y su admiración. El *Empecinado* barojiano se distingue por su valentía, honradez y fidelidad a la causa liberal. Al presentarle como enemigo de convenciones y defensor de la libertad, Baroja delata la naturaleza idealista y personal de su visión de este personaje histórico [10].

De acuerdo con su tendencia a trazar la conexión entre los acontecimientos políticos de España y los de Francia, Baroja dedica un espacio considerable a las actividades de los realistas franceses y a la decisión del gobierno francés de intervenir militarmente en España. La ascendencia de la causa realista en Francia fue uno de los factores claves en la caída del gobierno liberal español. Fue el dinero francés lo que decidió la suerte del gobierno de Madrid. En París se manifestaba entusiasmo por los guerrilleros absolutistas, pero para los liberales sólo había hostilidad. Unicamente un puñado de liberales idealistas apoyaban abiertamente el liberalismo español. Baroja subraya la falta de comprensión de la situación española por parte del gobierno francés. «Los políticos franceses suponen que España no puede salir del absolutismo. Piensan que a los españoles nos viene grande no una constitución democrática como la de Cádiz, sino una sombra de Parlamento vigilado por el Gobierno», dice Aviraneta con evidente exageración (III, 583). La hostilidad interior y exterior le hicieron la vida imposible al régimen liberal: «Dentro tiene como enemigos al rey y a la corte..., a los frailes, a los afrancesados, a los realistas, a los moderados... Fuera tiene como enemigos a la Santa Alianza, a Francia, que hoy está bajo una dinastía restaurada; a Inglaterra, gobernada por una aristocracia *tory;* a la Prensa europea, y al comercio de todo el mundo» (III, 583). Todo esto es sustancialmente correcto. Pero el que Baroja haga a los franceses responsables de la destrucción del régimen liberal en España no significa que permanezca ciego a las deficiencias del régimen. En primer lugar, los liberales no ofrecían un frente unido y común; se dividían en *anilleros, moderados, exaltados* y *comuneros* [20]. En vez de dedicar toda su atención y su fuerza al gobierno práctico de la nación, la mayoría de los liberales preferían entregarse a la oratoria hueca o a la ostentación militar. La principal característica de los liberales de esta época era una credulidad rayana en la estupidez. El fetichismo de la expresión culta y elocuente daba lugar a una extraña incapacidad de penetrar en el meollo de las cosas, de comprender la realidad de los problemas vigentes.

A la ineptitud política acompañaba la incompetencia militar. Muchos oficiales del ejército eran hostiles a la Constitución. Los que apoyaban al gobierno liberal y querían resistir la intervención extranjera naufragaron «en aquel pantano de debilidades, de desconfianzas y de intrigas» (III, 581). Cuando llegó la hora, el ejército no hizo ningún esfuerzo por impedir el avance de los franceses. Sólo un puñado de guerrilleros y generales, Mina, el *Empecinado,* Chapalangarra, Torrijos, Riego, López Baños, estaban dispuestos a defender la Constitución hasta el final. Pero estos fieles a la causa no podían compensar la falta general de iniciativa, cooperación y sed de victoria. En este ambiente de indisciplina, vacilación y desconfianza, era imposible que el gobierno y el ejército hiciesen un esfuerzo serio y unánime. La primera época liberal en España se cerró de la misma manera poco gloriosa que había comenzado: «Así el fracaso constitucional fue consumado de una manera pobre, triste y grotesca, sin grandeza en el vencedor ni heroísmo en el vencido» (III, 582).

El período denominado por la historiografía liberal «ominosa década» no forma parte de la selección histórica de Baroja, a excepción de la invasión abortiva de los liberales en 1830. Baroja considera que la intentona de 1830 estaba íntimamente ligada a la situación política en Francia. Tras la revolución de julio en París y el cambio de régimen en Francia, los liberales españoles que se hallaban en el exilio juzgaron propicias las circunstancias para intentar forzar un cambio de régimen en España. Se concentraron cerca de la frontera franco-española y comenzaron a organizar un ejército de invasión con el consentimiento y la cooperación del gobierno francés. Baroja es demasiado escéptico para aceptar que el gobierno de Luis Felipe estuviese ayudando a los liberales por simpatía desinteresada. Insiste en que su actitud hacia los liberales se debía a su deseo de tomar represalias contra el gobierno español por la hostilidad que éste estaba mostrando contra el nuevo régimen francés. Y lo que es más, Luis Felipe estaba usando a los liberales como amenaza para obligar al gobierno español a reconocerle como legítimo rey de Francia. Una vez logrado este objetivo, su apoyo a los liberales cesó. No cabe duda de que en todo esto Baroja tiene mucha razón: los liberales fueron usados como meros peones en un juego diplomático. Una vez más Baroja condena a los franceses por no apoyar incondicionalmente a los liberales españoles: «Ya que los franceses habían acabado con la libertad en España en 1823 justo era que intentaran restablecerla cuando pudieran. Sin embargo, no han hecho nada. —No me choca. El francés siempre ha sido egoísta y roñoso para los demás» (III, 936).[21]. A pesar de la aparente lógica del argumento barojiano —argumento que Baroja expone en más de una ocasión—, ¿no tiene algo de ingenuo? Si la intervención francesa en 1808 y 1823 fue una clara violación de la soberanía e independencia de la nación española, ¿no lo hubiera sido igualmente en 1830? Además, la condena que Baroja hace de la actuación francesa en 1830 es injusta en un importante aspecto: olvida la ayuda considerable que el pueblo francés dio a los liberales tras su desastrosa derrota.

No obstante, Baroja no le echa la culpa de la derrota española al gobierno francés. El fracaso fue de los españoles, no de los franceses. Con una sola excepción, el ataque de Baroja contra los jefes de 1830 es tan duro como su ataque contra los jefes de 1820-23. Lo que Baroja halla abominable es su oposición a la cooperación entre sí: «No había entre ellos más que odios, rivalidades y desunión» (III, 905)[22]. Los liberales se frac-

101

cionaban en diversos grupos dirigidos por Mina, Valdés, Evaristo San Miguel, Flores Estrada, Méndez Vigo y *Chapalangarra*. Y no se trata sólo de que cada grupo fuese autónomo dentro de un marco de cooperación. Baroja insiste en que los grupos se detestaban y se estorbaban unos a otros: «Cada grupo de los constituidos deseaba el fracaso del grupo rival; cada hombre que se sentía importante hacía lo posible para aplastar al compañero y para erigirse él; tenían todos ellos, unos para otros, esa terrible ferocidad de los ambiciosos, para los cuales no hay amistad ni comunidad de ideas» (III, 906). Para Baroja estos hombres eran ambiciosos, fanáticos intransigentes, poco inteligentes, y además eran liberales no por convicción propia, sino por seguir la moda y porque ello les brindaba la oportunidad de hacerse héroes: «El ideal era... el pasar a la Historia; pero como buenos españoles, no querían pasar a la Historia por un trabajo largo y persistente, sino por un golpe de mano, por una aventura de suerte» (III, 912). Baroja no limita sus comentarios a los liberales como grupo. Examina uno por uno a los líderes liberales y encuentra algo que criticar en cada caso. Nadie sale indemne de la mirada escrutadora de Baroja. Mina, sin embargo, permanece relativamente sin menoscabo. Era excesivamente desconfiado y ordenancista, pero se daba cuenta de lo que otros no notaban: que lo que se intentaba no era una revolución, sino una operación militar; y vista la falta de auto-disciplina y planificación no preveía más que el fracaso. Los demás jefes liberales eran, por contraste, tercos e ignorantes: «Están tan obcecados que creen que les ha de bastar presentarse en la frontera para que toda España se les una. —¡Qué idiotismo! ¡Qué imbecilidad!» (III, 950). Resultaba imposible que una acción tan anárquica pudiera tener éxito. La acción militar estaba condenada al fracaso antes de empezar. Símbolo de la estúpida ingenuidad de los liberales es la trágica figura de Chapalangarra, que creyó que su presencia bastaría para reconciliar a todos los españoles bajo la bandera de la libertad. Al hallarse frente a frente con las tropas realistas, avanzó solo y les hizo un llamamiento emotivo, exhortándoles a que se uniesen a la causa de la libertad. La respuesta que recibió fue una ráfaga de balas. «Pobre iluso», reza el epitafio barojiano [23].

En *La Isabelina* observamos cómo el conflicto entre liberales y absolutistas se hace más complejo, y vemos cómo los futuros problemas de la nación empiezan a configurarse. Hacia el final del reinado de Fernando, la Monarquía, institución central en el sistema absolutista, se ha visto forzada no sólo a tolerar la existencia abierta de ideas liberales, sino incluso a formar una incómoda alianza con el ala más conservadora del liberalismo. Gradualmente el carlismo sustituye al liberalismo como la facción política proscrita [24]. Pero mientras que los carlistas tienen objetivos bien definidos, en las filas liberales persisten las divisiones y desavenencias. Los isabelinos y los cristinos son los dos principales grupos liberales que aceptan la legitimidad de Isabel II, pero ambos bandos carecen de homogeneidad y cohesión en sus filas. En general, los isabelinos quieren mayor libertad personal, la exterminación del carlismo, y la reimposición de la Constitución del 12, modificada si fuese preciso. Los cristinos oscilan entre un liberalismo moderado y el despotismo ilustrado. El carlismo tiene a sus seguidores en los pueblos y en las aldeas y en los barrios bajos de Madrid, pero también cuenta con partidarios influyentes en la corte, en el ejército y en la Iglesia. Pero la fuerza del carlismo en las regiones rurales está ampliamente compensada por la fuerza del liberalismo en las ciudades. «Probablemente los carlistas se harán dueños de media España, pero con que nosotros tengamos las capitales, triunfaremos» (III, 1038), le hace decir Baroja a Aviraneta, anunciando de esta forma uno de los esenciales rasgos de la lucha entre liberales y carlistas.

Mientras vive Fernando, los bandos contrarios hacen tiempo. Alborotos y peleas en la calle entre liberales y carlistas se dan con frecuencia; pero la vida de Fernando representa una tregua inquieta e insegura [25]. Al morir el rey los constitucionales pierden una gran oportunidad de derrocar al gobierno conservador-liberal de Cea Bermúdez y establecer un régimen radical: «... hoy lo prudente y lo práctico es asaltar el Poder, dominar la situación incierta en que nos encontramos, proclamar una Constitución liberal y apoderarse de las trincheras, para defenderse del carlismo, que es un enemigo formidable. Este es mi plan: cambio de gobierno inmediato y dictadura liberal. Enfrente de nosotros hoy no hay nadie. Si nos decidimos y vamos todos, la empresa me parece fácil» (III, 1047). Por muy factible que fuese la empresa, los liberales vacilan en seguir el consejo de Aviraneta y la oportunidad desaparece. La actitud de Baroja hacia estos liberales faltos de decisión y bravura no puede ser más desdeñosa; «inútiles», «incapaces» y «santones» son los epítetos con que Baroja califica a estos hombres vacilantes e ineficaces; llegada la hora de acabar los discursos y echarse a la calle les fallaron sus convicciones y su valor. De los jefes isabelinos sólo Aviraneta demostró ser hombre de inventiva y de decisión, y lo pagó con ser el único condenado a prisión cuando el gobierno intervino.

Baroja dedica bastante atención al papel de la familia real en la crisis política del momento. A María Cristina la retrata como mujer vulgar, sensual y de corta inteligencia, liberal por conveniencia y no por convicción. Su objetivo principal es conservar a Fernando Muñoz a su lado. «Se pasaría la mayor parte de la vida en la mesa y en la cama» (III, 1058) es el veredicto de Baroja. Luisa Carlota no resulta más recomendable, aunque es más activa y ambiciosa. Su objetivo es transformar la regencia de María Cristina en una triple regencia que la incluya a ella y a su esposo don Francisco. De esta forma, una vez que María Cristina se viese totalmente desacreditada a consecuencia de sus amores con Muñoz, Luisa Carlota asumiría el poder político. Prevalecen en palacio las intrigas amorosas y políticas, todo lo cual viene a contribuir a la inestabilidad del momento.

La subida de Martínez de la Rosa al poder crea esperanzas de una política y una Constitución liberales, pero la expectación dura poco: «Martínez de la Rosa derivó, sin proponérselo, hacia la reacción» (III, 1088). Dos o tres meses después de asumir el poder Martínez de la Rosa, los liberales le tienen tanta enemistad como le habían tenido a Cea Bermúdez, y los isabelinos están conspirando de nuevo para derribar al gobierno. Mientras el enemigo carlista organiza sus fuerzas para la lucha por el trono y la nación, los liberales se ven perjudicados por su falta de unión y de esfuerzo coordinado: «Los militares quieren la guerra civil para ascender y algunos para enriquecerse; los oradores buscan una tribuna donde lucirse, y el pueblo, al que hemos estado excitando y pinchando, hará el mejor día una barbaridad, que será una estupidez, pero que será algo» (III, 1099). Lo que hizo el pueblo fue desencadenar una tormenta de sangre en los espantosos asesinatos del 17 de julio de 1834, acontecimiento en que los motivos políticos se vieron oscurecidos por la horrible crueldad y bestialidad de una masa enfurecida, en una especie de avance de la naturaleza salvaje del conflicto que iba a sacudir a España durante los próximos seis años.

3. LIBERALISMO CONTRA CARLISMO, 1834-1840

En las *Memorias de un hombre de acción,* el relato de la primera guerra civil cubre sólo los años 1837-40, es decir, la segunda mitad de la guerra y en particular la fase final de la descomposición del carlismo como fuerza militar. Baroja apenas dice nada de acontecimientos anteriores, salvo brevemente de la famosa expedición militar del general Gómez, y, más extensamente, de la matanza de prisioneros carlistas en Barcelona en 1836. El relato barojiano de la guerra se divide convenientemente en dos partes, la guerra en el Norte y la guerra en el Este, con cuatro tomos dedicados a cada parte [26].

Baroja recoge los hilos de la historia de la guerra carlista en un punto en que el ímpetu original del carlismo comenzaba a perderse y la desilusión se adueñaba poco a poco de los seguidores de don Carlos. Baroja desarrolla el tema casi con júbilo, e insiste en las disensiones que hacían estragos en ambos campos: «Mil resentimientos y rivalidades corroían el campo carlista; verdad es que en el liberal ocurría lo propio» (IV, 95).

Durante el mando del general navarro Guergué, el desorden y la indisciplina habían invadido el ejército carlista. La facción moderada exigió que el mando fuese devuelto a Maroto, y éste consiguió restaurar la disciplina y derrotó al general liberal Alaix, victoria que incrementó el prestigio de Maroto. Sin embargo, los carlistas que pertenecían a la facción «pura» o apostólica se mostraban hostiles a Maroto, por pertenecer éste a la facción moderada, y usaron de su influencia sobre el Pretendiente para dificultar las relaciones entre éste y su comandante en jefe. Como consecuencia de ello don Carlos no le dio a Maroto el apoyo que le era tan necesario en la difícil situación en que se hallaba. Entre los enemigos más apasionados de Maroto se hallaban Arias Tejeiro, secretario de don Carlos, y los generales Guergué, García, Sanz y Carmona, todos los cuales gozaban de la amistad de don Carlos y tenían gran influencia en la corte. Las persistentes intrigas de los generales apostólicos contra Maroto obligaron a éste a tomar medidas fulminantes. Apareció de improviso en Estella, donde se habían reunido Guergué, García, Sanz y Carmona para preparar un proyecto de insurrección contra él, y sin más ni más fusiló a los cuatro. La acción de Maroto incita a Baroja a hacer el siguiente comentario: «Había que reconocer que Maroto era un hombre decidido, un hombre de agallas. Un jefe que se atrevía a fusilar a cuatro generales navarros, por tropas navarras, en una ciudad como Estella, que tenía una guarnición de navarros, era un valiente» (IV, 159).

La acción de Maroto le dejó victorioso por el momento. La facción pura sucumbió «por la inepcia de sus jefes y la cobardía de don Carlos» (IV, 214). Las principales figuras de la facción apostólica fueron expulsadas por Maroto del territorio carlista y se instalaron en Bayona. Allí, dirigidos por el cura Echeverría y el obispo de León, planearon la destrucción de Maroto incitando a los batallones navarros a que se sublevasen contra él. El comentario de Baroja sobre la facción apostólica y sus dirigentes es desdeñoso, pero lo que dice no deja de ser verdad: «Para estos católicos absolutistas la cuestión principal en su partido era la lealtad al rey; se consideraban como criados del monarca, y pensaban que ser leales a su persona era el mejor homenaje a la causa. El ser inteligente o capaz, esto era accesorio para los dos eclesiásticos. Ellos comenzaban a pensar que Maroto, victorioso, no se diferenciaría gran cosa de Espartero, y que no valía la pena de hacer la guerra para un resultado parecido» (IV, 222).

Como consecuencia del Simancas de Aviraneta, don Carlos decidió dar su bendición al proyecto de deshacerse de Maroto. Los batallones quinto, once y doce de Navarra se pronunciaron contra Maroto en agosto de 1839. Pero el resultado no fue el que esperaban don Carlos y los apostólicos. No consiguieron controlar a las tropas sublevadas y éstas degeneraron en hordas de bandidos que aterrorizaban a la población rural, saqueando y matando dondequiera que fuesen. Don Carlos, en un repentino cambio de opinión, condenó la rebelión de los batallones navarros, pero de nada sirvió. El carlismo, como fuerza militar unificada, se hallaba en trance de desintegración, y a las pocas semanas Maroto se veía obligado por la fuerza de las circunstancias a aceptar el Convenio de Vergara.

Este es, pues, un brevísimo resumen de la historia de la decadencia de la causa carlista en el norte de España, según nos la cuenta Baroja. El atribuye en gran parte la derrota final a la intervención personal de Aviraneta. Pero también destaca la importancia de otros factores, sobre todo la total ineptitud de don Carlos y el anhelo de paz que sobrevino en las provincias del Norte, cansadas de tanto sufrimiento inútil. Baroja concede mucha importancia al papel que desempeñó el pueblo en el esfuerzo militar carlista. La aristocracia fue el elemento menos importante del carlismo: «Algunos escritores españoles han creído por pura imitación de la literatura y de la historia francesa, que el ejército carlista era una especie de Vendée aristocrática, y no había tal [27]. En el carlismo los aristócratas tenían muy poca influencia... El tradicionalismo español tenía un sello clerical y demagógico, más demagógico que el liberalismo, pero no aristocrático» (IV, 542). El carlismo extraía gran parte de su fuerza de los sectores más bajos de la sociedad, sobre todo en las regiones rurales: «El carlismo era la demagogia negra, la continuación de las turbas patrióticas de la guerra de la Independencia y de las hordas absolutistas de 1823» (IV, 542) [28].

Si el campo carlista estaba minado de discordias y disensiones, el liberal no lo estaba menos: «En el campo liberal y ciudadano, Narváez claramente contra Espartero, Espartero contra Cristina, los exaltados contra los moderados, los progresistas contra los conservadores y partidarios del despotismo ilustrado, los masones escoceses contra los demás hijos carnavalescos de Hiram, y los románticos contra los clásicos» (IV, 475). Los gobiernos liberales que se sucedieron unos a otros fracasaron todos en su conducta de la guerra. Para ilustrar la ineptitud del gobierno de Madrid, Baroja se refiere a dos casos concretos, la campaña de Muñagorri bajo la bandera de «Paz y Fueros», lema muy atractivo para los vascos, y la orden de incendiar las mieses en 1839. En el primero de los casos el gobierno de Madrid no prestó ayuda a una empresa destinada a hacer propaganda pacifista, propaganda cuyos efectos no podían sino beneficiar a los liberales. En el segundo de los casos, las medidas incendiarias del gobierno liberal provocaron un explicable rencor en los habitantes de Álava y Navarra, lo cual dio nuevo vigor a la enfermiza causa carlista y ayudó al general Elío a infligir una severa derrota a las tropas liberales de Diego de León. Baroja califica este acto incendiario de vandálico y absurdo: «No se sabía a qué atribuir disposición tan desdichada: a la rutina, a la brutalidad, al rencor o a la falta de inteligencia en el mando» (IV, 347) [29].

Una de las figuras de la época a la que Baroja dedica más atención es al general Espartero. Baroja nos pinta a un Espartero egoísta que usa la guerra para fomentar su propia carrera política. Por una serie de maniobras de moralidad más que dudosa consigue deshacerse de sus rivales Narváez y Córdova. Ya sin rivales, sabe que lo único que le falta para consagrar su prestigio es acabar la guerra. Consciente de que el norte de España es carlista en sus entrañas y de que imponer una victoria por la fuerza de las armas sería un proceso largo y costoso, se decide por un convenio. Vale la pena dejarle la palabra al propio Baroja porque su actitud hacia Espartero se deja ver claramente: «Ya Espartero en auge, sin rivales y con la idea de la transacción, es el único. Ha pensado en la manera cierta de acabar la guerra, pero no quiere colaboradores ni ayudantes, ni nadie que le haga sombra. Es el divo, es el galán a quien le estorba el éxito, aunque sea insignificante, del de al lado. Ya se halla libre de grandes rivales militares. Córdova, Oraa, Sarsfield, Lacy-Evans, Narváez, han fracasado. Ahora atacará a los pequeños. Muñagorri, el escribano de Berástegui, levanta su bandera de Paz y Fueros. Se acuerda que tome un fuerte a los carlistas para comenzar su campaña, pero Espartero se anticipa y se apodera del fuerte para deslucir la maniobra. Aviraneta intriga contra los carlistas, los divide, los engaña; Espartero intenta inutilizarle y sigue siendo hostil a los que toman mayor o menor parte en el Convenio de Vergara. Al final de la guerra, en Aragón y en Cataluña, Espartero interviene para que nadie se luzca demasiado. O'Donnell ha batido a Cabrera, puede seguir batiéndolo; las tropas de Espartero deben cerrar el paso del Ebro, y en ese caso O'Donnell acorrala al caudillo tortosino y obtiene una gran victoria; pero, cosa extraña, las tropas de Espartero dejan sin guardar el paso de Mora, y se escapa por él Cabrera a Cataluña. Al mismo tiempo, Espartero sabe que el general carlista Segarra, de acuerdo con Valdés, piensa hacer en Cataluña un segundo convenio; pero a Espartero no le gusta que le imiten. Al desguarnecer el Ebro y dejar que Cabrera pase libremente a Cataluña, Espartero consigue dos cosas: una, el impedir que O'Donnell, ya teniente

109

general y nombrado conde de Lucena, alcance un éxito resonante contra Cabrera; la otra, el impedir que el convenio en que trabajaba Segarra tuviera importancia. Es el egotismo de Espartero el que priva. Todos los que no están con él, están contra él» (IV, 710-11). No es fácil explicar la antipatía que Baroja le tiene a Espartero. Sin duda la hostilidad que éste le mostró a Aviraneta tiene algo que ver con ello, como también tendrá algo que ver el hecho de que Espartero fuese aclamado como el vencedor de Vergara mientras que Aviraneta fue olvidado. Se ha dicho también que hay una tendencia en Baroja a denigrar a los héroes consagrados por la historia, que es el cantor de los héroes oscuros y olvidados [30]. Desde luego hay algo de verdad en esta opinión, pero como siempre en el caso de Baroja no podemos hacer reglas inalterables. Baroja ha sido mucho más generoso con Narváez que con Espartero; y sin embargo Narváez no puede de ninguna manera ser considerado un fracasado. También él ha pasado con todos los honores a las páginas de la historia. El ataque de Baroja contra Espartero se basa exclusivamente en la acusación de que Espartero fue el supremo egoísta de su tiempo; que todo lo que hizo lo hizo por adelantar sus propios intereses y no por el bienestar de la nación. En esto hizo justamente lo contrario que Aviraneta, que sacrificó su bienestar económico y dedicó su vida al servicio de la patria (Baroja olvida la constante autocongratulación de Aviraneta por medio de la palabra impresa). El pecado de Espartero fue, pues, el egoísmo, pecado lo suficientemente grave para que Espartero se vea incluido en la lista negra de Baroja. Las acusaciones más frecuentes que Baroja lanza contra los jefes políticos y militares de aquella época son las de ineptitud y crueldad. Pero Espartero escapa a estas acusaciones. Él solamente comenzó a cometer errores cuando dejó de ser soldado e intentó hacerse político. En cuanto a la crueldad, Baroja hubiese podido sacar partido de la ejecución de Diego de León, pero no lo hace. Al contrario; parece felicitar a Espartero por no haber hecho una carnicería en las tropas carlistas cuando estuvo en posición de hacerlo en las últimas jornadas de la guerra: «Al general Espartero no le pareció bien aprovecharse de las circunstancias, y en este trozo corto de Urdax a la frontera francesa no quiso atacar a los carlistas y dejó que salieran las tropas enemigas sin castigarlas. Harispe, el mariscal francés, se lo hizo notar al verse con él. —¿Qué quiere usted? —le contestó Espartero—. Eran españoles como los míos. ¿Para qué matarlos?» (IV, 547).

De los cuatro tomos que tratan de la guerra civil en la zona Este, dos están dedicados al mando del conde de España en Cataluña y dos a las campañas de Cabrera en el Maestrazgo. En los tomos sobre el conde de España el interés por la lucha carlista-liberal está supeditado al interés por la extraña personalidad del conde. Aviraneta tuvo contactos con la Junta de Berga ya muerto el conde, pero lo que dictó la inclusión de la historia de este general carlista fue más que nada la fascinación que su personalidad ejerció sobre Baroja, lo que le condujo a llevar a cabo una labor personal de investigación en la esperanza de sacar a relucir nueva información que echase más luz sobre tan extraordinario personaje. La caracterización que Baroja hace del conde es más conveniente examinarla en la sección sobre la técnica novelesca. El material más estrictamente histórico consiste principalmente en las relaciones del conde con la Junta de Berga. El conde detestaba a la Junta, que era predominantemente clerical, y durante un tiempo consiguió someterla a sus propios deseos. La Junta odiaba al conde por su conducta despótica, y cuando a raíz del Convenio de Vergara comenzó a correr la voz de que el conde se disponía a llegar a un acuerdo con el gobierno de Madrid, los junteros decidieron usar estos rumores como pretexto para pedirle a don Carlos que sustituyera al conde. Este, consciente de que se fraguaba una conspiración para destronarle, sólo consiguió acrecentar, por su proceder arbitrario y cruel, el descontento que ya existía con su mando. Los junteros lograron obtener de don Carlos la orden de deposición del conde, pero quedaba el problema de cómo imponerla.

Los junteros decidieron urdir una estratagema para prender al conde en un momento en que no disfrutase de la protección de sus tropas y deshacerse de él secretamente, proyecto que consiguieron llevar a la práctica hasta su desenlace homicida. Aunque Baroja no intenta en absoluto disfrazar la crueldad desenfrenada del conde, es evidente que siente más simpatía por él que por sus asesinos. El conde no pretendía ocultar sus crímenes; la Junta carecía del valor para atacar al conde abiertamente y recurrió al subterfugio y a la mendacidad. Pero hubo una especie de justicia poética en la futura aflicción de los hombres que decretaron la ejecución del conde: «Los individuos de la junta que cazaron al conde de España y que se las prometían felices no llegaron a nada, y cuando tiempo después, entró Cabrera en Berga y comenzó el proceso de averiguación de la muerte del conde, algunos fueron presos y otros tuvieron que huir» (IV, 782).

Para las campañas de Cabrera en el Maestrazgo, Baroja selecciona tres episodios: 1) la derrota de un destacamento de tropas liberales en Mirambel en 1837; 2) la toma de Morella por Espartero; 3) la entrada de Cabrera en Berga durante su retirada a Francia. De estos tres episodios, el tercero tiene una relación directa con las maniobras de Aviraneta y él mismo lo describe en sus «Apuntes políticos». El segundo episodio fue un acontecimiento importante de la guerra, presagiando la derrota de Cabrera por las tropas de la reina. En cambio, el primer episodio fue una acción muy secundaria, y su función es la de servir de fondo a una historia de robo y homicidio, aunque también está claramente destinado a ilustrar la crueldad de los carlistas en el Este [31]. La toma de Morella la incluye Baroja no sólo porque fue un acontecimiento decisivo en la derrota del carlismo en el este de España, sino también porque le sirve para tratar desdeñosamente a Cabrera por su falta de apoyo a los fieles habitantes de Morella, y además porque durante el sitio de la ciudad tuvo lugar un espantoso incidente de esos que Baroja repetidamente emplea para subrayar la naturaleza horriblemente cruel y penosa de la guerra [32]. La entrada y estancia de Cabrera en Berga, relato barojiano inspirado en Aviraneta, le sirve una vez más al novelista para censurar duramente las acciones del caudillo tortosino. Durante la estancia de Cabrera en Berga se descubrió un complot, algo oscuro y para aquellas alturas de poca importancia, cuyo objetivo era entregar la ciudad a las fuerzas liberales, y Cabrera decretó el fusilamiento inmediato de los culpables. Baroja condena esta acción de manera tajante: «Estos fusilamientos fueron algo estúpido y sin sentido. Cabrera podía comprender que la guerra, por entonces, estaba perdida para los carlistas, y que tendría que escapar pronto a Francia. La pedantería militar pudo en él más que el buen sentido y se dejó llevar por la disciplina rígida» (IV, 974).

A través de estas novelas en que Baroja nos pinta ciertas facetas de la guerra civil en el este de España, su retrato del famoso tigre del Maestrazgo no es nada halagüeño. Ha incitado a un reciente biógrafo de Cabrera a comentar: «Baroja es terriblemente cruel con Cabrera» [33]. Vanidad y crueldad son los principales rasgos que Baroja ve en Cabrera: «Era cruel, vanidoso, amigo de hacer efecto, maquiavélico, soberbio, muy preocupado con su fama» (IV, 876). «Estaba lleno de doblez y malicia, de ambición y furor» (IV, 923). «Era un condotiero feroz, teatral y alegre, obligado por las circunstancias a hablar de una manera sacristanesca e hipócrita. Era una mentalidad estrecha y una fisiología admirable. Como hombre de presa no tenía rival. Era el más felino de todos los guerrilleros españoles» (IV, 924). Baroja trata de justificar su opinión por mediación de referencias frecuentes a sus actos de crueldad. Por ejemplo, cuando el carlista Cabañero tomó el pueblo de Cantavieja, un grupo de oficiales liberales se había entregado a condición de que sus vidas fuesen respetadas, condición a la cual había accedido Cabañero. Pero poco después apareció Cabrera, que insistió en que los oficiales fuesen fusilados, «y contempló la matanza con su aire feroz, jactancioso y alegre» (IV, 924). La crueldad del conde de España era la de un loco; en cambio,

113

8

Cabrera «era un hombre cruel en frío, con una inteligencia clara» (V, 941). Además de ser vanidoso y cruel, Cabrera era estrechamente regionalista. No vacilaba en devastar la campiña aragonesa, pero siempre tuvo cuidado de no tocar a Tortosa y sus inmediaciones por ser su región nativa. Favorecía y ascendía a sus paisanos catalanes, pero no a los aragoneses. Baroja también le echa en cara a Cabrera el no acudir en ayuda de los que habían puesto su confianza en él. Por ejemplo, se decía que Cabrera había declarado: «Segura, sera siempre segura, o de Ramón Cabrera sepultura»; y Baroja comenta: «Sin embargo la tomaron los liberales y no fue sepultura de Cabrera, quien ni siquiera marchó en su auxilio» (IV, 878) [34].

De los cabecillas carlistas que colaboraron con Cabrera, Baroja, tiene una opinión aún más baja. Mostraban la misma crueldad, pero no poseían su genio de estratega: «No conocían más guerra que el vandalismo y la rapiña» (IV, 923). Baroja encuentra cierta ironía en que estos hombres bárbaros y primitivos luchasen por un príncipe de gustos sibaríticos.

Para Baroja la guerra en el Este fue mucho más cruel que la guerra en el Norte. En el Norte de España fue una guerra de fanáticos inspirados por clérigos ignorantes; en el Este fue una guerra de crueldad manifiesta y ostensiva: «Se desnuda a los prisioneros para matarlos a lanzadas, se desnuda a las mujeres para apalearlas y violarlas, se fusila a los chicos. Esto es, sencillamente, una porquería... Cabrera, con sus lugartenientes... han deshonrado la guerra y el país. Aquí es corriente cebarse en los cadáveres, mutilándolos y sacándoles los ojos» (IV, 457).

La larga serie de atrocidades cometidas por ambos bandos en el transcurso de la guerra es un aspecto de la historia de estos años que Baroja hace destacar en sus novelas. La matanza de frailes en Madrid, la de prisioneros carlistas en Barcelona, los asesinatos del general San Just y del conde de Donadío en Málaga, los crímenes atroces cometidos por Cabrera y por el conde de España, todos éstos son acontecimientos que ocupan lugares preeminentes en las novelas, y que examinaremos con más detalle en la próxima sección del presente capítulo [35].

El Convenio de Vergara y la derrota de Cabrera señalaron el final de las operaciones militares y el comienzo de una frenética actividad política, complicado por nuevos factores que rebajaron la diplomacia política al nivel de enredos y bajas intrigas. Los dos tomos finales de las *Memorias de un hombre de acción* están dedicados casi exclusivamente a las intrigas que se urdían tanto en la corte de María Cristina como en la de don Carlos.

Don Carlos, obligado por los acontecimientos a abandonar el territorio español, se instaló en Bourges, desde donde siguió dirigiendo la causa con su característica ineptitud. Con la retirada de Cabrera a Francia, la acción militar carlista cesó, y el Pretendiente tuvo que recurrir a la intriga para mantener viva su causa. La información que nos da Baroja sobre estas maniobras carlistas es poco concreta, y seguramente se basa en reportajes igualmente vagos que aparecían regularmente en la prensa francesa de la época. Baroja menciona los esfuerzos de los carlistas por casar al hijo del Pretendiente con Isabel, proyecto que fue frustrado por la tenaz Luisa Carlota.

Luisa Carlota «quiso, ya que no podía ser reina, ser madre de reyes» (V, 772). Primero intentó sacar provecho de la impopularidad de María Cristina tras el casamiento secreto de ésta con Muñoz, y publicó un folleto difamatorio para agravar el descrédito de su hermana y hacer que la Regencia le fuese conferida a su esposo, don Francisco de Paula, tío de Isabel. Luego usó de toda su influencia para conseguir el matrimonio de su hijo Francisco de Asís con Isabel. Con la ayuda del conde de Parcent, el cual «quiso ser el Muñoz de la reina Cristina y como no lo pudo conseguir es el Muñoz de su hermana Luisa Carlota» (IV, 1023), convirtió su residencia de París en un hormiguero de intrigas y maquinaciones. Ciertos banqueros franceses tenían un fuerte interés en la realización de este matrimonio, hecho

115

que hace decir a Aviraneta amargamente: «Me chocó que se considerase un puro negocio lo que para nosotros, cándidos españoles, era una cuestión de política apasionada» (IV, 1016).

Mientras tanto en Madrid, María Cristina, por el asunto Muñoz y por sus periódicas desapariciones para dar a luz, había perdido el respeto y las simpatías populares. «A pesar de no ser un monárquico ferviente, me molestaba tanto descrédito», dice Aviraneta por vía de juicio (IV, 1019). Debido en parte a su impopularidad, en parte a los esfuerzos del partido progresista y en parte a las intrigas de Luisa Carlota, la vida se le hizo imposible a María Cristina. La diplomacia inglesa también tuvo su parte en ocasionar la caída de María Cristina. Mientras que Luis Felipe esperaba evitar el éxito político de los progresistas, el gobierno inglés les prestaba su apoyo, ayudado por el hecho de que muchos de los progresistas habían sido liberales exilados en Inglaterra y tenían simpatías pro-británicas.

Con el exilio de la reina y el advenimiento de Espartero al sumo poder político, la oposición al gobierno de los progresistas, y por ende el apoyo a María Cristina, se cristalizó en dos grupos políticos: el de liberales moderados con Narváez a la cabeza, y el de Cea Bermúdez, de tendencias absolutistas y clericales. Los moderados apoyaban la restauración de María Cristina como regente porque «veían con disgusto la elevación de Espartero. Sentían celos» (IV, 1122); los absolutistas porque buscaban el reavivar su causa estableciendo la regencia absolutista de María Cristina con el matrimonio del hijo de don Carlos con Isabel II. En este ambiente de intriga y de un constante barajar de actitudes y posiciones, las ideologías políticas perdieron su significado: «Ni por las ideas ni por el temperamento se podía saber con claridad quiénes eran los liberales, quiénes los reaccionarios. La envidia y la intriga lo dominaban todo; por cuestiones personales cambiaban de política los militares y los paisanos» (IV, 1128). Y así, este período tormentoso de la historia de España, que muchos habían interpretado en sus comienzos como una lucha ideológica entre el progreso y la tradición, degeneró en una intriga miserable e indigna.

4. LA VISIÓN DE ESPAÑA: «LA NAVE DE LOS LOCOS»

En el transcurso de este capítulo hemos seguido a Baroja en su viaje por la historia de España desde la guerra de la Independencia hasta el final de la primera guerra carlista, y hemos podido comprobar qué aspectos son los que Baroja selecciona y cómo los interpreta. Dentro de este procedimiento inevitablemente selectivo, los relatos que Baroja ofrece suelen ser penetrantes, informativos y, para un novelista, de una exactitud y de un detalle sorprendentes. Pero todo ello está claramente saturado por una actitud de censura por parte del novelista. Baroja ha logrado imprimir en el relato su propio sello muy personal por sus comentarios desenfadados y provocativos. Es necesario ahora insistir en un aspecto que creemos ser el rasgo fundamental de la visión barojiana de la España del siglo xix.

La nave de los locos es el título de uno de los tomos de las *Memorias de un hombre de acción;* pero sería igualmente apto para el ciclo en su totalidad. Baroja nos pinta a una España que ha perdido no sólo el camino, sino también el juicio y el sentido moral. A lo largo de la serie, el énfasis recae sobre la naturaleza brutal, inmoral y absurda de los acontecimientos. Baroja acentúa deliberadamente los aspectos más sórdidos, incorporando en las novelas historias de crímenes y venganzas que sirven para añadir color y énfasis a los relatos más estrictamente históricos. Tenemos ejemplos de esto en muchas novelas: en *El sabor de la venganza,* donde Baroja se sirve de la estancia de Aviraneta en prisión para contarnos varias historias de crímenes y venganzas; en *Los recursos de la astucia,* donde el odio entre liberales y absolutistas forma la base de «La canóniga»; en *Las mascaradas sangrientas,* donde la desintegración del ejército carlista del norte en partidas de merodeadores queda configurada en la historia de un crimen brutal y de

117

sus sangrientas consecuencias; en *La venta de Mirambel,* otra historia más de engaño y venganza; y también en las pequeñas historias de crímenes que Baroja a menudo intercala en la narración de sucesos mayores. Aun concediendo que el período histórico del que Baroja se ocupa es un período sangriento, estas historias de crímenes reflejan más el peculiar ángulo de visión de Baroja que un fenómeno histórico particular. Es decir, Baroja emplea la historia como pretexto o como base para festejarnos con un banquete de sangre y bestialidad. Pero estos relatos sangrientos a su vez cristalizan la visión barojiana de un período histórico, visión que queda ejemplificada en el plano más estrictamente histórico por el hecho de que Baroja seleccionó y dio un puesto especial en sus novelas a los incidentes particularmente sangrientos de este período. Estos incidentes son: la degollina de frailes en Madrid en 1834, la matanza de prisioneros carlistas en Barcelona en 1836, el asesinato de Donadío y de San Just en Málaga aquel mismo año, y el linchamiento de Chico durante la revolución del 54. Desde luego no son éstos los únicos ejemplos de crímenes históricos que se hallan incluidos en las novelas; pero sí son los que Baroja destaca.

El acontecimiento de la matanza de frailes en 1834 había sido ya tratado *in extenso* por Galdós en su novela *Un faccioso más y algunos frailes menos.* Otro largo relato novelesco quizá hubiese parecido poco original, y por eso Baroja se limita en este caso a darnos unas brillantes pinceladas descriptivas: una muchedumbre vocinglera y ensangrentada; un grupo de milicianos vigilando un montón de libros ennegrecidos; cuadros y muebles que son sacados de un convento incendiado mientras el gentío salvaje sigue su sangrienta tarea entre gritos y aplausos; un brazo muerto que cuelga lánguidamente del borde de un carro lleno de cadáveres; una procesión de críos que arrastran un muñeco vestido de fraile y que van precedidos de busconas con antorchas. Con una sucesión de toques gráficos como éstos, Baroja nos da una visión, impresionista pero eficaz, de los actos atroces y depravados de una multitud rabiosa. Pero estos toques descriptivos, aunque sirven para captar la escena gráficamente, están subordinados a un punto de vista predominantemente moral. Pues es este criterio moral el que realmente predomina en el tratamiento barojiano del incidente, a juzgar no sólo por la forma en que Baroja subraya la absoluta inmoralidad y maldad de las acciones, sino también por los continuos comentarios que intercala en la narración. Señala la inutilidad de las creencias religiosas para contener el impulso a la violencia una vez que éste se ha implantado. La conciencia individual se pierde en el frenesí colectivo: «¿De dónde procedía tanto furor?—se preguntaba Chamizo—. ¿No era esta gente, en su mayoría, creyente? ¿Tenían alguna idea? Ninguna. Su plan era matar, destruir, quemar por rabia, por desesperación. En estos momentos de tumulto, de confusión, de histeria sanguinaria, ¿quién es, de los que van entre la masa, que tiene conciencia?» (III, 1103). Veinticuatro horas antes estas mismas personas hubieran confesado sus pecados a esos mismos clérigos; ahora los asesinan despiadada y brutalmente. Para justificar ante sí mismos su conducta salvaje inventan un motivo, que no es más que un pretexto inverosímil que revela su propio sentido de inferioridad: «¡Qué absurdos se pueden creer —pensó— cuando se tiene la idea de la propia inferioridad como la tiene el pueblo! ¿Para qué va nadie a envenenar las fuentes? ¿Qué objeto se puede tener para matar a los demás? ¡Qué locura! ¡Qué absurdo!» (III, 1101). La visión barojiana de este acontecimiento no puede estar más clara: el asesinato de los frailes fue un acto de bestialidad sin provocación y sin justificación alguna que sacó a relucir «lo más pobre, lo más mísero, lo más encanallado de la urbe» (III, 1103).

En el capítulo anterior tuvimos ocasión de echar una mirada al lado político de los asesinatos de Barcelona en los primeros días de 1836 y pudimos ver cómo Baroja repartía las culpas: Mina actuó de forma irresponsable al anunciar públicamente el asesinato de prisioneros liberales por los carlistas; el general Alvarez, Feliú de la Peña y Ramón Xaudaró fueron responsables en cuanto que permanecieron pasivos y no hicieron esfuerzo alguno por defender a los prisioneros carlistas contra la plebe enfurecida; pero la mayor parte de la culpa recayó sobre «la gente, el pueblo» (III, 1268). El papel del pueblo en la matanza de los prisioneros es descrito por Baroja con cruenta deliberación. A medida que corre la noticia de los fusilamientos de prisioneros liberales, el populacho la exagera fuera de toda proporción y se incita a sí mismo a una intervención justiciera: «Es necesario hacer algo ejemplar», es el pregón unificador, en una curiosa tergiversación del código moral. Notando la pasividad de las tropas de guarnición, la muchedumbre aullante sigue su marcha amenazadora hasta abalanzarse sobre los presos indefensos: «Entonces, a la siniestra luz de las antorchas, se vio a esta multitud de frenéticos y de sicarios entrar en los cuarteles y en los calabozos. Arrebataron al alcaide las llaves, forzaron a balazos las puertas que no podían abrir, sacaron a los presos y los fueron matando a tiros, a sablazos y a cuchilladas... Muchos de los presos se arrodillaban implorando la misericordia de los amotinados: no les valía... O'Donnell se refugió en un rincón; los sublevados le dispararon varios tiros y cayó al suelo. Vivo aún, lo cogieron y por una ventana lo tiraron al foso. Como una manada de lobos feroces, la turba se arrojó sobre aquel cadáver, le ataron una cuerda de los pies y lo llevaron arrastrando por el suelo hacia el centro de la ciudad. Gran parte de la gente que andaba por los fosos salió aullando, corriendo, detrás de aquel despojo sangriento» (III, 1245). En estos detalles, y en muchos otros, Baroja insiste en la conducta totalmente depravada de la plebe asesina. No satisfecha con degollar a los desdichados carlistas, la muchedumbre celebra sus atrocidades cantando y bailando alrededor de las hogueras donde se consumen los cuerpos de sus víctimas. Una vez más, se han invocado motivos políticos para cometer actos de una bestialidad y una repugnancia increíbles.

Motivos políticos fueron igualmente el pretexto del tumulto que condujo al asesinato de Donadío y de San Just en Málaga. En esta ocasión los crímenes fueron perpetrados en nombre de la libertad política: «Es que nos quieren atropellar: se trata de imponer un gobierno moderado y nosotros no lo aceptamos» (III, 1273). Pero esto no es más que un pretexto. Lo que impulsa a la turba no es principalmente un sentimiento político, sino un sentimiento sanguinario y vengativo: «Aquel grupo era en su mayoría de contrabandistas y de gente maleante conchabadas con ellos. Había también algunos exaltados de verdad, y hasta carlistas según dijeron; pero la mayoría eran matones del puerto, amigos de broncas y jaranas, gitanos, taberneros y nacionales, que se consideraban ofendidos por las maneras adustas de San Just...» (III, 1274). La turba homicida no se detiene en asesinar a sus víctimas, sino que insiste en pasear y mutilar los cadáveres: «Los milicianos sacaron el cadáver del gobernador a la plaza de Riego, y, aullando y gritando, lo arrastraron y le dieron bayonetazos. Yo vi pasar al muerto; tenía la cara negra y un agujero sangriento en el pecho. El espectáculo me produjo una enorme repugnancia» (III, 1277). Repugnancia y horror es precisamente lo que Baroja trata de provocar en el lector, no en un intento de sensacionalismo, sino en un esfuerzo por mostrar las desastrosas repercusiones que un sistema político inestable, ineficaz y corrupto pueden tener en la población.

La Revolución del 54 fue asimismo un movimiento en que los objetivos políticos se esfumaron en un ambiente de odios y violencia. Baroja centra la acción de su relato en el linchamiento del jefe de policía Francisco Chico. No pudiendo descargar su odio sobre las personas de María Cristina y del primer ministro Salamanca, la plebe escoge al temible jefe de policía como víctima propiciatoria. Es arrastrado de su lecho, donde yacía enfermo, sacado en procesión por las calles para ser objeto de los insultos e injurias de la muchedumbre, y finalmente asesinado: «El pueblo, con ese sentimiento simplista de las multitudes, creía, sin duda, que bastaba con quitar de en medio a Chico para que todos los atropellos desaparecieran» (III, 1155).

Todos estos acontecimientos sangrientos tienen algo en común según nos los presenta Baroja. La situación política proveyó el pretexto para los derramamientos de sangre. Los frailes fueron acusados de colusión con los carlistas; los prisioneros de Barcelona fueron asesinados como acto de represalia contra los carlistas; Donadío y San Just fueron asesinados ostensiblemente por favorecer a un partido político que resultaba inaceptable a sus asesinos. La situación política fue indirectamente culpable de estos desastres; suministró el pretexto inicial. Pero Baroja pone bien en claro que estas turbas asesinas no eran impelidas a la acción por motivos políticos. Lo que iban buscando era un medio de satisfacer sus instintos sanguinarios. Una vez que la turba se había formado y la víctima o víctimas habían sido elegidas, los motivos políticos eran olvidados. Lo que prevalecía era una fiebre canibalística de sangre. Era el mismo instinto salvaje que había hecho su aparición en la lucha contra los invasores franceses. Ahora que los franceses ya no estaban allí, esos instintos se volvían contra el bando político contrario. Baroja muestra también cómo individuos sin escrúpulos sabían aprovecharse de la furia ciega de las turbas para adelantar sus propios intereses o para lograr venganzas personales. Así, por ejemplo, la revolución de Málaga fue instigada en parte por contrabandistas que querían aprovecharse de la confusión para pasar sus alijos, y en la Revolución del 54 el linchamiento de Chico fue instigado por antiguos enemigos suyos que buscaban la venganza personal.

Cuando Baroja quiere darnos una impresión más amplia de la España de aquella época, se disfraza de J. H. Thompson o de Alvaro Sánchez de Mendoza y se echa al camino, «presenciando a cada paso escenas dignas de una danza macabra y de una nave de los locos» (IV, 378). Estas páginas abundan en referencias a actos de crueldad, estupidez, cinismo, fanatismo, violencia y odio. «¿Qué país era el suyo?», se pregunta Alvarito tras oír a alguien relatar las atrocidades de Cabrera con admiración y aprobación:« ¿Era un país o el patio de un manicomio? Se sintió avergonzado de ser español;

creyó que si le hubieran dicho que era de un pueblo de antropófagos no le hubiera producido esto más repugnancia... Le empezaba a parecer su país un pueblo de locos, de energúmenos, de gente absurda» (IV, 426).

Sin embargo, Baroja sabe que no todo el mundo, ni siquiera una mayoría, pudo haber sido tan cruel y feroz como Cabrera y otros jefes, ni todos aprobaron sus barbaridades. ¿Cómo, pues, explicar el fenómeno de un país, con una población en su mayoría de naturaleza bondadosa, que se convierte en escenario de los más nauseabundos actos de violencia? «¿De dónde brotan esos hombres feroces y violentos de la guerra? ¿Por qué si hay en España una mayoría de gente como el señor Blas y el señor García de Dios [es decir, personas bondadosas y sensatas] no pueden imponerse a los frenéticos y a los locos?» (IV, 402). Baroja hace la pregunta, pero no la contesta: cada país es un enigma, porque cada hombre lo es también. Lo único que Baroja sugiere es que el salvajismo es contagioso: «No parece que la gente sea uno a uno tan salvaje», observa Alvarito, expresando así su sorpresa ante la realidad irrefutable de tan bárbaros acontecimientos. A lo cual responde su compañero: «Es el contagio. Basta que a uno se le ocurra un acto cruel para que los demás lo repitan y se desarrolle ese fondo de brutalidad innato en el hombre» (IV, 458). Lo que Baroja viene a decirnos es una verdad bien conocida, si no bien explicada: el instinto hacia la crueldad y el salvajismo forma parte de la naturaleza humana, y cuando las condiciones sociales son propicias, ese instinto sale a la superficie, revelándose en actos crueles y salvajes.

En cierta manera, la visión que Baroja tiene de la guerra carlista es sencillísima, casi primitiva, pero de una lógica *sui generis* y de una fuerza arrolladoras. La guerra que convirtió a España en un matadero humano fue una guerra sin sentido. Los motivos de la lucha eran estúpidos, y los métodos de la lucha, repugnantes. El haber ocasionado tan sangriento conflicto por legitimar las reclamaciones de un príncipe cuya madre había admitido que ninguno de sus hijos era de su marido, fue una cosa totalmente ridícula e insensata. En cuanto a las ideologías conflictivas que yacían bajo la disputa sobre la sucesión al trono, para Baroja no son más que la excusa o pretexto para entregarse a la violencia y al salvajismo: «Las ideas han sido un pretexto: la legitimidad, la religión, cierta tendencia de separación en las pequeñas naciones abortadas, como Vasconia y Cataluña; pero en el fondo, barbarie» (IV, 442). Al concluir la guerra, aquellos hombres rapaces que la habían usado como excusa para llevar a cabo matanzas, violaciones, rapiñas, incendios y saqueos, de buena gana hubieran comenzado otra guerra «por un quítame allá esas pajas, y el hijo del carlista aparecería como republicano o como cualquier cosa» (IV, 442).

La visión que Baroja tiene de España es una en la que prevalecen la discordia y el conflicto unidos a un animalismo incomprensible y aterrador. Este abominable estado de cosas afectaba a toda la sociedad, incluso a la realeza, al ejército y a los políticos, pero donde más claramente se revelaba era en las turbas proletarias de 1834 y 1836 y en las hordas de guerrilleros carlistas. Fue como si la nación, estremecida por un paroxismo sangriento, fuese el blanco de su propio furor desenfrenado. Lo que Alvarito experimenta cuando visita su país nativo es una sensación de horror, de asco y de dolor. Al regresar a Francia, su país adoptivo, «al notar la tranquilidad que reinaba..., llevó su imaginación inmediatamente, con melancolía, hacia las tierras de España, a aquella nave de los locos, desgarrada, sangrienta, zarrapastrosa y pobre que era su país» (IV, 472). Escenas de horror, de sangre, de lágrimas, llenan página tras página de estas novelas. Los de arriba fueron culpables de bajezas, de egoísmo, de indiferencia; los de abajo, de crímenes, de bestialidades, de depravación. Fue para simbolizar este infeliz estado de la nación que Baroja invocó la imagen de la nave de los locos. Pero esta moderna *dama locura* no era aquella dama alegre y burlona del tiempo de Erasmo, sino «una mujerona repugnante y bestial con instintos fieros, una diosa caníbal, adornada con las calaveras de los enemigos» (IV, 426).

124

Capítulo 3
El significado de la historia

En una reseña, publicada en 1928, de *Las mascaradas sangrientas,* Azorín hizo una serie de interesantes preguntas que, según él, habrían de contestarse algún día, cuando el ciclo barojiano estuviese ya completo. Entre otras cosas preguntaba: «¿Cómo entiende la Historia a un hombre, cual Baroja, prendado, apasionado de lo presente? A quien niega, o desdeña, o evita el pasado, ¿cómo se le ha ocurrido emprender una obra novelesca que abarca todo un período... de nuestro siglo XIX?» [1]. Esta segunda pregunta sólo intentaremos contestarla mucho más adelante. De momento, lo que nos ocupa es la primera, es decir, la visión o actitud personal de Baroja respecto a la historia. Ya hemos examinado su presentación de cierto material histórico; ¿pero tenía además Baroja alguna concepción de la historia en general? Esta pregunta es de cierta importancia, porque en caso de contestarse afirmativamente, ello afectaría de alguna manera a las *Memorias de un hombre de acción.*

1. ESCEPTICISMO HISTÓRICO

A primera vista, la actitud de Baroja hacia la historia es paradójica: sus posiciones teórica y práctica parecen estar en extremos opuestos. Pues, por una parte, expresó en muchas ocasiones su total escepticismo respecto a la validez de la interpretación histórica, y por otra, se dedicó con ahinco y perseverancia a la caza de datos históricos. Esto sería menos sorprendente si el escepticismo de Baroja hubiera surgido tras su larga experiencia de la historiografía española decimonónica, y ello sin duda debió influir hasta cierto punto. No obstante, el hecho es que podemos observar claramente cómo esta actitud de escepticismo comenzaba ya a configurarse desde los primeros tomos de las *Memorias de un hombre de acción,* e incluso se había revelado años antes [2]. Es decir, que ya antes de dedicarse plenamente a la labor de investigación tenía Baroja serias dudas del valor de la interpretación histórica. Pero ello no le impidió dedicarse a estudios históricos y a investigaciones durante un largo período de su vida. Podemos decir con razón que el escepticismo histórico de Baroja coexistió con sus investigaciones y escritos históricos. Esta dualidad en la posición adoptada por Baroja no tiene explicación racional; forma parte de su individualismo e idiosincrasia personal. Por eso la llamamos dualidad antes que contradicción. Naturalmente, esta actitud dualista de Baroja algo debe, por una parte, a su «agnosticismo destructor y crítico» [3], y por otra, a su empeño en no trabajar con material del que no tuviese un conocimiento de primera mano [4]. Nuestra presente tarea, por lo tanto, no es el buscar explicaciones a esta actitud, sino el exponer las ideas barojianas sobre la historia y el echar una ojeada crítica sobre esas ideas. Claro que Baroja nunca llegó a formular sus ideas de tal manera que se aproximasen a una sistemática filosofía de la historia. Que Baroja no era un pensador sistemático lo sabe todo el mundo. No obstante, los valores y problemas de la

126

historia forman un tema del que Baroja se ocupó repetidamente, y tanto en las *Memorias de un hombre de acción* como en varios de sus artículos expresó ideas y opiniones sobre la naturaleza de la historia que exigen exposición y comentario.

i) Las limitaciones de la historiografía

El problema fundamental de la filosofía crítica de la historia, el saber si la objetividad histórica es alcanzable, es uno de los temas que reaparecen repetidamente en los escritos de Baroja. El problema de la objetividad histórica es relativamente moderno. Las teorías clásicas acerca del conocimiento humano que prevalecieron a lo largo de los siglos XVII, XVIII y XIX suponían una clara distinción entre el sujeto conociente y el objeto conocido o investigado. Cuando en la reacción contra el positivismo decimonónico surgieron el relativismo y el subjetivismo filosóficos, se hizo evidente que hacía falta una revisión del concepto de la naturaleza de la verdad histórica. Los positivistas habían encaminado sus esfuerzos a hacer de la historia una disciplina verdaderamente científica. Esto debía lograrse por medio de la acumulación de datos precisos, a lo cual seguiría la formulación de las leyes generales que supuestamente gobernaban el desarrollo de la historia. El concepto positivista de la historia y de la historiografía se basaba en la suposición de que en cuestiones históricas se pueden establecer los datos de la misma manera que en las ciencias naturales. Hacia el final del siglo XIX esta doctrina de la primacía y autonomía de los datos fue seriamente desafiada. Filósofos tales como Wilhelm Dilthey, Benedetto Croce y más tarde el inglés R. G. Collingwood, movidos por un deseo de vindicar el estudio de la historia por su valor intrínseco y de demostrar el error de creer que la historia debía emular los métodos de las ciencias naturales, abrieron nuevos caminos para la investigación de la naturaleza del conocimiento histórico. El problema de la objetividad histórica adquirió suma importancia en el debate que surgió a continuación, y la cómoda suposición de que en la historia existe un núcleo de datos concretos que están ahí a disposición del historiador fue puesta en duda por muchos escritores. «Los hechos de la historia no existen para ningún historiador hasta que él los crea», escribió el historiador americano Carl Becker en 1910, y años más tarde declaraba el inglés Michael Oakeshott: «La historia es la experiencia del historiador. No la *hace* nadie salvo el historiador: escribir la historia es la única forma de crearla» [5].

Este clima de crítica y hostilidad hacia los supuestos y los objetivos positivistas fue claramente compartido por Baroja [6]. El también mantuvo que muchos de los *datos* de la historia no eran datos, sino meras conjeturas y en muchos casos pura invención. Los datos de la historia no suelen caracterizarse por su claridad y precisión. Cuando Aviraneta oye por boca de Leguía el relato de Pepe Carmona sobre los motines y asesinatos de Barcelona en 1836, tiene lugar la siguiente conversación. (En general, podemos decir que cuando Leguía está presente es el portavoz de Baroja.) Aviraneta abre la conversación:

—No soy nada partidario de la literatura en la Historia. A mí me gusta la relación de los hechos ciertos, claros, escuetos y sin adornos.
—A mí, también. Lo malo es que no hay hechos claros, ciertos y escuetos.
—¿Cómo que no?
—Naturalmente que no. Si los hechos fueran tan claros en la Historia, usted no tendría motivo para quejarse de haber sido juzgado injustamente (III, 1250).

Esta actitud de escepticismo hacia los datos de la historia no la podemos atribuir sencillamente al injusto tratamiento que sufrió Aviraneta. Pues el dilema de cómo evaluar una versión particular de un personaje o de un acontecimiento es uno con el cual Baroja está continuamente tropezándose y que a menudo invoca al ofrecernos su propia versión de un personaje o acontecimiento. En el siguiente ejemplo, Aviraneta está dándole a Leguía su propia versión de lo que ocurrió en Barcelona:

—Xaudaró era hombre de dos caras, audaz, atrevido e inmoral. Sacaba dinero de todas partes.
—¿Cómo? —interrumpí yo—; yo he visto el retrato de Xaudaró en una estampa titulada *Víctimas de la causa popular,* al lado de Bravo, Maldonado, Padilla, Porlier, etcétera.
—¡Bah! Así se escribe la historia —replicó Aviraneta.
—Ya estamos otra vez en el problema de los hechos (III, 1257).

En este caso, el problema es el de dos versiones contradictorias del carácter de una persona y del papel que desempeñó en ciertos acontecimientos. Por un lado, tenemos la versión que podríamos llamar «oficial», la conocida por Leguía; por otro tenemos la versión de Aviraneta. O, por decirlo de otro modo, tenemos la versión leída por Baroja y la que él está ofreciendo como alternativa; ¿cuál de las dos versiones debemos aceptar como histórica? El mismo Baroja es el que plantea la cuestión, aunque no la resuelve, seguramente porque no cree que tenga solución. Está claro que este tipo de datos históricos no tiene nada que ver con ese otro tipo de dato que consiste sencillamente en decir que el rey tal murió en tal año, o que el ministro tal siguió al ministro cual, o que esta batalla tuvo lugar en aquel sitio. No son de datos como éstos de los que el historiador primordialmente se ocupa. Puede que estos datos sean el punto de partida del historiador, pero nada más. El historiador tiene que construir una narración (usamos la palabra en un sentido muy amplio) y, por lo tanto, tiene que ir reconstruyendo, rellenando, esos datos a medida que va escribiendo. Es totalmente inadmisible esa creencia que supone la existencia de un fondo de datos históricos donde el historiador no tiene más que meter la mano para componer su historia. «La creencia en un sólido núcleo de datos históricos con existencia objetiva e independiente de la interpretación del historiador es un ridículo error», escribe un historiador contemporáneo [7]. Baroja no va tan lejos; él aún distingue entre los datos y la interpretación que de ellos se hace [8]. Lo que sí dice es que los datos no hablan de por sí; quien habla es el historiador. En esto claramente demuestra su repudiación de la ingenua doctrina decimonónica de la primacía y autonomía de los datos, y su comprensión de que no se puede separar a los datos del juicio del historiador.

¿Por qué, según Baroja, existe este problema de los hechos? En primer lugar, la historia se constituye de una manera «intuitiva y pragmática», dice Baroja (V, 1140), y prosigue a ilustrar su aseveración citando una lista de personajes acerca de los cuales ciertos «hechos» han llegado a ser aceptados; pero si uno trata de comprobar la base en que se fundamentan estos «hechos», se encuentra uno ante un problema sin solución, pues no existen medios adecuados de evaluación: «Al conocimiento completo de un personaje por documentación no se puede llegar más que rara vez. Unicamente en el caso poco frecuente de que haya relaciones de testigos presenciales y se sepa que estos testigos presenciales no tenían ni simpatía ni odio por la figura histórica analizada y estudiada, se podrá llegar a ese resultado. Pero ¿cuándo pasa esto? Casi nunca. Todas las grandes figuras de la historia, buenas o malas, que se tomen por auténticas están construidas, en parte inventadas, por autores que no las han conocido» (V, 1140). Incluso en esferas menos discutibles que la de personalidades hay una falta de solidez; en la historia documental existe la misma incertidumbre. Y la autenticidad de los datos no es el único problema; la cuestión se agrava por la frecuente necesidad de tener que decidir la importancia relativa de éstos.

El nudo de la cuestión está en el hecho ineludible de que la historia sólo comienza a existir cuando el historiador piensa en ella y transforma su pensamiento en palabra escrita. Es imposible que los hechos de la historia hablen por sí mismos, y el historiador que cree que puede eliminar de su historia su propia mente, su visión personal de las cosas, no hace más que engañarse. Baroja vio claramente el papel que el historiador desempeña en la historiografía: «El elemento subjetivo del historiador es demasiado importante en su obra» (V, 1124). «El historiador, para comenzar su historia, es imposible que pueda tener una objetividad completa» (V, 1127). «La Historia es una rama de la literatura que está sometida a la inseguridad de los datos, a la ignorancia de las causas de los hechos y a las tendencias políticas y filosóficas que corren por el mundo. Cuando el autor escribe no puede prescindir de todo ello» (VIII, 956). El historiador, explica Baroja, hace uso de dos clases de testimonio, directo e indirecto, siendo el primero testigo del acontecimiento del que se ocupa el historiador, y el segundo, sólo el vehículo para transmitir la información que le ha sido dada. Ambos testimonios son de dudosa confianza. Todo el mundo sabe que cuando hay varios testigos de un acontecimiento rara vez están todos de acuerdo en los detalles, y cada uno reconstruye el episodio en su mente de forma individual y personal. El presunto historiador fácilmente puede hallarse ante un laberinto de datos incompatibles unos con otros. ¿A qué testimonios va a dar prioridad? Cuando el testimonio es indirecto y ha sido transmitido por la tradición, es probable que una versión particular, sea o no exacta, eche raíces y llegue a ser la versión aceptada. El problema se complica si tenemos en cuenta que la versión es a menudo retocada y embellecida a lo largo del tiempo. A veces, admite Baroja, se puede separar el trigo de la paja por el procedimiento de la criba minuciosa, pero esto rara vez es factible. Con un material tan poco satisfactorio, el historiador no puede hacer otra cosa que recurrir a su propio juicio, y de esta forma se introduce una nueva dimensión personal en una situación que ya venía cargada de elementos subjetivos, pues es inconcebible que un historiador pueda aproximarse a su material en un estado mental de completa neutralidad: «Las inclinaciones varían en los tiempos, y cada época estudia la Historia desde el punto de vista que más le interesa... El historiador no comienza a crear la imagen de un personaje, o a figurarse un acontecimiento, después de reunir todos los documentos, de estudiarlos y aquilatarlos, sino que de antemano, por

131

unos cuantos rasgos esenciales, lleva a los hechos una idea preconcebida» (V, 1127). No cabe duda de que Baroja tiene razón al decir que el historiador se verá influenciado por factores subjetivos, quiera o no. El escribir historia imparcial u objetiva es un ideal que no puede darse en la práctica. Cada historiador observa el pasado desde un punto de vista particular, viene ya condicionado por su época, por su adiestramiento, por su temperamento, y todo ello inevitablemente afectará su visión de lo que estudia. Podríamos incluso llevar este argumento aún más lejos y decir que no importa que estas ideas del historiador sean preconcebidas, como cree Baroja, o formadas tras el escrutinio de los datos, pues al fin y al cabo el producto final, o sea, la historia escrita, será no la historia como realmente ocurrió, sino la historia vista por un historiador. Esto es tan obvio que no admite argumento; pero claro, no es aplicable sólo a la historia, sino a cualquier conocimiento humano cuyas bases no se puedan reproducir en el laboratorio.

En la polémica de si la historia es o puede ser una ciencia la actitud antipositivista de Baroja está bastante clara: «La discusión acerca de si es ciencia o no es ciencia la Historia, parece una tarea baldía e inútil. Su solución depende de la idea anterior que se tenga de la ciencia. Si se cree que ésta necesita, para serlo, poseer una certidumbre matemática, la Historia no es ciencia, aunque puede y debe estar basada en ella» (V, 1125). Las últimas palabras parecen dar esperanzas al historiador cientificista, pero en realidad lo que Baroja quiere decir es que la historiografía debe hacer uso de otras disciplinas más exactas como la filología y la epigrafía, pero como observa el mismo Baroja esto de ninguna manera convierte a la historia en una ciencia. Baroja clarifica su punto de vista cuando afirma que la diversidad de interpretación que existe en la historia es inconcebible en las ciencias: «Esta disparidad de opinión no puede existir en las matemáticas, ni en la física, ni tampoco en la química, porque todos los químicos están conformes, por ejemplo, en el peso atómico de cada cuerpo simple» (V, 1125). Baroja dice sencillamente que la diferencia entre la ciencia y la historia está en que ésta carece de la uniformidad de método o pensamiento que la ciencia ha alcanzado. Dos matemáticos que comienzan sus cálculos partiendo de los mismos datos tienen muchísima más probabilidad de llegar a las mismas conclusiones que dos historiadores que se proponen reconstruir el pasado partiendo de los mismos datos. Las matemáticas poseen una manera *standard* de proceder, mientras que la materia de la historia es en gran parte susceptible de diversas interpretaciones; las principales convenciones del pensamiento matemático son compartidas por todos los matemáticos, pero no puede decirse lo mismo de la historia y de los historiadores. Esta cuestión de si la historia es o no ciencia es cosa que ha preocupado insistentemente a los filósofos de la historia desde Comte y alrededor de la cual han surgido discusiones inacabables y sinnúmero de argumentos. Pero Baroja no ve el problema con ojos de filósofo; él es un *outsider* que intuitivamente agarra el *quid* de la cuestión, sin preocuparse de argumentos complicados y sutiles que las más de las veces dejan la cuestión sin resolver. Claro que si bien es verdad que la diferencia que Baroja establece entre la ciencia y la historia es esencialmente correcta también lo es que Baroja simplifica la cuestión excesivamente. Ya volveremos sobre ello más adelante.

Además de comparar la historia con la ciencia, Baroja la compara a menudo con la literatura y también en este caso es la historia la que sale perdiendo de la confrontación. Quizá esto parezca contradictorio, dado que Baroja cree que la historia es «una rama de la literatura». Pero donde la literatura aventaja a la historia, según Baroja, es en no verse abrumada por el problema de los hechos. Por eso la novela puede reflejar la verdad histórica mejor que un libro de historia: «Es más exacta la novela buena para reflejar un medio social que el libro histórico excelente. En la novela, ya se sabe que todo lleva un fin estético, y teniendo en cuenta este punto de vista, hay en el libro novelesco exactitud y verdad» (VIII, 957). La historia se propone dar una visión exacta, pero este objetivo se ve frustrado por la inseguridad de los materiales en que se basa, de tal forma que no podemos llegar a tener un cuadro definitivo de una época o un acontecimiento o un personaje. En cambio, en la literatura no surge este problema de la inseguridad de los datos, pues la literatura procede de manera intuitiva y no factual, y sirve para reflejar no los acontecimientos, sino el carácter de una época o un país. La acumulación de información y de datos, el empleo de conocimientos de segunda mano, no son medios por los cuales se puede llegar a una visión verdadera de la vida, la cual sólo puede alcanzarse por el contacto directo con la existencia, y esto puede comunicarse mucho mejor por mediación de la literatura que por mediación de la historia. Esto parece desprenderse del siguiente extracto de *Las figuras de cera:*

—Bueno, don Eugenio, y en último término, ¿cree usted que este relato, del cual le he leído varios trozos, debe entrar en la historia de su vida, si alguna vez la publicamos?

—Sí, sí; tiene detalles curiosos, pero no me gusta esa forma novelesca. Creo que le debías quitar lo que tenga de aire romántico; dejar la realidad, la verdad escueta.

—¡La verdad! ¿Es que es más verdad la historia que la novela?

—Naturalmente.

—Eso creía yo también antes; hoy no lo creo. El *Quijote* da más impresión de la España de su tiempo que ninguna obra de los historiadores nuestros. Y lo mismo pasa a la *Celestina* y *El gran tacaño.*

—Bueno. Pero ésas son obras maestras realistas.

—Usted siempre ha sido enemigo de la literatura de imaginación.

—Siempre.

—¿Usted no ha soñado nunca, don Eugenio?

—De esa manera, no. La verdad, la verdad en todo: ése ha sido siempre mi ideal.

Al decir esto, Aviraneta se planchaba la peluca roja, que tenía tendencia a abombarse y separarse de su cabeza. Qué cantidad de verdad puede tener una peluca, fue una pregunta que le vino a Leguía a la imaginación. La cuestión de la verdad histórica la había discutido muchas veces. Aviraneta era dogmático, partidario del realismo, y creía que tarde o temprano la verdad resplandecería, como el sol entre las nieblas. Leguía pensaba que en ese camposanto de la Historia, lleno de huesos, de cenizas y de baratijas, cada investigador escoge lo que le place y lo combina a su gusto (IV, 174).

Tratándose, como se trata en este trozo, de una novela, no se le puede pedir al autor que sea más explícito, que desarrolle sus ideas con más detalle. Pero Baroja vuelve a abordar el tema en varias ocasiones fuera del ámbito de la novela y lo hace en términos muy parecidos. En resumidas cuentas, lo que dice Baroja es que el libro literario da una visión más verdadera de un período pasado que un libro histórico escrito precisamente para ese fin. Ahora bien, aparte de los defectos que Baroja le encuentra a la historia, apenas si aduce argumentos que expliquen convincentemente por qué la literatura es el mejor medio de comunicación. Lo único que nos dice es que en la literatura se dan más hombres de genio que en la historia, y que las obras de estos hombres evocan lo esencial de la época en que se escribieron sin perderse en el laberinto de hechos pasajeros y poco trascendentales que a menudo siquiera pueden comprobarse. Esta comparación entre la literatura y la historia es completamente inválida. Cuando Baroja dice que una buena novela da una impresión más verdadera de una época que un libro de historia, está hablando de una novela escrita en esa misma época. En el libro histórico la situación es muy diferente. El libro histórico no es contemporáneo de los sucesos que se propone elucidar; pertenece a una época posterior —a veces muy posterior—, y por lo tanto esperar que pueda reflejar la época anterior a que se refiere *de la misma forma* que lo hace una novela escrita en esa época es pedir peras al olmo. Además, si la literatura de calidad puede captar el espíritu de su época o de su país, está claro que un historiador que venga después y que quiera estudiar esa época o ese país puede consultar esas obras maestras para hallar una orientación espiritual, la cual puede convivir con la narración de tipo más factual. Lo uno no excluye necesariamente a lo otro. Baroja cree que «la tendencia de los escritores a buscar el conocimiento de un país en la literatura y no en la historia, es mucho más exacta que la de los políticos, que quieren hallar estos conocimientos en la Historia y en la estadística» (V, 1101). La clave aquí es la palabra conocimiento. Baroja no explica qué clase de conocimiento es éste a que se refiere. Pero es evidente que se refiere a un conocimiento de carácter psicológico o espiritual. Que éste sea el tipo de conocimiento que los políticos van buscando es discutible. Pero ¿quién duda que los grandes creadores de la literatura poseen ciertos dones de imaginación e intuición que abren a sus lectores horizontes insospechados, facilitándoles la comprensión de edades muy diferentes a la suya? En esto tiene razón Baroja. Pero este don no es exclusivo de los novelistas; los grandes historiadores también lo comparten. La historia como disciplina no tiene por qué reducirse a una mera sucesión de datos cuya única relación es la del tipo «causa y efecto», aunque indudablemente ésta es la clase de historia que predomina. Pero aun dentro de este método histórico le es dado al historiador evocar la vida y los sentimientos de una parte de la humanidad en una época ya pasada; si la mayoría de los historiadores no lo hacen, no es su oficio lo que se lo impide, sino sus propias limitaciones.

No pretendemos en absoluto negar la tesis de Baroja de que la obra literaria de mérito es superior a la obra histórica en lo que se refiere a la evocación de esos temas humanos que no son hechos y acontecimientos, sino más bien manifestación del espíritu de una época, de sus sufrimientos y alegrías, prejuicios e ideales, conocimientos e ignorancias, en resumen, lo que era la vida para el ser humano de aquella época. Probablemente tiene razón Baroja al decir que este tipo de conocimiento se da mucho más en la novela que en el libro de historia. Y se nos ocurre pensar, aunque quizá ello sea un tanto injusto, que esta cuestión de la superioridad de la novela es una en la que Baroja tenía cierto interés personal. Al fin y al cabo fue el mismo Baroja quien dijo que si algo perduraba de su obra sería su valor documental; y naturalmente no se refería al contenido erudito o factual, sino a la pintura de ciertos aspectos de la vida y de la sociedad según la fórmula personal del novelista. Esto existe no sólo en las novelas contemporáneas de Baroja, sino también en las *Memorias de un hombre de acción;* pero en éstas Baroja no puede hablar ni con la voz de la experiencia, pues él no ha vivido esa época, ni con la voz de la erudición, pues él ni es ni pretende ser un erudito. Baroja parece sentirse vulnerable en esta posición y se defiende por el sencillo recurso de ridiculizar al historiador profesional. Tenemos un ejemplo de esto en *La ruta del aventurero,* cuya segunda parte, «El viaje sin objeto», es un relato inspirado en los libros de viaje de George Borrow y Richard Ford. Este relato es una especie de vagabundeo crítico por la sociedad española en los años veinte del siglo pasado. Algunos de los aspectos criticados son: la ineptitud e indolencia de la aristocracia, las rígidas estructuras sociales de los pueblos, el esnobismo de los militares, del clero y de la nobleza, la vanidad y crueldad de los realistas franceses que estaban ayudando a los absolutistas españoles, la hipocresía e intolerancia de muchos católicos, el dogmatismo e intransigencia de los políticos, la arbitrariedad de la ley, la ineficacia del gobierno ante el problema del bandidaje. Baroja, a través de su extravagante personaje J. H. Thompson, nos da un comentario directo y entretenido sin asomo de erudición. Pero antes se ve obligado a hacer una casi defensa de su manera de proceder con un comentario irónico sobre los historiadores eruditos: «Quizá los aviranetistas científicos o los aviranetistas de la cátedra nos pregunten: ¿qué garantías tiene ese J. H. Thompson como historiador veraz? ¿Qué grado de certeza pueden conceder a sus afirmaciones las personas serias y sensatas? Por ahora, a pesar de haber revisado todos cuantos diccionarios enciclopédicos han caído en nuestras manos, no lo hemos visto citado entre los Bossuet, los Solís, los Macaulay, los Cantú, los Thiers y otros grandes historiadores, magníficos por su elocuencia, su pedantería y su moral, que han contribuido a aburrir al mundo; tampoco se sabe que el dicho

Thompson perteneciera a ninguna academia de buenas ni de malas letras, histórica, arqueológica, lingüística o filatélica, lo cual, unido a que no tuvo, al parecer, ninguna cruz ni encomienda, ha hecho pensar a muchos que debió de ser hombre de poca formalidad y de poca importancia» (III, 647). Con gran ironía Baroja ridiculiza al historiador profesional por su erudición trivial, aburrida y árida. El pretende ofrecer un tipo de historia menos cientifista, pero más viva y amena.

Es hora de que ofrezcamos un breve resumen de las limitaciones que Baroja impone a la historiografía, limitaciones que si bien no convierten la tarea del historiador en un ejercicio totalmente inútil, sí le restan valor y mérito. Para Baroja el problema parece comenzar cuando halla una pluralidad de relatos divergentes sobre el mismo tema. No se trata únicamente de que cada generación crea necesario volver a escribir las historias que escribieron sus predecesores, sino que además en cualquier momento dado hay a la vista versiones diferentes y contradictorias de los mismos acontecimientos, y cada versión pretende ofrecer el máximo grado de verdad accesible. Las interpretaciones de un historiador son rechazadas por otro (Aviraneta es un caso clarísimo), y las diferentes versiones generalmente son de difícil reconciliación. ¿Por qué un estado de cosas tan insatisfactorio? La historia trata de hechos ya pasados, y como los hechos pasados no son susceptibles del examen directo, el historiador tiene que recurrir a información de segunda mano que ni ofrece garantías de exactitud ni se presta a la interpretación matemática. Documentos, instituciones, razas, incluso edificios, monedas y ropajes, no suelen ser cosas cuyo significado y autenticidad saltan inmediatamente a la vista. Su valor y su significado dependen en no poco grado de la interpretación que de ellas hace el historiador. El es quien selecciona el material, decide su importancia y reconstruye su significado. Y cuando se trata de personas —de su carácter, sus intenciones, su importancia o influencia— el margen de interpretación subjetiva, y por lo tanto de error, es mucho mayor. Todo ello significa que no podemos consultar un conjunto dado de datos históricos para poner a prueba la veracidad o exactitud de un juicio histórico. Una narración histórica al no ser susceptible de verificación, no pasa de ser una conjetura. Hay, pues, un importante elemento subjetivo en toda historia. Los relatos históricos no son independientes de las circunstancias o tendencias particulares que los establecen, y esto explica la pluralidad de diferentes e incluso contradictorios relatos de los mismos acontecimientos o del mismo período. Los factores condicionantes que forzosamente moldean la forma en que el historiador se acerca a su tema también nos dan la explicación de por qué cada época considera necesario escribir la historia de nuevo. Así, pues, la objetividad en la historia es una meta a todas luces inalcanzable, y cualquier intento de conceder rango científico al pensar histórico es injustificado. La historia es un arte, y como se trata de un arte escrito puede decirse que es una rama de la literatura.

La inseguridad de los datos históricos y de su interpretación significa que la historia escrita no puede ofrecernos la verdad del pasado. En esto la novela aventaja al libro de historia, pues el novelista, al contrario que el historiador, no pretende ofrecer un relato verdadero basado en datos que no pueden ser verificados. Como su interpretación es artística, el problema irresoluble de la exactitud de los datos y de su interpretación no afecta al novelista. Naturalmente, una novela no nos relata un acontecimiento con más exactitud en los detalles que un libro de historia. Pero lo que sí puede hacer mejor que el libro de historia es dar una impresión total del verdadero carácter de un país o de una época. Pero por qué esta impresión novelística contiene más verdad que el relato factual del historiador es una cosa que Baroja nunca llega a explicar del todo.

ii) El caos de la historia

Hasta ahora nuestra exposición de la actitud de Baroja hacia la historia se ha ocupado únicamente de sus ideas sobre la historiografía, y no hemos tocado la cuestión de las ideas barojianas sobre el proceso histórico en sí. En cierto sentido esta distinción entre el proceso histórico y la reconstrucción histórica de ese proceso es un tanto artificial. Cuando pensamos en la historia, automáticamente imprimimos nuestra mente en el proceso histórico, así que en el momento que se piensa en ella deja de ser *la* historia para convertirse en un ejercicio mental por parte del que piensa. Es decir, que la historia sólo tiene existencia en la historiografía. No obstante, es conveniente y habitual diferenciar entre la historiografía, o sea la historia que existe en los libros, y el proceso histórico, o sea, la historia en sí.

Ya hemos visto la predisposición de Baroja a criticar y rebajar el trabajo del historiador. En comparación, tiene poco que decir sobre el proceso histórico en sí, aunque a lo largo de su obra hallamos ciertas afirmaciones y opiniones que revelan su actitud. El tema a considerar es fundamentalmente el del significado de la historia. ¿Es la historia, es decir, el transcurso de los acontecimientos humanos a través de los siglos, inteligible? ¿Está predeterminada? ¿Es accidental? ¿Se puede percibir algún designio en su desarrollo? ¿Está avanzando hacia una meta? ¿O es algo que no tiene ni orden ni concierto?

El problema de si hay un plan inteligible en la historia humana ha preocupado a filósofos desde épocas tempranas. Los escritores del Antiguo Testamento eran conscientes de la importancia de la cuestión; fue tratada *in extenso* en *La ciudad de Dios,* de San Agustín; formó el tema del *Discurso sobre la historia universal,* de Bossuet (1681); y poco más tarde volvió a ser tratada en la obra de Vico *Principios de la nueva ciencia* (1725, 1730, 1744). Entre los escritores más recientes que han propuesto teorías de la historia figuran Kant, Herder, Hegel, Buckle, Marx, Spengler, y en este siglo el inglés Arnold Toynbee [9]. La parte contraria la representan en este siglo escritores como Karl Popper y Isaiah Berlin, los cuales piensan que tales teorías de la historia son infundadas y fantásticas. Huelga añadir que a Baroja no se le puede colocar entre estos hombres; él no escribió nada que se aproximase a la arquitectura de ideas de estos grandes interpretadores de la historia o de sus críticos. Lo más que podemos encontrar en su obra —hablamos ahora de razonamientos explícitos, no de estructuras novelescas— son comentarios aislados, breves y poco profundos. No obstante, para completar el cuadro de la actitud de Baroja ante la historia es necesario examinar estos comentarios.

Baroja distingue dos actitudes hacia la historia: la actitud de aquellos que creen en el determinismo providencial, es decir, que lo que ocurrió en la historia era inevitable y no podía haber ocurrido de otra forma; y la actitud de aquellos que aceptan la frase irónica de Pascal sobre la nariz de Cleopatra y no ven en la historia más que una serie de acaecimientos casuales (V, 1125). Baroja prosigue a darnos breves explicaciones de algunas de las teorías de los escritores deterministas del siglo XIX, y los comentarios que intercala en sus descripciones sirven para indicar su propia actitud. Baroja considera que el hallar una fuerza motriz en la historia es cuestión de fe: «Uno puede hallar, como motor de la vida humana que impulsa hacia el porvenir, la religión; otro, la filosofía; otro, el arte; otro, la economía. Esto es como el que ilumina una estancia con una luz blanca, roja y verde. Según la luz que proyecte, así verá el color de los objetos» (V, 1126). Este comentario nos indica la actitud adoptada por Baroja hacia los proponentes de doctrinas históricas. La idea decimonónica de que la naturaleza y dirección de la evolución histórica están regidas por una ley, o leyes, no es idea con la que Baroja está de acuerdo. Baroja critica igualmente a los que perciben en la historia la idea de la tradición y a los que perciben la idea del progreso. A los primeros les pregunta: ¿cómo se puede saber en qué consiste la tradición de un país? Y a los segundos les dice: cualquier idea del progreso que prescinda de lo tradicional será absurda y superficial (V, 1126).

Baroja, pues, no está de parte de aquellos que perciben un plan en la historia. Mantiene que el percibir un diseño en la historia es un ejercicio puramente subjetivo y personal; él desde luego no ve ningún plan o evolución significativa (aunque como comprobaremos en seguida sí parece percibir lo contrario: una *falta* de plan u objetivo). Que Baroja no hallase ningún plan en la historia era de esperar; si él cree que es imposible hallar la verdad en una esfera limitada de la historia, ¿cuánto más imposible no va a ser el hallarla en la totalidad de la historia? Su opinión parece ser que si la historia tiene un significado ulterior, éste no está al alcance de la percepción humana; es decir, que en la práctica la historia humana no tiene sentido.

Baroja, pues, pertenece a la escuela «accidental», o sea, se le puede incluir entre aquellos que consideran que la historia es una sucesión de acaecimientos accidentales que lo mismo podían haber sucedido así que de cualquier otra forma. Esto naturalmente no significa que los que así piensan nieguen las causas en la historia; lo que niegan es que haya una razón que predetermine lo que ocurre en la historia. En las novelas de Baroja se pone de manifiesto la arbitrariedad de lo que ocurre en muchísimas ocasiones. El cuadro histórico que Baroja nos pinta en las *Memorias de un hombre de acción* es deliberadamente caótico, confuso y discorde. No hay ninguna idea o fuerza subyacente que gobierne el desarrollo histórico durante esos cincuenta años de la historia de España, a no ser que consideremos el disentimiento y la discordia como tales. No se trata como en Galdós de una lucha ideológica entre innovadores y tradicionalistas; tanto los liberales como los carlistas riñen entre sí y todos se pisotean unos a otros por razones que poco o nada tienen que ver con ideales políticos. Lo que ocurre no tiene nada de razonable ni de lógico, sino que es puramente arbitrario. La historia depende de frivolidades tales como las apetencias caprichosas de la reina Isabel en cuanto al compañero de lecho del momento. E individuos como Aviraneta que tienen un ideal y dirigen todos sus esfuerzos a mover el mundo hacia ese objetivo, fracasan en sus intentos porque no pueden contender con el curso caprichoso de los acontecimientos.

Queda por esclarecer una cuestión final. Si Baroja realmente opina que la historia puede reducirse por lo general a una serie de acaecimientos fortuitos, ¿cómo se explican sus referencias ocasionales al Destino, a la Fatalidad? Por ejemplo, hablando de *Hacia otra España,* de Maeztu, dice: «... por más que [Maeztu] sueñe con otra España, la otra España no vendrá, y si viene será sin pensarlo ni quererlo, por la fuerza fatal de los hechos» (VIII, 862). Lo que Baroja quiere decir aquí es que si las reformas progresistas y el programa de modernización que Maeztu quiere ver implantados llegan a realizarse no será por los esfuerzos de los reformadores sino más bien a pesar de ellos. Hemos citado esta frase porque es la más determinista que hemos visto, y no es fácil explicar este aparente determinismo. No obstante, si lo colocamos en contexto, nos damos cuenta de que Baroja no estaba conscientemente adoptando una posición determinista ante la historia, sino sencillamente indicando que las opiniones progresistas de Maeztu eran ajenas al espíritu español. La siguiente cita es mucho más representativa de las alusiones barojianas al Destino:

—¡Qué rarezas tiene el Destino! —exclamé yo—. Un capricho de Teresa Cabarrús en París produce la catástrofe de dos enamorados en Cuenca.
—Es la Fatalidad, la *Ananké* —exclamó Aviraneta, que sabía lo que significaba esta palabra por haberla leído en *Nuestra señora de París* (III, 533).

Naturalmente, Baroja no está haciendo la ridícula afirmación que la causa del desastre que sobreviene a los amantes es el capricho de Teresa Cabarrús. Lo que dice es que los dos acontecimientos se vieron relacionados de una forma totalmente arbitraria. En realidad Baroja no usa el Destino, la Fatalidad o el Hado, en su verdadera acepción de un poder que está por encima del hombre y que ordena los sucesos inalterablemente, sino en el sentido de algo fortuito e inesperado. La historia para Baroja es una sucesión de acontecimientos al azar, sin orden ni concierto. Depende, sí, de lo que hacen los hombres; pero no de lo que quieren hacer. Por lo tanto,

Baroja no acepta la proposición de Carlyle de que la historia la crea el impulso de los grandes hombres (lo cual no quiere decir que Baroja no admire a este «escritor genial» como él le llama). Lo que hacen unos hombres se verá anulado por las acciones de otros puesto que todos siguen sus propias motivaciones y se mueven en direcciones divergentes, y el resultado final tiene poco en común con sus objetivos iniciales. Los acontecimientos de la historia tienen naturalmente sus causas, pero estos acontecimientos no forman una totalidad significativa. La historia, pues, para Baroja carece de sentido; no tiene finalidad, no tiene objetivo, no hace ningún progreso, salvo posiblemente en un sentido estrechamente materialista. La historia se ve cogida en el «continuo devenir» de la filosofía heraclitiana, dando vueltas en una órbita interminable, con algún cataclismo periódico para sacudir nuestra creencia de que el mundo está avanzando hacia la utopía: «Para Heráclito, como después para Vico, cada país sigue una órbita siempre fija y en este largo período de los mil años la recorre y termina su curva. El devenir es un juego eterno con su fin y su justificación en sí mismo. La idea, muy pesimista, tiene su posibilidad de ser exacta. Contra ella se han forjado teorías y sistemas optimistas desde los tiempos más lejanos; pero contemplando los hechos históricos sin pasión, parece que esta teoría del ciclo cerrado y del cataclismo periódico tiene una cierta verdad... Para los que no tienen un sentimiento de optimismo exaltado y ven los fenómenos de la Historia con juicio frío, la teoría de Heráclito les parece que puede ser próxima a la exactitud. El progreso del mundo no se ve claro, y menos en sentido espiritual y moral» (V, 1097). Como podemos observar en esta cita, Baroja no llega a identificarse del todo con la teoría heraclitiana; pero se ve claramente que esa visión de la historia es la que le es más aceptable. Y ello es así porque esta teoría tiene un importante aspecto en común con la actitud de Baroja. Ambas niegan que la historia tenga un objetivo inteligible, lógico, razonable.

Con esto llegamos al final de nuestra exposición de

144

las ideas de Baroja sobre la historia. Y a la pregunta ¿Qué es la historia?, Baroja ha contestado: la historia es una sucesión absurda e invariable de acaecimientos sin trascendencia. La historia no enseña nada, excepto la constante locura de la raza humana. Pero a pesar de su escepticismo, Baroja es demasiado aficionado a la historia para cerrarle totalmente la puerta al historiador, y deja un resquicio de esperanza. Hay que olvidar las «agitaciones externas» que son vanas y no nos dicen nada positivo, declara; en su lugar la historia deberá ocuparse del «conocimiento de los procesos psíquicos de las masas y de los hombres» (V, 1126). Más que historia, esto parece una definición de la psicología. Pero esta proposición de Baroja es fácilmente comprensible. Pues si la historia factual es imposible, entonces la historia «psicológica» sería una alternativa interesante. Lo que habría que ver era si con este nuevo tipo de historia se lograban resultados más satisfactorios.

iii) Crítica de las ideas barojianas

Aunque hemos hecho algún que otro comentario crítico acerca de las ideas de Baroja sobre la historia, nuestra tarea hasta ahora ha sido esencialmente la de explicar esas ideas. Queremos ahora echar una ojeada crítica al caso que Baroja presenta contra la historia. Nuestros comentarios tendrán que ser necesariamente breves.

El ataque de Baroja contra la historia escrita se basa en la creencia de que nunca puede alcanzar la verdad objetiva a causa del importante elemento subjetivo que entra en juego en su compilación. En primer lugar, la materia prima con que el historiador trabaja, es decir, la masa de información compilada por los contemporáneos de los sucesos que el historiador reconstruye, no ofrece ninguna garantía de exactitud. En segundo lugar, el historiador se ve obligado a usar sus propios poderes de selección y discriminación, y además tiene que ordenar el material seleccionado y construir lo que él considera ser un relato lógico y aceptable. En el peor de los casos ocurre que dos historiadores que se ocupan

145

del mismo tema no pueden ponerse de acuerdo sobre lo que realmente ocurrió; y en el mejor de los casos, el acuerdo a que una generación de historiadores puede haber llegado no continúa en la próxima generación porque lo que se escribe está condicionado por las preferencias y los prejuicios del momento. Esta actitud hacia la historia, que ha sido llamada *Escepticismo histórico,* niega que podamos llegar a saber la verdad de lo que ocurrió en el pasado, y por lo tanto niega también el valor y la utilidad del estudio del pasado [10]. ¿Es realmente justificada tal opinión de la historia? Los argumentos aducidos por Baroja no nos parecen decisivos, aunque encierran alguna verdad.

En primer lugar está el problema de la exactitud de las fuentes históricas. Naturalmente tenemos que admitir que éstas a menudo pueden no ser dignas de confianza. Pero ello no deja impotente al historiador: un testimonio puede compararse con otro; puede ser puesto a prueba refiriéndolo a lo que nuestra experiencia esperaría en cierto tipo de circunstancias; puede ser juzgado a la luz de lo que creemos ser los sentimientos y las intenciones del testigo al ofrecer su testimonio; y si ese testimonio parece estar destinado a engañar hay que preguntar por qué, y esto nos puede sugerir nuevas hipótesis que podemos poner a prueba con otros testimonios. La situación es algo parecida al proceso de un presunto criminal. El crimen del que se le acusa al procesado es, como el curso de la historia, inaccesible a la inspección directa. El crimen pertenece al pasado, pero las pruebas pueden ser examinadas y las declaraciones de los testigos confrontadas unas con otras. El buen historiador trabaja de forma análoga, y criticar su labor porque la información con que trabaja es imprecisa es no comprender su función. La tarea del historiador consiste en examinar pruebas, indicios e información, no en coleccionar datos. El historiador tiende a hacer evaluaciones, no conclusiones [11].

En segundo lugar, decir, como dice Baroja, que diferentes historiadores dan relatos contradictorios de los mismos acontecimientos es pintar un cuadro excesivamente negro. Pues hay una gran parte de la historia escrita que es aceptada como esencialmente correcta por muchísimos historiadores, y si existen diferencias, éstas suelen ser sobre cuestiones de detalle y no sobre el curso de los acontecimientos: «Hay por lo menos una parte de la historia, en realidad una parte muy considerable, que es indiscutiblemente aceptada por la comunidad de historiadores profesionales según estas normas: por marxistas, por liberales, por católicos y protestantes, por alemanes del siglo XIX y por ingleses del siglo XX» [12]. Lo importante es que no puede de ninguna manera afirmarse que los historiadores no están de acuerdo en nada. Y si hay cosas en que están de acuerdo, la posibilidad de aumentar el área de conformidad es evidente.

En tercer lugar, Baroja niega la posibilidad de alcanzar la objetividad histórica, basándose en que el historiador se ve gobernado por el clima intelectual del momento. Como ya dijimos antes, esto es cierto. Pero criticar al historiador y a su trabajo por ello no tiene sentido porque la objetividad queda eliminada por definición. Si la historia no puede ser objetiva mientras sea necesaria la intervención del historiador, es evidente que nunca lo será. No hay para qué denunciar la historia en estos términos, ya que cualquier otra posibilidad queda descartada *ab initio*.

El ataque de Baroja contra la historiografía ha de tomarse en serio. Los argumentos que aduce puede que no sean enteramente originales, ni tampoco van acompañados de una elaboración sistemática de todas sus implicaciones, pero no dejan de ser importantes [13]. No obstante, la postura adoptada por Baroja es un tanto extrema: exige lo imposible de la historia y luego la denuncia por no satisfacer esas exigencias. Lo único que en toda justicia podemos exigir de la objetividad histórica es un reportaje que posea el máximo grado de fidelidad que permitan las circunstancias, así como cierta neutralidad en lo que se dice y en cómo se dice, de tal forma que ninguna persona razonable e imparcial quisiera estar en desacuerdo con ello.

147

Finalmente, ¿qué podemos decir de la tesis de Baroja de que la historia no tiene ningún significado, o sólo tiene el significado que cada uno de nosotros decida asignarle arbitrariamente, lo cual viene a ser lo mismo? Desde luego esta opinión no es sólo típica de Baroja. Por ejemplo, el historiador inglés H. A. L. Fisher escribió en su *Historia de Europa:* «Hombres más sabios y más entendidos que yo han percibido en la Historia una trama, un ritmo, un diseño predeterminado. Estas armonías están ocultas a mis ojos. Yo sólo veo una gran emergencia seguida de otra, como una ola sigue a otra ola»[14]. Que Baroja no perciba ningún plan en la historia, pues, no tiene nada de particular; no todo el mundo es un Hegel o un Arnold Toynbee. Pero creemos que lo cierto es que Baroja confunde la significación *de* la historia con la significación *en* la historia. La diferencia es ésta: buscar la significación de la historia es en realidad una labor metafísica; es análoga a buscar la significación de la vida. Buscar la significación en la historia es el mostrar la conexión entre los acontecimientos históricos, cómo una acción o acaecimiento condujo a otro, para que así podamos ver el desarrollo lógico e inteligible de la historia en función de los acontecimientos con sus causas y sus efectos. La tarea del historiador es buscar sentido, significación, en la historia; la cuestión de si la historia en su totalidad tiene sentido es extra-histórica[15]. El error (si es que podemos llamarlo así) de Baroja consiste en no diferenciar entre estos dos aspectos decisivos. Claro que este «error» se comprende fácilmente. Pues la historia de tipo «causa y efecto» (la única considerada factible por la mayoría de historiadores profesionales) fue la que Baroja rechazó en favor de su «historia psicológica».

2. LA INFLUENCIA DE SCHOPENHAUER Y TOLSTOY

Es lógico pensar que al formar sus ideas sobre la historia Baroja fuese influenciado por alguno de los escritores con cuya obra estaba familiarizado. Claro que

Baroja leyó extensamente, como indica la colección que reunió en su biblioteca de Vera, y sería una empresa considerable el estudiar todo el material pertinente en busca de posibles influencias. Nosotros desde luego no hemos llevado a cabo esta tarea; nos hemos limitado a consultar las obras más prometedoras. No obstante, creemos que podemos indicar dos nombres que ejercieron una influencia considerable en la formación de las ideas barojianas: Arturo Schopenhauer y León Tolstoy; sobre todo la influencia del primero es a todas luces innegable.

Las ideas de Schopenhauer sobre la historia se encuentran en su obra *El mundo como voluntad y como representación*. No es éste el lugar de ofrecer una exposición completa y sistemática de las ideas de Schopenhauer; así que nos limitaremos a elucidar los puntos de contacto entre el filósofo alemán y el novelista español, lo cual de todas formas va a incluir la mayor parte de las ideas schopenhauerianas sobre la historia.

Baroja niega que la historia pueda tener objetividad científica, pues el historiador no puede manipular los datos de la historia del mismo modo que el científico manipula los datos de la ciencia. Los datos de la historia no ofrecen garantías, y mientras que el científico puede comprobar sus datos experimentalmente, el historiador, no. Consideremos ahora el siguiente trozo de Schopenhauer: «El historiador debe seguir los hechos individuales como éstos se desarrollan en la vida, como se desenvuelven en el tiempo, según la cadena múltiple de las causas y los efectos; pero es imposible que pueda verlo todo por sí mismo, ni que pueda estar lo suficientemente informado. En cada momento pierde de vista el cuadro original o lo encuentra sustituido por un falso modelo, y esto con tanta frecuencia, que creo poder decir que en la historia abunda más lo falso que lo verdadero» [16]. Aquí, la idea fundamental resulta ser la misma que hallamos en Baroja: el historiador es incapaz de resolver los problemas con los que forzosamente tiene que enfrentarse al reconstruir la historia.

Baroja niega que la historia pueda ser una ciencia,

si por ciencia entendemos una disciplina que posee exactitud. El argumento de Baroja es que los científicos están de acuerdo sobre el significado o valor de los datos (todos los químicos están de acuerdo sobre el peso atómico de los elementos), mientras que en la historia esto no ocurre así. Los historiadores no están de acuerdo sobre el valor o significado de un hecho o una serie de datos. Comparemos ahora la idea barojiana con las de Schopenhauer sobre el mismo particular: «La historia... carece de sistema, como lo hay en cualquiera de las ciencias. Es un saber, no una ciencia, pues nunca conoce lo particular por lo general, sino que *a fortiori* toma directamente el hecho individual y se arrastra, por decirlo así, por el suelo de la experiencia, mientras que las ciencias desarrollan su vuelo por lo alto, en virtud de haber adquirido vastas nociones generales, que les sirven para dominar lo particular, y pueden, por lo menos dentro de ciertos límites, abrazar de una ojeada la posibilidad de las cosas pertenecientes a su dominio» [17]. Lo que Schopenhauer viene a decir es que la ciencia ha desarrollado una metodología, una forma de pensar, que es invariable. El científico trabaja según unas reglas que gobiernan sus datos y que son las mismas para todos, pero esta concordancia resulta imposible en la historia. La idea, pues, es idéntica a la que ya vimos antes en Baroja.

Schopenhauer dedica un esfuerzo considerable a probar la superioridad de la literatura sobre la historia, y una vez más esto parece haber dejado su huella en Baroja. Schopenhauer arguye que el historiador pretende ocuparse de la verdad fenoménica, es decir, de acontecimientos externos percibidos por los sentidos, y no de la verdad interna, que es lo realmente importante. En la historia lo fenoménico pierde su significado interno. En la poesía, por el contrario, las situaciones son presentadas de tal forma que revelan verdades universales, y por lo tanto la poesía es más valiosa en nuestra búsqueda del conocimiento humano: «Los [historiadores] modernos... con pocas excepciones, convierten casi siempre la historia en un montón de basura

150

o en una guardilla trasera, donde se amontonan objetos inútiles o todo lo más descripciones de acontecimientos o hechos positivos. Por consiguiente, el que
quiera conocer la humanidad en su esencia íntima, en
su Idea, que es siempre idéntica, hallaría en las obras
inmortales de los grandes poetas una imagen mucho
más fiel y clara de aquella, que la que le pueden ofrecer
los historiadores» [18]. Schopenhauer emplea *poesía* en su
sentido original de creación literaria imaginativa, y al
apropiarse la idea, Baroja pensó sin duda que era
perfectamente legítimo el sustituirla por la palabra *novela*. Baroja naturalmente abandona la terminología filosófica de la versión schopenhaueriana, pero la idea es
la misma. La historia se detiene en el nivel de los acontecimientos externos; la literatura va más allá de las
meras circunstancias externas para cavar más hondo en
las raíces de los acaecimientos, es decir, en el hombre
en sí. Al adaptar esta idea a sus propios fines Baroja
propende a desdibujar la línea de demarcación que Schopenhauer establece entre acaecimientos externos y naturaleza interna. Y así surgen esas afirmaciones tan ambiguas, como «Es más exacta la novela buena para reflejar un medio social que el libro histórico excelente» y
«El *Quijote* da más impresión de la España de su tiempo que ninguna obra de los historiadores nuestros».

Cuando cotejamos las ideas barojianas sobre la historia en su totalidad con los escritos de Schopenhauer, la
influencia de éste resulta indiscutible. La historia, según
Baroja, es un caos sin sentido cuyo desarrollo depende
de sucesos triviales y arbitrarios. Schopenhauer escribe:
«La materia de la historia es el hecho particular en su
unidad y en su contingencia; las combinaciones pasajeras de un mundo móvil como las nubes empujadas por
el viento y que el *azar más ligero* viene a trastornar
frecuentemente de arriba a abajo. Considerado de esta
manera el objeto de la historia, diríamos que no merece
apenas ocupar seria y laboriosamente la atención del
espíritu humano, que por lo mismo que es finito debería
tomar lo infinito por asunto de sus investigaciones» [19].
Tal como en Baroja, hallamos aquí la insistencia en que el

proceso histórico es por naturaleza accidental, trivial, y caprichoso. De aquí que el percibir un designio en la historia sea un ejercicio perfectamente fútil; y el intento hegeliano de descubrir ese designio es severamente criticado por Schopenhauer, y sus exponentes son tildados de estólidos: «La pseudo filosofía hegeliana, propia solamente para corromper y embrutecer los espíritus, ha iniciado principalmente esos ensayos de exponer la historia universal como un conjunto metódico o, como ellos dicen, de 'construirla orgánicamente'; ensayos que encierran en el fondo un grosero y brutal realismo, que toma al fenómeno del mundo por la cosa en sí y se imagina que lo principal son los personajes y los acontecimientos» [20]. El error está en dar importancia únicamente a lo fenoménico, a los acontecimientos externos: «Los acontecimientos exteriores son meras configuraciones del mundo fenomenal, que directamente no tienen realidad ni importancia y sólo indirectamente las adquieren por su relación con la voluntad de los individuos. Pretender explicar e interpretar directamente los acontecimientos vale tanto como pretender distinguir en las nubes figuras de hombres y de animales. El relato de la historia es ni más ni menos que el largo ensueño, la pesadilla fastidiosa y desordenada de la humanidad» [21]. Este trozo inmediatamente nos trae a la memoria aquel otro en que Baroja se refiere a las «agitaciones externas que... son vanas y no indican nada positivo». No creemos que la semejanza de ideas entre Baroja y Schopenhauer sea mera coincidencia; la influencia directa de éste sobre aquél parece innegable. Y aun hay otros puntos de contacto.

Ya hemos visto que Baroja no halla nada que justifique esa opinión optimista de que la historia es progreso, de que la humanidad poco a poco va mejorando de estado. Baroja, por el contrario, favorece la idea heraclitiana de que la historia no se dirige a ninguna parte, sino que da vueltas en una órbita repetitiva e inacabable. También Schopenhauer acepta esta visión: «La verdadera filosofía de la historia consiste en comprender que en medio de esa confusión de cambios infinitos no hay otra cosa que el mismo ser invariable, siempre semejante a sí mismo, que obra hoy como obró ayer y como obrará en todos los tiempos. Debe discernir lo que hay de idéntico en todos los acontecimientos, desde las edades más remotas a los tiempos modernos, en Oriente y en Occidente, y ver en todas partes a la humanidad siempre la misma, no obstante la diversidad de las circunstancias especiales, de los diversos trajes y las diferentes costumbres, elemento inmutable al través de todas las mudanzas, que está formado por las cualidades que caracterizan al corazón y a la cabeza del hombre, tantas de ellas malas y tan pocas buenas. *Eadem sed aliter* debería ser la divisa general de la historia» [22]. Así, pues, el elemento cambiante es la confusa cadena de los acontecimientos externos, pero detrás yace la naturaleza inmutable de la humanidad misma. El punto de vista de Schopenhauer es el mismo que el de Baroja. Este admite la posibilidad de progreso en un sentido puramente material, pero da a entender que ello es de poca consecuencia si no hay progreso en un sentido moral: «El progreso del mundo no se ve claro, y menos en sentido espiritual y moral.» Ahora comparemos esto con el siguiente trozo de Schopenhauer: «Estas construcciones históricas, guiadas por el más bajo optimismo, conducen siempre en definitiva a la concepción de un Estado floreciente, muy productivo, muy rico, con una constitución bien concertada, buenos tribunales y buena policía, multitud de fábricas y de industrias; a lo sumo conducen estas construcciones a cierto desenvolvimiento intelectual, que es, en efecto, el único posible, toda vez que el elemento moral, en lo que tiene de esencial, permanece invariable. Pero este lado moral de las cosas es lo principal, según el testimonio de nuestra conciencia más íntima» [23]. Una vez más, el pensamiento de Schopenhauer es el mismo que encontramos en Baroja: ¿De qué sirve el progreso material si el elemento de verdadera importancia, el moral, permanece inmóvil? Existe en todo esto un paralelo tan claro entre el filósofo y el novelista que insistir en ello resulta innecesario.

Es ahora que comenzamos a comprender cómo Baroja vino a proponer la «historia psicológica» como más valiosa y digna de estudio que la historia convencional. De Schopenhauer aprendió que la mera sucesión de acontecimientos externos de por sí no tiene significado y no nos enseña nada de la humanidad. Hay que penetrar esos acaecimientos externos en busca del estado espiritual de los hombres. «Las circunstancias interiores, en cuanto conciernen a la voluntad, son las que tienen realidad, las que son acontecimientos efectivos», escribe Schopenhauer [24], y Baroja se hace eco de esas palabras cuando dice que la historia debe ser no el relato de acontecimientos externos, sino «el conocimiento de los procesos psíquicos de los hombres y de las masas».

La admiración que Baroja sentía hacia Tolstoy es bien conocida, y no sería extraño que su lectura de *Guerra y paz* influenciase la composición de sus propias novelas históricas. En realidad la influencia de Tolstoy en las ideas de Baroja sobre la historia es mucho menos concreta que la de Schopenhauer y no se puede demostrar de manera directa y textual. Sin embargo, en un sentido muy general, y sin querer exagerar la cuestión, creemos que la influencia existe.

Se da en Tolstoy el mismo caso paradójico que en Baroja: un interés hondo y duradero por la historia junto a una actitud que rechaza las explicaciones que los historiadores dan del pasado. No es que la historia tuviese poca importancia para Tolstoy; al contrario, únicamente la historia —la totalidad de los datos descubiertos empíricamente— tenían la clave del misterio de por qué lo que ocurrió en el pasado ocurrió de tal forma y no de otra. Pero la historia escrita por los historiadores no le decía nada; sólo le ofrecía una sucesión hueca de acaecimientos, sin justificar la selección arbitraria del material y la distribución, igualmente arbitraria, de su importancia o impacto en la historia. En particular la costumbre de muchos historiadores de explicar los acontecimientos cómo el resultado de la voluntad de un hombre, fuese soberano, político o militar, le resultaba totalmente insatisfactoria, pues «al punto que historiadores de diferentes nacionalidades y opiniones comienzan a describir el mismo hecho, sus respuestas carecen inmediatamente de sentido, porque cada uno de ellos comprende diversamente y aun de una manera absolutamente opuesta la mencionada fuerza» [25]. Por añadidura, la historia escrita trataba generalmente de acontecimientos públicos o políticos —los cuales, según Tolstoy, son los menos importantes— y por lo tanto el cuadro pintado por los historiadores le resultaba irreal. *Guerra y paz* fue en cierto sentido un intento de presentar una situación histórica en términos que reflejasen la verdad de la vida, siendo uno de sus objetivos precisamente el de contrastar la textura verdadera de la vida, tanto de individuos como de comunidades, con el cuadro irreal de los historiadores [26]. En todo esto el paralelo entre Tolstoy y Baroja está bastante claro.

El ataque de Tolstoy contra la historiografía convencional tuvo como objetivo principal el destruir la creencia de que la historia es forjada por las acciones de jefes y gobernantes. Los historiadores que fijan la responsabilidad de lo que ocurre en personas dotadas por ellos mismos de cualidades sobrehumanas no hacen más que engañarse. Los grandes hombres son en realidad seres humanos normales y corrientes que en el fluir cósmico carecen de importancia. De aquí surge la tesis central de Tolstoy: que el fluir de la vida está gobernado por una ley natural y por lo tanto la historia sigue su curso inexorable independientemente de la voluntad y de los ideales de los hombres. Aunque, como ya queda dicho, el menor asomo de teología disgusta a Baroja —y de ahí su aversión hacia teorías que consideran que la historia está predeterminada o es inevitable—, en este caso comparte la opinión de Tolstoy hasta cierto punto. Ciertamente un hombre no posee la capacidad por sí mismo de influenciar el curso de los acontecimientos de una manera decisiva. Por eso Aviraneta fracasa al final: a pesar de sus esfuerzos y del apego a sus ideales no consiguió a fin de cuentas efectuar el estado de verdadero liberalismo que tan ardientemente deseaba para su país. Aun cuando podía contribuir a la terminación de la guerra, no podía inculcar sentido común y dignidad en la mente de sus compatriotas. El verdadero progreso sólo se puede lograr por medio del esfuerzo, no de los jefes políticos, sino del pueblo en su totalidad. A la postre quien cuenta es el pueblo:

—Aquí se necesita un hombre, Aviraneta.
—Aquí se necesita un pueblo, Zurbano (III, 67).

Baroja está de acuerdo con Tolstoy en que la historia no es creada por la voluntad de los grandes hombres, aunque sin llegar a compartir la opinión del novelista ruso de que la historia está por encima de los hombres. Pero si Tolstoy creyó ver en la historia una fuerza inexorable ante la cual el ser humano se halla en una situación de completa impotencia, no debe pensarse que Tolstoy aceptase las teorías metafísicas de la historia; todo lo contrario: en una de sus cartas llama a los escritos de Hegel una jeringonza ininteligible entremezclada de vulgaridades [27]. El pretender haber descubierto las leyes de la historia era pura presunción e insensatez porque las causas que rigen los acontecimientos son demasiado numerosas para ser comprendidas o asimiladas por la mente humana. Por otra parte, Tolstoy no aceptaba la idea de que la historia pudiese ser regida o seriamente afectada por algún accidente más o menos trivial en sí. La historia, según Tolstoy, depende de una multiplicidad de causas, hasta tal punto que lo que ocurre se hace inevitable: «Si Napoleón no se hubiera ofendido al recibir la conminación de retirarse detrás del Vístula y no hubiera ordenado a sus tropas que avanzaran, tampoco hubiese habido guerra. Pero si todos los sargentos no se hubiesen reenganchado, la guerra hubiera sido igualmente imposible. Tampoco habría habido guerra si Inglaterra no hubiera intrigado, si Alejandro no hubiera sido tan susceptible, si no hubiese habido la autocracia rusa, la revolución francesa y el Directorio y el Imperio que la siguieron. Separada una de estas causas, no pasaba nada. Pero todas aquéllas, a millares, concordaron únicamente para producir aquella catástrofe. Aquel hecho, pues, no tuvo ninguna causa exclusiva y se produjo porque había de producirse. Millones de hombres, haciendo abstracción de sus sentimientos humanos y de su razón, habían de marchar de Occidente u Oriente y matar a otros hombres como ellos. Exactamente igual que unos siglos antes multitudes de hombres marchaban de Oriente a Occidente para destruir y asesinar» [28].

Tolstoy no acepta que lo que ocurre en la historia pueda ocurrir por casualidad. Cuando hablamos de «casualidad», de «azar», ello quiere decir sencillamente que no conocemos las causas y que no vemos manera de conocerlas. Pero si reconociéramos que la razón o el designio de lo que ocurre en la historia no tiene necesariamente que ser comprensible para nosotros, no tendríamos que emplear estas palabras: «Unicamente renunciando a conocer el objetivo comprensible y muy próximo y admitiendo que la meta final nos es inasequible, podremos abarcar la razón de ser de la vida de los personajes históricos. Así, pues, comprendemos la causa de esa acción inconmensurable a través de las cualidades humanas ordinarias que la producen, y de esta manera nos encontraremos con que las palabras *azar* y *genio* no nos serán ya necesarias» [29].

A primera vista parece que aquí hay una clara diferencia entre Tolstoy y Baroja, pero la diferencia es más teórica que real. Ambos admiten que gran parte de lo que ocurre en la historia es incomprensible para el ser humano. La diferencia está en que mientras que Tolstoy considera que nuestra incapacidad de captar el significado de los acontecimientos históricos no es de modo alguno suficiente justificación para ver la historia como una serie de accidentes, Baroja no ve razón alguna para ir más allá de la comprensión humana. Para él «el hombre es la medida de todas las cosas». Y por eso no atribuye la triste historia de las adversidades e infortunios de la España decimonónica a alguna fuerza vasta, predeterminada e impersonal, sino a la ineptitud, a la miopía y al fanatismo de la población. Ante esta estupidez a escala nacional los pocos hombres de visión no bastan

157

para cambiar el curso de los acontecimientos. Es por eso por lo que dice Aviraneta que «el destino es más fuerte que las facultades de las personas» (IV, 1044). El fatalismo barojiano no es ese que nos es impuesto desde arriba; surge de la estupidez del hombre, de su falta de interés por superarse a sí mismo y abandonar sus tendencias egoístas y mezquinas. Lo que Baroja y Tolstoy ciertamente tenían en común era la actitud de consternación y desaliento ante el espectáculo de insensatez humana que la historia nos pone ante los ojos. Compartían igualmente el reconocimiento de que a fin de cuentas el problema de la historia no tiene solución. Tanto Tolstoy como Baroja desdeñaban toda teoría que pretendiese sintetizar la multiplicidad de la historia; y la convicción de que no hallarían ninguna respuesta definitiva a la pregunta ¿Qué es la historia?, les hizo atacar las falsas soluciones con mayor ahinco.

Finalmente, el mayor atractivo que Baroja debió hallar en *Guerra y paz* fue la percepción tolstoyana de la realidad en toda su diversidad, pluralidad y fragmentación. Tolstoy ve el proceso histórico como una continuidad compuesta de una infinitud de acciones y ocurrencias diminutas, una red inextricable de acontecimientos no susceptible de análisis y resumen. Todo intento de abstraer, de generalizar, de esquematizar tiene necesariamente que deformar su verdadero carácter. La historia está hecha de partículas diminutas, y el verdadero cuadro será aquel que incorpore todas las partículas. La técnica de Tolstoy consiste en presentar una visión de la historia en toda su diversidad, multiplicidad, minucia, con su caos consecuente, «un caos cuya forma más intensa, el microcosmo en que el desorden de la vida humana se ve más fuertemente reflejada, es la guerra» [30]. Esta es la verdadera lección que Baroja aprendió en la gran novela de Tolstoy, y en las *Memorias de un hombre de acción* se propuso presentar un cuadro compuesto de innumerables fragmentos de actividad humana en todas sus formas para que la síntesis resultante ofreciese un auténtico reflejo de la historia en toda su diversidad y confusión.

Las memorias de un hombre de acción como novela

Capítulo 4
Las memorias como ciclo novelesco:
Cronología y estructura

1. DISLOCACIÓN CRONOLÓGICA

En las *Memorias de un hombre de acción* Baroja se propuso explorar, de su propia manera individual, la historia de España en la primera mitad del siglo XIX. Hubiese sido de esperar que comenzase por el principio (con la guerra de la Independencia, por ejemplo), y avanzara gradualmente y de forma cronológica hasta el punto en que deseara detenerse. Este es el procedimiento lógico normalmente empleado en relatos históricos y fue el adoptado por Galdós. Pero en Baroja este procedimiento queda casi totalmente trastornado, y la cronología, o falta de cronología, de las *Memorias de un hombre de acción* es sorprendente, y constituye uno de los aspectos más curiosos de la serie vista en su totalidad[1].

Baroja abre su serie con el año 1837, cuando la guerra alcanzaba su punto culminante y Aviraneta se disponía a poner en práctica sus proyectos contra el carlismo. Baroja aprovecha este momento para establecer la relación entre Pello Leguía y Aviraneta, relación de la cual va a surgir la estructura novelesca, es decir, la forma general adoptada para la serie en su totalidad.

11

Desde un principio Baroja debió idear un plan general para la serie, pues este primer tomo no sólo nos da la clave de la estructura general de la serie (Leguía colaborador y biógrafo de Aviraneta), sino que además está destinado, al menos en su primera mitad o poco más, a darnos una especie de avance cinematográfico de la serie —de su protagonista, de su época y de su país. Por ejemplo, Aviraneta, al discutir con Martín Zurbano, le da al lector un anticipo de los tomos posteriores:

—He peleado en la guerra de la Independencia con don Jerónimo Merino —contestó Aviraneta fríamente.
—Queréis ganar batallas desde los rincones de los ministerios.
—He hecho cuatro campañas.
—Aspiráis a mandar con vuestras intrigas; no sois tan liberales como nosotros los militares.
—He peleado el año 23 con *El Empecinado;* el año 30 tomé parte en la expedición de Mina; hoy sigo luchando contra los facciosos.
—Sí; pero queréis tenerlo todo en vuestra mano; no queréis que el mundo sea libre.
—He guerreado con lord Byron por la independencia de Grecia.
—No os preocupa más que lo que pasa en Madrid; no sois patriotas.
—Tomé parte en Méjico en la expedición del general Barradas (III, 68).

De igual forma, en el capítulo iii de este primer tomo, al hablarnos Pello Leguía de su tío Fermín, personaje histórico y famoso, regresamos brevemente al año 1830 y a la expedición liberal de Mina. Y decimos «regresamos» porque la acción principal de este primer tomo transcurre, como ya hemos dicho, en 1837. Pero si tenemos en cuenta que la expedición liberal de 1830 va a ser tratada *in extenso* varios tomos más adelante, este aparente retroceso se convierte en todo lo contrario: es una vista anticipada de lo que ocurrirá más adelante en la serie. Así, pues, el primer tomo —o más exactamente dos tercios de ese tomo— sirve de introducción general a la serie: establece la estructura novelesca de la serie y anticipa parte del contenido de los tomos subsiguientes. Una vez hecho esto, Baroja retrocede a la última década del siglo anterior y luego nos lleva cronológicamente hasta 1814 y el final de la guerra de la Independencia, punto en que finaliza el segundo tomo. El tercer tomo comienza en 1808, pero siete capítulos después hemos llegado de nuevo a 1814. Los tomos cuarto y quinto alcanzan el año 1823 sin variaciones bruscas en la cronología. Al final del tomo cuarto estamos en el año 23: los cien mil hijos de San Luis se disponen a entrar en España. Este relato se continúa en la segunda mitad del tomo quinto, pero la secuencia cronológica es interrumpida por la primera mitad del tomo, «La canóniga», una historia dramática que tiene lugar en Cuenca en 1822-23, antes de la invasión francesa.

Hasta aquí, la cronología de la serie ha estado más o menos de acuerdo con la vida de su protagonista. Pero ahora, a partir del tomo sexto, Baroja ha conseguido trastornar la cronología de la serie de tal forma que los primeros lectores de las *Memorias de un hombre de acción* debieron sentirse desconcertados en más de una ocasión. El tomo quinto, *Los recursos de la astucia,* deja a Aviraneta en Gibraltar tras la desbandada liberal de 1823. El tomo sexto va dividido en dos partes, la primera de las cuales, «El convento de Monsant» no parece tener ninguna conexión con el volumen anterior. Se nos dice que Thompson y el Capitán (Aviraneta) vuelven a España desde Grecia, ¡pero la historia de cómo y por qué fueron a Grecia está pospuesta hasta el tomo décimo! [2]. Al final de «El convento de Monsant» conocemos por medio de las cartas de Thompson a Aviraneta que éste ha estado en Méjico y que luego ha regresado a Bayona. Estas cartas, que sirven en parte para confirmar las sospechas del lector de que el Capitán era realmente Aviraneta, representan una nueva ruptura cronológica, pues se refieren a una época posterior. La segunda parte de este tomo, «El viaje sin objeto», narra las aventuras de Thompson en España hasta el momento en que se dispone a partir para Missolonghi. No sólo están las dos partes del tomo en orden invertido, sino que además hay un vacío importante entre ellas. ¿Qué le ha ocurrido a Aviraneta desde su fuga a Gibraltar hacia el final del año 23 hasta su regreso a España en mayo de 1824? ¿Y qué le ha ocurrido a Thompson entre su partida de España y su regreso en compañía de Aviraneta? Esta laguna no será rellenada hasta el final del tomo décimo. Es entonces cuando conocemos el viaje de Aviraneta y el de Thompson a Missolonghi. Cuando los lectores contemporáneos de las *Memorias de un hombre de acción* que seguían las aventuras de Aviraneta a medida que los tomos eran publicados dedicaron su atención al próximo tomo en aparecer, *La veleta de Gastizar,* en la expectación de hallar lo que faltaba entre los tomos quinto y sexto y también lo que faltaba dentro del mismo tomo sexto, debieron experimentar cierta sorpresa, incluso exasperación, pues no hay ni una sola referencia a Aviraneta o a Thompson en este tomo. La decisión de Baroja de no incluir «La aventura de Missolonghi» en el tomo sexto o al menos hacerla la base del tomo séptimo parece una arbitrariedad. Se ha dicho que el orden caprichoso de la serie está destinado a reflejar el desorden que prevalecía en la España de la época [3]. Nos parece una explicación bastante floja. Primero, no vemos cómo el cambiar el orden lógico de la serie pueda ser reflejo de un desorden que era social y político. Segundo, el hacer eso era de todas formas innecesario, puesto que el desorden que reinaba en la España de aquel período está muy bien ilustrado en los mismos episodios de las novelas. Tercero, el jugar con la cronología de las aventuras de Aviraneta en Africa, en Grecia y en Méjico no tiene relación alguna con los acontecimientos en España. Y por último, el procedimiento de Baroja es más eficaz para confundir al lector que para echar luz sobre la historia de España. La explicación del proceder aparentemente arbitrario de Baroja hay que buscarla en otra esfera. Volveremos sobre ello dentro de unos momentos.

Los tomos séptimo y octavo tratan, pues, de la invasión liberal de 1830. El noveno cubre los años 1833-34, mientras que el décimo está compuesto de cinco novelas cortas que cubren los años 1823-25. En la primera de éstas, «El capitán Mala Sombra», regresamos al año 23 y a la campaña del *Empecinado* (la campaña del *Empecinado* en 1823 había sido el tema de la segunda parte del tomo quinto). Esta novelita había aparecido antes en la revista *Hermes* (marzo, abril y mayo de 1917) y no parece sino que fue incluida en *Los contrastes de la vida* como relleno. La segunda novelita, «El niño de Baza» reanuda la narración de las aventuras de Aviraneta desde aquel punto en que fueron interrumpidas al final del tomo quinto. La siguiente novela corta, «Rosa de Alejandría», continúa la narración y termina con la partida de Aviraneta rumbo a Missolonghi. En la cuarta novelita, «La aventura de Missolonghi», estamos de nuevo con Thompson, y para aclarar la situación el autor se ha visto obligado a añadir una nota en la que informa al lector que este nuevo relato es la continuación de «El viaje sin objeto» en *La ruta del aventurero* (tomo sexto). Al final de «La aventura de Missolonghi» llegamos al punto en que comenzó «El convento de Monsant». La quinta y última novelita del tomo décimo, «El final del Empecinado», sigue la narración de las aventuras de Aviraneta tras el episodio de Monsant y termina con el viaje de Aviraneta a América, donde recibirá las cartas de Thompson que aparecieron en el tomo sexto, al final de «El convento de Monsant». Del tomo sexto al décimo inclusive el orden cronológico de la serie está deliberada y totalmente trastornado. Pero de ahora en adelante, como si tuviera la seguridad de que ha dejado en claro su actitud y no hay que insistir más, Baroja adopta una cronología mucho más convencional[4]. Ahora vamos avanzando gradualmente en el tiempo a medida que avanzamos en la lectura, en vez de avanzar y retroceder continua y confusamente como ocurre desde el tomo sexto hasta el décimo. Hay pequeños saltos entre tomos, pero esto se debe principalmente a que Baroja se ocupa primero de la guerra en las provincias del Norte, y luego de la guerra en las provincias de Levante, y en realidad el conflicto tuvo lugar en ambas zonas a la par, con la única diferencia de que en el Este se prolongó la lucha un año más.

Inevitablemente surge la pregunta: ¿por qué trastornó Baroja el orden cronológico de la serie de forma tan arbitraria? Ya hemos declarado nuestro desacuerdo con la opinión según la cual este artificio está destinado a reflejar el caos de la época que el novelista está describiendo. La razón creemos que hay que buscarla en parte en la génesis de las novelas en sí, y principalmente en la actitud de Baroja hacia la historia.

Sabemos que Baroja comenzó a escribir sus novelas antes de haber dado por terminadas sus investigaciones. Es decir, que el poner pluma sobre papel no significó el final de las investigaciones ni mucho menos. Baroja componía sus novelas a medida que sus investigaciones producían información [5]. A esto hay que añadir que cuando Baroja escribía un nuevo volumen para la serie, le guiaba no el mero deseo de darnos el próximo capítulo de la historia de España, sino más bien el interés que sentía por uno o más personajes. A algunos personajes históricos les dedica una atención fuera de toda proporción a su importancia en la historia de España, como ocurre por ejemplo con el conde de España, a quien le dedica dos tomos. Baroja no intentó en absoluto dejarnos una crónica del siglo XIX a la manera de Galdós. El no cree que la historia pueda explicarse en función de fuerzas o corrientes. Cuando estudia la historia lo que le llama la atención no es lo que pasaba, sino quién pasaba. El ve el pasado en términos de las figuras humanas que pueblan las páginas de la historia, y así cuando se encuentra con un personaje o con un grupo de personajes que le llama poderosamente la atención no vacila en dedicarle un capítulo, o un tomo, o dos tomos. Como lo que Baroja ha buscado primordialmente es ese interés en el ser humano, el orden cronológico estricto no es tan necesario como lo sería si su principal interés estuviese en los acontecimientos como ilustrativos de un desarrollo histórico general.

Ahora bien; todo esto, como hemos dicho, fueron factores que contribuyeron a la dislocación cronológica de las *Memorias de un hombre de acción,* pues al proceder de tal forma Baroja seguía los intereses suyos del momento. Pero está claro que Baroja tuvo que darse cuenta de lo excéntrico y caprichoso que iba a resultar la forma en que estaba ordenando —mejor dicho, desordenando— la cronología histórica de su serie novelesca. El hecho de que se sintiese justificado en adoptar este procedimiento tiene que deberse a su actitud hacia la historia y la historiografía en general, actitud que expusimos en el capítulo anterior. Dada la postura escéptica y hostil de Baroja hacia el historiador profesional, resulta más que posible que los malabarismos de Baroja con la cronología histórica fuesen su manera de mostrar el desprecio que sentía hacia los métodos tradicionales de la historiografía. Baroja, aborrecedor de convenciones y ortodoxias, se acercó a la historia con una intención seria y a la vez traviesa. Seria, por el trabajo que se tomó en buscar y desenterrar información histórica sobre el período y sus personajes. Pero traviesa, por la manera en que quiso burlarse de la reverencia positivista por la historia, tratándola no como un objeto sagrado, sino como lo que él creía que era: una marioneta a merced del manipulador de las cuerdas.

2. TÉCNICAS DE ENLACE

Aunque la serie se titula *Memorias,* su estructura no es la de unas memorias en que una persona ofrezca un relato, escrito en primera persona, de su vida y de su época. Es bastante más compleja, por varias razones. En primer lugar, Baroja ha introducido en sus novelas la ficción de Leguía el compilador. En lo que equivale a una imitación humorística del artificio cervantino de interponer un intermediario entre creador y creación, Baroja, en el prólogo al primer tomo de la serie, atribuye el trabajo de compilar las memorias de Aviraneta a Leguía, mientras él adopta el modesto papel de editor. ¿Por qué utilizó Baroja a este *alter ego* ficticio? Posiblemente para adquirir de esta forma una voz en la narración en sí. Leguía conoce a Aviraneta personalmente y puede dar una impresión personal y auténtica de él, cosa que para Baroja, en cuanto Baroja, es imposible. Baroja no puede pretender que él conociese a Aviraneta, pero puede inventar a un personaje que le conociese íntimamente, y esto evita que la narración adquiera ese aire frío y clínico del libro de historia. Además la inclusión de Leguía permite a Baroja identificarse con él y de esta forma enfrentarse con Aviraneta cara a cara en el mismo plano. Esto ocurre sobre todo cuando Aviraneta y Leguía discuten. Entonces está claro que Leguía actúa como portavoz de Baroja, y esto naturalmente significa que Baroja se sitúa fuera de su héroe, que lo somete al criterio y a la visión de otro personaje de la novela. Es muy importante también el papel de Leguía como interlocutor. Aviraneta ha sido proveído de un compañero a quien pueda relatar su vida y sus aventuras y con quien pueda discutir aquellas actividades suyas que más controversia han suscitado. Y aquí precisamente está la clave de la estructura general de la serie. Estas memorias han sido reunidas ostensiblemente por Leguía, el cual ha sacado su material de tres fuentes: i) lo que le oyó contar al mismo Aviraneta; ii) lo que leyó en varios cuadernos manuscritos y folletos que Aviraneta le prestó; iii) lo que oyó contar a personas que conocieron o tuvieron contacto con Aviraneta. En cierto sentido, pues, Leguía representa en un plano ficticio el trabajo de investigación hecho por Baroja en el plano real. El papel de Leguía en las *Memorias de un hombre de acción* es principalmente el de compilador y escritor, interlocutor y comentarista, aunque esto no quiere decir que no tenga personalidad novelesca; sí que la tiene, y bien delineada, en los dos tomos de que es protagonista, o al menos co-protagonista [6]. Pero la participación activa de Leguía en la narración, es decir, en los acontecimientos, se limita a esos dos volúmenes. Su participación en el primer tomo viene dictada por la necesidad de establecer la relación entre él y Aviraneta. Después de este tomo asume su papel de compilador y comentarista y sus intervenciones se limitan a prólogos, epílogos y a discusiones y comentarios intercalados que aparecen de vez en cuando. No vuelve a tomar parte en los incidentes narrados en las novelas hasta el tomo decimotercero, tomo en que llegamos a ese punto en el tiempo en que comenzó la serie con la aventura de Leguía en el primer tomo, de manera que su reaparición en los sucesos del tomo decimotercero se hace forzosa. En este volumen Leguía está muy en primer plano, pero su prominencia dura poco, pues en los volúmenes siguientes retorna a su papel pasivo de compilador y comentarista.

Otro factor que distingue a estas memorias del tipo ortodoxo de memorias es el hecho de que el «yo» narrativo cambia de identidad con bastante frecuencia. Aunque la narración autobiográfica es la que más se emplea en estas novelas, el narrador no es siempre el mismo ni mucho menos. A veces es Aviraneta (por ejemplo, en *El escuadrón del Brigante,* en *Crónica escandalosa,* en la mayor parte de *Desde el principio hasta el fin);* a veces es Leguía (por ejemplo, en *El amor, el dandismo y la intriga);* a veces es otro personaje totalmente distinto (por ejemplo, Thompson en «El viaje sin objeto», Pepe Carmona en las principales partes de *Las furias,* López del Castillo en la mayor parte de *Los confidentes audaces).* Otras veces Baroja no emplea la primera persona, sino la tercera (por ejemplo, *Las figuras de cera, Humano enigma, La venta de Mirambel, La veleta de Gastizar).* No sólo no hay uniformidad en la serie, sino que además la identidad del narrador a menudo cambia dentro de un mismo volumen (por ejemplo, *La ruta del aventurero, Los contrastes de la vida, Las furias).* Todo esto hace de la serie las memorias, no de un hombre de acción, sino de varios hombres, tanto de acción como de contemplación [7].

Como las *Memorias de un hombre de acción* son novelas en serie, por fuerza han de tener ciertos lazos que les confieran conexión y continuidad. El factor que le da a la serie su unidad es naturalmente la vida de Aviraneta, pero sólo de una manera muy imperfecta, pues su papel varía mucho de novela a novela. Hasta el tomo cuarto inclusive podemos decir que Aviraneta disfruta de una posición de superioridad casi total. Pero en el quinto, la mitad del tomo está compuesto por «La canóniga», historia en la cual Aviraneta no figura. En la primera parte del tomo sexto, «El convento de Monsant», Aviraneta ya no disfruta de una posición exclusiva, mientras que en la segunda parte aparece sólo fugazmente. En el tomo séptimo, *La veleta de Gastizar,* no aparece en absoluto, y en su continuación, *Los caudillos de 1830,* aparece sólo intermitentemente, siendo el protagonista de estos dos tomos Miguel Aristy, a pesar de que desempeña un papel pasivo. Los tomos catorce a dieciséis tienen como protagonista a Alvarito Sánchez de Mendoza, y éste, no Aviraneta, es quien da a estos volúmenes su continuidad. *Humano enigma* y *La senda dolorosa,* tomos diecisiete y dieciocho respectivamente, relatan la historia del conde de España, y la participación de Aviraneta queda reducida al mínimo (en *Humano enigma* a un par de páginas al comienzo de la novela). En *Los confidentes audaces* el protagonista es Jesús López del Castillo, y tras las primeras páginas Aviraneta queda reducido a mero oyente mientras aquél relata su vida. El hecho de que el oyente sea Aviraneta y no otra persona sirve para mantener cierta continuidad, pero es un expediente un poco artificial. En *La venta de Mirambel* toda la primera parte (dos terceras partes del tomo) no tiene nada que ver con Aviraneta y no se puede utilizar a éste como factor unificador. En resumen, el papel de Aviraneta no es tan predominante como para que la serie deba su unidad exclusivamente a él. Otras técnicas de enlace han de ser empleadas. Antes de examinar estas técnicas de enlace detengámonos brevemente en considerar por qué Baroja hizo que Aviraneta fuese desplazado periódicamente por otros personajes hasta el punto de que en algunas novelas desapareciese por completo.

En primer lugar existe el peligro de que si se mantiene a Aviraneta en el centro de los acontecimientos la serie degenere en una prolongada historia de aventuras. Aviraneta siempre está sobre la marcha, siempre envuelto en nuevos y peligrosos trabajos, ya sean históricos, ya inventados por el novelista. Pero la necesidad de verosimilitud impone ciertos límites al número de incidentes extraordinarios que pueden ocurrirle a un individuo. Y es importante el mantener un ambiente de realismo porque aquí se trata de novelas históricas que intentan dar una impresión de una situación real, la situación que existía en España en la primera mitad del siglo XIX. Para evitar los peligros inherentes a dedicar toda la atención a la actividad incesante de Aviraneta, Baroja periódicamente lo extrae del primer plano y lo sustituye por personajes más contemplativos y sedentarios: J. H. Thompson, Miguel Aristy, Venancio Chamizo, Pepe Carmona y Alvaro Sánchez de Mendoza, personajes que observan lo que ocurre a su alrededor, pero que no van buscando la intervención activa de los acontecimientos.

En segundo lugar, el principal interés de Baroja como novelista está en la creación de personajes. Las novelas de Baroja giran en torno a la unidad humana, están concebidas en función de sus personajes, tanto principales como secundarios. Porque el interés de Baroja en la creación de personajes es tal, y porque es un interés extensivo más bien que intensivo, es decir, orientado hacia la profusión y la variedad más que al estudio en profundidad, él no quiere limitarse a un personaje a lo largo de la serie, y por consiguiente pone a Aviraneta a un lado periódicamente para permitirse introducir nuevas creaciones. Esto explicaría la atención que se les da a personajes como el confidente López del Castillo y el conde de España, personajes que poco o nada tienen que ver con Aviraneta. En el caso del conde de España, por ejemplo, está claro que Baroja le dedicó dos tomos de la serie por la sencilla razón de que esta figura le fascinaba.

Volvamos ahora a la cuestión del engarce de las novelas en serie. Si las novelas siguiesen la vida y aventuras de Aviraneta de forma cronológica y exclusiva, de manera que cada relato comenzase donde el anterior había concluido, la serie tendría una continuidad hecha.

Pero como ello no ocurre así, Baroja tiene que emplear artificios destinados a enlazar los diversos relatos. Los dos artificios que emplea son: i) el prólogo explicativo, y ii) la reaparición de personajes.

Como forma de conseguir la unidad necesaria, el prólogo explicativo parece un tanto pedestre. No obstante, en la mayoría de los casos en que Baroja emplea esta técnica, el tono humorístico del prólogo compensa lo que el método pueda tener de vulgar. Veamos algunos ejemplos de cómo funciona esta técnica.

El tercer tomo de la serie no es una continuación directa del segundo; además, el narrador en la primera de las tres historias de que se compone el volumen es prácticamente un nuevo personaje, pues sus apariciones anteriores han sido muy breves. Para hacerle comprender la situación al lector, Baroja recurre al prólogo explicativo. Primero, Baroja el «editor» comenta el hecho curioso de que este tomo de las memorias de Aviraneta se componga de tres narraciones completamente distintas, y sugiere una posible explicación: «Es posible que Leguía no conociese todos los detalles de la vida de su amigo y maestro en un riguroso orden cronológico; es posible también, y más probable aún, que aunque los conociese, no encontrara en los intervalos entre narración y narración, nada digno de ser contado» (III, 261). Además de esta explicación de la apariencia fragmentaria del volumen sugerida por Baroja el «editor», cada una de las tres historias lleva una introducción de Leguía el «compilador», en que éste explica cómo obtuvo la información. Por ejemplo, en la introducción de Leguía al primer relato del tomo, leemos: «Examinando unos papeles que habían pertenecido al padre de mi mujer, don Ignacio de Arteaga, encontré un libro de apuntes escrito por él, donde contaba su vida... Iba pasando las páginas del cuaderno sin gran curiosidad, cuando tropecé con el nombre de Aviraneta... Copio la parte que se refiere a su prisión en Francia, por ser la única donde aparece Aviraneta» (III, 262). La inclusión de esta narración en la serie queda así explicada y al mismo tiempo se anuncia al lector el cambio de protagonista.

«La canóniga» es otra historia que no tiene nada que ver con Aviraneta, y de nuevo se ha insertado un prólogo explicativo. Leguía conoció a la Cándida durante una visita a Cuenca y supo su historia por uno de los personajes locales. Más tarde se la contó a Aviraneta, y éste le comunicó los detalles de las intrigas políticas que produjeron la expedición militar de Jorge Bessières a principios del año 23, acontecimiento que Baroja aprovecha para promover el desenlace trágico de «La canóniga». El pretexto que usa Leguía para incluir este relato en las memorias de Aviraneta es bastante flojo como vemos, pues aunque Aviraneta anduviese metido en las intrigas parisinas donde tuvo su origen la expedición de Bessières, todo esto poco tiene que ver con la historia de amor y de odio que se estaba desenvolviendo en Cuenca. En cambio, desde el punto de vista del novelista, no del compilador ficticio, la cosa tiene su mérito: él ha sabido aprovechar las circunstancias históricas, el fondo histórico abocetado por Aviraneta antes del relato, para darnos una novela de gran intensidad y fuerza dramática.

Los principales relatos de *Las furias,* los que describen la matanza de prisioneros carlistas en Barcelona en enero de 1836 y el asesinato de Donadío y de San Just en Málaga en julio del mismo año, corren a cargo de un personaje totalmente nuevo en la serie, Pepe Carmona. Leguía interviene como siempre para explicar esta circunstancia. Durante una visita a Málaga, oyó que un tal Pepe Carmona había sido testigo de los acontecimientos de Barcelona y Málaga. Sabiendo que Aviraneta se había visto envuelto en estos incidentes, Leguía buscó a Pepe Carmona para obtener información y éste le prestó un cuaderno con sus memorias, en las que los acontecimientos que le interesaban a Leguía estaban descritos en detalle. «De sus memorias copio todo lo que puede interesarnos a los aviranetistas» (III, 1202), concluye Leguía. En realidad estas memorias apenas nos dicen nada de Aviraneta —sus actividades se describen por separado en el transcurso de su conversación con Leguía—, pero al menos Leguía el compilador ha hallado su pretexto para incluir en su trabajo la historia que le contaron a él. Leguía piensa que el relato de Pepe Carmona es de cierta importancia para la biografía de Aviraneta. Pero la realidad es precisamente lo contrario: el novelista ha aprovechado el hecho de que Aviraneta tuviese cierta conexión accidental con los acontecimientos de Barcelona y de Málaga para escribir un relato novelesco y dramático.

Las figuras de cera y los dos volúmenes que le siguen están basados en las aventuras de Alvaro Sánchez de Mendoza. En el prólogo Leguía nos cuenta cómo se tropezó con el manuscrito, del cual le acaba de leer unos trozos a Aviraneta [8]. El relato, aunque novelesco, está basado en hechos que el mismo Aviraneta identifica como verdaderos; y además uno de los principales personajes del relato fue un conocido de Aviraneta en la época en que se desarrollan los sucesos, los años 1838-39. A pesar de que Aviraneta declara que «los hechos positivos en que está basado el libro son ciertos» (IV, 173), pone objeciones al aire novelesco y romántico de la narración. La conversación entre él y Leguía prosigue de esta forma:

—¿Pero, a pesar de las fantasías novelescas, a esta relación le daremos entrada en sus *Memorias?* —preguntó Leguía.
—Sí.
—¿Con su visto bueno?
—Sí, con mi visto bueno; pero podándola un poco.
Con la autorización de Aviraneta, decidí, pues, publicar este relato. No aparece aquí don Eugenio siempre; pero inspira los acontecimientos, asomándose unas veces al primer plano y otras al último (IV, 174).

Así, pues, el problema de incorporar material puramente novelesco en la estructura biográfica de la serie se transfiere, en tono humorístico, del plano real al plano ficticio. Esta técnica es llevada un paso más allá en el tomo tercero y último de las aventuras de Alvarito. En *Las mascaradas sangrientas,* la historia del crimen

174

que forma el hilo principal de la novela está basada en lo que le contó a Alvarito otro personaje, Paco Maluenda. Pero estas tres novelas que tratan de Alvarito están a su vez basadas en los apuntes de Alvarito —al menos eso es lo que supone Leguía— y escritas no se sabe por quién. Finalmente, ese relato fue refundido por Leguía al preparar éste las memorias de Aviraneta. Tenemos aquí, pues, un ejemplo clarísimo de la técnica de los espejos, en que una narración va enmarcada en otra y así sucesivamente. En el proceso de trasladar la historia de Paco Maluenda a las *Memorias de un hombre de acción* intervienen nada menos que seis personas: Maluenda, que cuenta su historia a Alvaro; Alvaro, que la incluye en sus apuntes; un escritor anónimo que da forma narrativa a los apuntes de Alvaro; doña Paca Falcón, a cuyas manos llegó ese relato y quien lo entregó a Leguía: Leguía el «compilador» de las *Memorias de un hombre de acción;* y Baroja el «editor». Esta técnica en realidad tiene antecedentes antiquísimos, pero se puso particularmente de moda, con variantes más o menos nuevas, a principios del siglo xx entre los autores de novelas experimentales o de pretensiones filosóficas [9]. Pero en Baroja, esta técnica no nos aleja del plano de lo real y mundano para conducirnos al plano de lo esotérico o filosófico. La historia de Maluenda está basada en hechos concretos, en parte históricos, y con algunos personajes también históricos. Es una recreación novelesca de hechos históricos. Pero como estos hechos que Baroja quiere novelar —el bandidaje sangriento que surgió con la desintegración militar del carlismo— no forman parte de la experiencia de Aviraneta, ni de Leguía, ni de Alvaro, Baroja tiene que echar mano de un nuevo personaje, y luego tiene naturalmente que acoplar su historia a las *Memorias de un hombre de acción*. Y en este caso en vez de hacer que Leguía se encuentre personalmente con Paco Maluenda —artificio que ya usó antes en más de una ocasión— hace que quien se encuentre con él sea Alvarito, al ir a cobrar el alquiler que Maluenda le debe a *Chipiteguy,* patrono de Alvarito y gran amigo y paisano de Aviraneta. La red de relaciones es compleja, pero esto contribuye al interés de la serie. Baroja crea todo un pequeño universo novelesco, todo un enjambre de abejas humanas.

Ya dijimos antes que el prólogo explicativo parece una técnica facilona y pedestre. Pero esta apariencia es engañosa, pues tal como lo emplea Baroja, el prólogo explicativo es una parte esencial del mundo novelesco creado por el novelista. Naturalmente una función del prólogo explicativo es la de orientar al lector, orientación muy necesaria, dadas las complejidades estructurales de la serie —dislocación cronológica, cambios de narrador, cambios de protagonista...—. Pero lo verdaderamente artístico de esta técnica es que Baroja ha evitado el que esos prólogos sean algo ajeno a las novelas, algo pegadizo y exterior al mundo novelesco. Por medio de la ficción de Leguía el compilador, Baroja ha conseguido situar estos prólogos en un plano ficticio, novelesco, de manera que quedan integrados artísticamente en la obra y sirven para realzar la «veracidad» del relato novelesco, para acercarlo más al lector.

El otro artificio empleado por Baroja —aunque moderadamente— para dar cohesión al ciclo novelesco, es el de hacer que los personajes de una novela reaparezcan algunos tomos después. Excluímos desde luego los personajes históricos cuya presencia es necesaria a causa de los sucesos históricos.

Baroja pudo haber aprendido esta técnica en cualquiera de varios escritores, pero desde luego tuvo que haberla visto en Balzac y en Galdós. Para cuando Baroja comenzó a escribir sus novelas cíclicas esta técnica no tenía nada nuevo; era un procedimiento muy conocido y quizá por eso no lo usase Baroja más extensamente. Veamos algunos ejemplos.

La primera reaparición de importancia en las *Memorias de un hombre de acción* tiene lugar en el tomo cuarto de la serie. El personaje en cuestión es Fermina, que en el tomo segundo había sido la amante nada menos que de Aviraneta. Tras esta nueva y dramática aparición, en que Fermina y Aviraneta se encuentran cara a cara tras un intervalo de siete años, Fermina reaparece brevemente tres veces más, en el tomo trece (IV, 106), en el tomo catorce (IV, 218) y en el tomo quince (IV, 429). En ninguna de estas tres ocasiones dice palabra Fermina, pero sus apariciones son necesarias por una razón muy particular. El tomo trece continúa la historia de Aviraneta desde ese punto en que fue interrumpida a poco más de la mitad del primer tomo de la serie. Precisamente páginas antes de que el primer tomo quedase interrumpido, había ocurrido un incidente dramático en que Aviraneta y Martín Zurbano hicieron prisioneros a un grupo de carlistas entre los cuales se hallaba una tal señora de Vargas a quien Aviraneta enigmáticamente llama su antigua esposa, pero sin mencionar su nombre. Esta mujer es la Fermina del tomo segundo, pero el lector no tiene forma de saberlo y de relacionarla positivamente con la misteriosa mujer del tomo anterior. En el tomo trece vuelve a aparecer, mezclándose con los carlistas del sur de Francia, adonde había dicho dirigirse cuando fue detenida por Zurbano en el tomo primero. Ahora es identificada como Fermina y como la señora de Vargas, y quedan así resueltas las palabras misteriosas de Aviraneta en el incidente del primer tomo. Aparte de que esto sirve para entrelazar los diversos tomos de la serie, este ejemplo revela una cuidadosa atención al detalle por parte del novelista.

Baroja no sólo hace reaparecer a personajes ficticios. Una técnica favorita es la de transferir a personajes históricos de su misión histórica anterior a un plano completamente ficticio; es decir, que cuando estos personajes reaparecen no es para desempeñar su papel histórico, sino para cumplir una función puramente novelesca. El cura Merino, que había aparecido en su papel histórico en los tomos segundo, cuarto y quinto, reaparece en el tomo quince camino del exilio tras la derrota de los carlistas. Su función aquí no es histórica, sino dramática. Su inesperado cara a cara con su viejo enemigo, Aviraneta, es un verdadero *tour de force* artístico (IV, 430-3). Otro personaje usado de forma análoga es Luis Arreche, alias Bertache, uno de los principales per-

177

sonajes de *Las mascaradas sangrientas,* y jefe de la partida de criminales cuya historia de robos, violaciones y asesinatos sirven para ilustrar la ola de bandidaje que acompañó a la derrota del carlismo en 1839. Bertache fue en realidad un subteniente en el quinto batallón de Navarra y actuó como contacto de Aviraneta en las filas carlistas. Baroja, pues, ha usado a este personaje en un papel novelesco una vez que ha cumplido su misión histórica. Esto da cierta cohesión a las cuatro novelas que tratan de la guerra en las provincias del norte. Una función idéntica tiene don Cayo Benlloch, personaje de *La venta de Mirambel.* Benlloch fue un agente de Pita Pizarro en la zona bélica de Levante. Lo conocemos por primera vez en *Los confidentes audaces,* donde se alude a sus actividades de espionaje. Luego Baroja lo convierte en uno de los principales personajes de la historia de traición y homicidio que forma la trama de *La venta de Mirambel.* De esta forma se mantiene el tema del confidente y se establece un vínculo entre *Los confidentes audaces* y *La venta de Mirambel,* los dos tomos que tratan de la guerra en el Maestrazgo.

A veces Baroja no sólo reintroduce personajes de tomos anteriores, sino que usa estos personajes para resucitar un episodio que ha tenido lugar varios volúmenes antes. Esta técnica puede ser de gran efecto; por ejemplo, hacia el final del tomo primero leemos una sencilla historia de amor frustrado que se desarrolla en la Francia revolucionaria de 1795. En el tomo cuarto, la reunión que tiene lugar, veintiocho años después, entre Magdalena de Guzmán y Gastón Etchpare en el lecho de muerte de éste, concluye la historia de forma sencilla y conmovedora (III, 474-6, 493-4). Mucho menos satifactoria es la inclusión en el tomo catorce de un incidente relacionado directamente con la aventura de Aviraneta en Méjico narrada en el tomo tercero. En este nuevo episodio una dama bella y enigmática, que resulta ser la hija de la pérfida Coral Miranda de «La mano cortada», acusa a Aviraneta de haber asesinado a su padre, el amante de Coral, Ladislao Volkonsky (IV, 284-8). Pero como la verdad de la muerte de Volkonsky

178

la supimos ya en el tomo tercero y además se nos dijo que Coral Miranda prefirió abortar a casarse con Volkonsky, la aparición de la hija de éstos para resucitar el episodio aquél parece forzada y artificial. Como medio de provocar una nota de dramatismo, el episodio fracasa por su evidente artificiosidad. Su inclusión en el relato sólo puede explicarse como un intento poco feliz de entrelazar los diversos tomos y de contribuir al carácter de obra cíclica que la serie indudablemente tiene.

3. DIVERSIFICACIÓN Y ESTRUCTURACIÓN DE LAS TRAMAS

En las *Memorias de un hombre de acción* el asunto principal de la serie es la vida de Aviraneta. Pero el novelista no se limita ni mucho menos a novelar las experiencias de ese personaje, sino que inventa tramas novelescas que en principio nada tienen que ver con Aviraneta, aunque naturalmente van más o menos vinculadas al asunto principal de la serie, es decir, a la historia de Aviraneta. Estas tramas novelescas, inventadas por el novelista y no basadas en la biografía de Aviraneta, tienen sus propios personajes ficticios, que a veces se mezclan con los históricos y a veces no (sobre este aspecto ya volveremos en el capítulo final), y también tienen su propia arquitectura especial según el asunto. Estas tramas novelescas varían mucho en su extensión; pueden extenderse a tres volúmenes, formando así una trilogía dentro de la serie (*Las figuras de cera, La nave de los locos, Las mascaradas sangrientas*), o a dos volúmenes (*La veleta de Gastizar* y *Los caudillos de 1830; Humano enigma* y *La senda dolorosa*), o a un solo volumen. Y hay varios volúmenes que van divididos en dos, tres, cuatro o cinco relatos cortos, cada uno de ellos con su propia trama. En esto, la técnica de Baroja es bastante diferente a la de Galdós en los *Episodios*. Cada Serie de los *Episodios* tiene una trama novelesca que dura exactamente diez tomos. Esto le da a la Serie galdosiana una cohesión y homogeneidad que no encontramos en las *Memorias de un hombre de acción*. Pero, por otra parte, el hecho de que la trama de cada Serie galdosiana tenga que durar precisamente diez tomos hace que su desarrollo sea excesivamente artificial y forzado. En la serie barojiana las tramas novelescas tienen una extensión dictada más o menos por su asunto. Cuando el asunto no da más de sí, el novelista pone punto final y comienza a idear una nueva trama. El procedimiento es en principio bastante sencillo y casi rudimentario; pero esto no significa que las novelas estén escritas a la buena de Dios, sin orden ni concierto. En este sentido, la crítica tradicional ha tratado bastante mal a Baroja, y se ha venido repitiendo hasta la saciedad que las novelas tienen, sí, espontaneidad, pero son de construcción defectuosa, careciendo de una armazón concreta y cohesiva. Nos proponemos ahora analizar algunas de las tramas novelescas de las *Memorias de un hombre de acción* desde el punto de vista de su estructura para ver hasta qué punto estas novelas adolecen de falta de construcción o si, por el contrario, revelan cierta arquitectura o plan deliberado.

La naturaleza episódica de la novela barojiana y la propensión del autor a agotar el asunto prematuramente fueron estudiadas por Corpus Barga con referencia a *Las figuras de cera* [10]. En un interesante análisis de la novela, este crítico llegó a las siguientes conclusiones: i) la acción principal queda conclusa en la parte 3.ª (la novela está dividida en cinco partes) y el resto de la novela no es más que un epílogo; ii) si quitamos la parte 2.ª, que es casi enteramente histórica, y el capítulo melodramático de la parte 4.ª, la novela queda reducida «a una acción cortada por escenas de ambiente y alguna que otra página de acción retrospectiva o de acción tácita, para salir ex profeso, una vez que ha pasado lo principal, y perderse de nuevo en cuadros de costumbre y exposición de personajes»; iii) la novela tiene una trama abierta; iv) la unidad básica de la novela es el capítulo.

Si bien estas conclusiones pueden parecer legítimas

al considerar la novela aisladamente, creemos que es necesario tener en cuenta que *Las figuras de cera* forma parte de una trilogía y las conclusiones a que llegó Corpus Barga es posible que tengan que ser modificadas si estudiamos la novela junto a las otras dos. Los tres tomos son, pues, *Las figuras de cera, La nave de los locos* y *Las mascaradas sangrientas.* Estas tres novelas trazan la vida de un joven emigrado español y de varios otros personajes que comparten su existencia o que entran en contacto con él.

La estructura general de la trilogía está basada en las experiencias de Alvaro Sánchez de Mendoza, pero se trata de una estructura muy flexible que permite la incorporación de un contenido muy variado. Alvaro es, en efecto, el protagonista de la trilogía, y el relato se supone basado en sus apuntes. Baroja, pues, emplea a un personaje para dar unidad a la narración, pero esto no quiere decir que la novela esté enfocada totalmente sobre el protagonista y que su asunto no sea otra cosa que la biografía de un individuo, como ocurre, por ejemplo, con *El árbol de la ciencia.*

En *Las figuras de cera* la historia gira en torno a dos familias, la de Chipiteguy, trapero y chatarrero adinerado, y la de Sánchez de Mendoza, aristócrata de pega venido a menos. El vínculo entre las dos familias lo proporciona Alvarito, hijo de Sánchez de Mendoza y empleado de Chipiteguy. La acción, o mejor dicho el principal incidente de este tomo, pues no es más que eso, consiste en pasar de España a Francia un alijo de tesoro eclesiástico. Este incidente tiene lugar en la parte 3.ª del tomo y se da por concluido, aunque tendrá repercusiones. Hay cinco partes en este primer tomo de la trilogía, de las cuales la parte 1.ª —totalmente descriptiva, a excepción del primer capítulo, que es un avance de la parte 3.ª destinado a suscitar la curiosidad del lector— es la más larga, y la parte 5.ª es la más corta. La parte 3.ª es la que contiene la acción, que lógicamente sigue a la descripción de la 1.ª; la parte 2.ª es, desde el punto de vista de la trilogía de Alvarito, una intrusión, pues va dedicada a las maniobras de Aviraneta. En la parte 4.ª no sucede nada durante los primeros cuatro capítulos. Sencillamente se hace alusión a varios personajes, y observamos cómo Alvaro se va enamorando de la nieta de su patrón. Al final de esta parte se introduce en la novela una nota de *suspense* con la repentina e inexplicable desaparición de Chipiteguy. La parte 5.ª comienza con un retroceso en el tiempo para dar al lector la clave de la desaparición de Chipiteguy, y luego relata los temores que sienten la familia y los amigos del viejo.

El próximo volumen, *La nave de los locos,* recoge el hilo de la historia donde el anterior tomo lo había dejado. Alvarito parte para España en busca de su patrón y se ve cogido en medio de la guerra. Sus aventuras son narradas en las partes 1.ª y 3.ª Una vez más la parte 2.ª ha sido dedicada a las intrigas de Aviraneta y permanece aislada. Con la parte 4.ª regresamos a Bayona y al círculo familiar. La aventura ha concluido, y lo que se nos narra ahora es la historia de una existencia cotidiana y monótona. Las partes 5.ª y 7.ª parecen ser un intento de reavivar el relato: narran los viajes de Alvaro por España, y dan así una impresión de movimiento; pero se trata más que nada de descripciones de personajes y lugares, de un intento de captar un ambiente. El relato es interrumpido por la parte 6.ª, dedicada a Aviraneta y a los sucesos históricos. Las observaciones hechas por Corpus Barga acerca de *Las figuras de cera* son igualmente aplicables en este caso: la acción principal de la novela se halla hacia el principio; la segunda mitad consiste, sobre todo, en cuadros de costumbre y exposición de personajes; y la novela tiene una trama con final abierto.

Las mascaradas sangrientas no está dividida en partes, sólo en capítulos. Hay treinta y un capítulos y un epílogo. Los primeros quince capítulos narran la historia de un crimen brutal y de la formación de una partida de bandidos. El capítulo xvi vuelve la atención al hogar de Chipiteguy. Los capítulos xvii a xxi pertenecen a Aviraneta y a los sucesos históricos. El capítulo xxii, el más largo del libro, continúa la historia de la partida de bandidos hasta su conclusión, mientras que los últimos nueve capítulos tratan de Alvarito, de Chipiteguy y de los otros personajes, cuya suerte hemos venido siguiendo desde el comienzo del primer tomo de la trilogía. La acción de la novela, usando el término una vez más con el sentido que le da Corpus Barga, es suministrada por la historia del crimen y de sus consecuencias sangrientas, y en ésta no desempeñan ningún papel los principales personajes de la trilogía. La conexión reside sencillamente en que Alvarito oye la historia de labios de un joven español que había pertenecido a la partida de criminales. Lo verdaderamente interesante de la manera en que está construida la trama es que la acción principal corre a cargo de personajes secundarios, mientras que los personajes principales tienen un papel mucho más pasivo o retraído.

Podemos ahora volver sobre las observaciones que hizo Corpus Barga para ver hasta qué punto necesitan modificación a la vista de lo que llevamos dicho y teniendo en cuenta que estas tres novelas, por su marco común, deben considerarse en conjunto. Si en *Las figuras de cera* la acción principal transcurre en la primera mitad de la novela, lo mismo ocurre con *La nave de los locos* y *Las mascaradas sangrientas*. La explicación de Corpus Barga es que «el autor produce al modo de una fuente natural que se va secando. No ha renovado su propósito de alimentación durante la obra». Nosotros pensamos más bien que el procedimiento de Baroja es deliberado, y que la falta de acción en la segunda mitad de cada tomo no se debe a una falta de invención. Todos los personajes necesarios para la historia principal (verbigracia, la de Alvarito y Chipiteguy) están ahí al principio del primer tomo de la trilogía, lo cual sugiere que Baroja tenía cierta idea o incluso un esquema de la historia que nos iba a relatar en el transcurso de los próximos tres volúmenes de la serie. Si Baroja hubiese querido darnos una novela de acción continua, lo único que hubiera tenido que hacer era omitir las partes pasivas de cada tomo y componer una obra más corta con las partes de más acción. Si no lo hizo, si prefirió alternar las partes de acción con otras partes mucho más lentas y difusas, tuvo que ser porque no concibió la novela en términos de «acción». En el diagrama que construyó Corpus Barga para trazar la línea de la acción de *Las figuras de cera,* la línea asciende durante la primera mitad de la novela y luego desciende. En un diagrama equivalente que cubriese la trilogía entera, la línea de la acción tendría una forma ondulante, de modo que la acción, es decir, las partes donde hay más acción, aparecerían como formando parte de un mayor diseño, y no meramente como la parte principal de la novela. Si relacionamos este diseño con el material con que trabaja el novelista, el procedimiento de Baroja se hace perfectamente comprensible. Baroja nos está narrando la existencia de un puñado de personajes, cuyo vivir, o «modo de vida», sirve para ilustrar o captar una época histórica. La acción principal de cada tomo no es más que un ingrediente en esta representación novelesca, y además ha de ser ocasional y episódica. Convertir las novelas en una acción sostenida destruiría la impresión de vida real que el escritor nos quiere comunicar. Hay, por lo tanto, alguna acción, pero no es sostenida. La acción que hay tiene su contrapeso en la pintura de una existencia corriente y libre de acontecimientos notables. Las partes de acción están ahí por dos razones: para darle al lector lo que había aprendido a esperar de una novela y para poner más de relieve, mediante el contraste, la monotonía de la vida cotidiana. Así, pues, las partes de acción de estas novelas se desarrollan en España, donde reinaba el desorden, y es aquí donde Alvaro tiene sus aventuras, pero cuando regresa a Bayona reanuda su existencia aburrida y soporífera.

Corpus Barga nos dio un interesante análisis de la estructura de *Las figuras de cera;* lo que no hizo fue relacionar la estructura con la materia. La trama de esta trilogía hay que verla no en función de la «acción principal», sino en función de los personajes principales. Esta es *su* historia, y no la historia de un alijo de tesoro eclesiástico o de un secuestro. No se trata, como dio a entender Corpus Barga, de que el autor haya agotado su asunto prematuramente y se haya visto forzado a meter paja para llegar a una extensión conveniente. Vista la estructura de la trilogía, esta hipótesis es inadmisible. Lo que ocurre es que Baroja no concibió su historia girando en torno a un asunto, sino girando en torno a unos personajes que en ciertos momentos de sus vidas se ven mezclados, directa o indirectamente, en unos acontecimientos más o menos dramáticos, que, no obstante, sólo formaron una pequeña parte de su existencia.

También necesita alguna modificación la idea de que la novela tiene una trama abierta. Es evidente que *Las figuras de cera* vista por sí sola tiene una trama abierta, pero ¿y la trilogía? Debemos tener en cuenta que Baroja no acaba la novela en cualquier punto arbitrario. Nos enteramos de la muerte de varios personajes principales, y no se trata de una muerte arbitraria impuesta por el novelista, sino de una muerte en la vejez (con la posible excepción de un suicidio). Lo que ocurre es que los últimos capítulos cubren un período largo de tiempo en un corto espacio; por lo tanto, nada tiene de particular que varios personajes lleguen al fin de sus días. De la misma forma, al finalizar la novela, tanto Alvarito como Manón se han casado y cada uno ha criado una familia. Si vemos la novela en términos de los principales personajes, entonces hemos llegado a una conclusión natural y lógica. Podría argüirse, naturalmente, que la rapidez con que los personajes envejecen durante los últimos capítulos impone cierta artificialidad a la conclusión de la novela. Pero, por otra parte, no se puede negar que esto demuestra el interés de Baroja en dar a su novela una conclusión más definitiva. De todas formas, la idea de trama abierta se convierte en un concepto muy relativo.

Finalmente, ¿tiene razón Corpus Barga al decir que la unidad básica de la novela barojiana es el capítulo? No creemos que este concepto sea de particular utilidad. Tampoco tiene gran valor la división en partes que Baroja adopta con frecuencia. Verdad es que a veces cada parte tiene su pequeño asunto más o menos independiente del resto, pero también lo es que la división en partes es a veces arbitraria. Por otro lado, lo mismo ocurre con los capítulos, y así como Corpus Barga dividió las partes en sus correspondientes capítulos, nosotros podríamos dividir los capítulos en sus correspondientes párrafos, tarea factible, pero cuyo valor sería escaso, por no decir nulo. Estas divisiones basadas en criterios de extensión, ya sean párrafos, capítulos o partes, no nos dicen mucho acerca de cómo Baroja ha construido su novela[11]. Si buscamos las unidades básicas de la novela barojiana hay que volver a la cuestión de la creación de personajes. En la trilogía de que nos ocupamos, Baroja emplea dos familias como núcleos y va construyendo su novela en torno a esos dos núcleos, añadiendo personaje tras personaje a medida que se va desarrollando la historia. El mero hecho de que Corpus Barga contase ciento treinta y cinco personajes en *Las figuras de cera,* y que Baroja dedicase muchísimas páginas a la descripción de personajes secundarios que van entrando en contacto con los principales, nos indica dónde reside el interés del novelista. Si hay una unidad básica en la novela barojiana no puede ser otra cosa que la creación de personajes.

Esa falta de cohesión que la crítica a menudo ha notado en las tramas de Baroja está íntimamente relacionada con la predilección del novelista por la pintura de personajes. Pues la trama abierta o episódica (abierta no por falta de conclusión, sino por contraste con la trama cerrada, es decir, con la trama cuyo desarrollo depende de una armazón dramática y cuya construcción tiene prioridad en la composición de la novela) libera al novelista de exigencias dramáticas y le permite dedicarse a la pintura de personajes sin verse restringido por los requisitos de un argumento hermético. La trama se convierte nada más que en el esqueleto indispensable que sostiene el cuerpo, consistente en personajes e incidentes, de la novela.

Una buena ilustración del grado a que la novela barojiana puede llegar a depender de sus personajes para su existencia misma la tenemos en la novela *La Isabe-*

lina. Esta novela trata principalmente de las intrigas y maniobras políticas que siguieron a la muerte de Fernando VII. El objetivo de los isabelinos es fomentar la causa liberal insistiendo en los derechos de Isabel a la corona, y frustrando así los esfuerzos de los carlistas por hacer rey de España a Carlos. Es un período de intensa actividad política entre bastidores, con espionaje y contraespionaje, a medida que las diversas facciones intentan tomar las riendas del poder. Y no son únicamente los políticos los que están en un estado de agitación: la incertidumbre de la situación política repercute en las masas, y llega un momento en que el descontento popular, exacerbado por una epidemia del cólera, alcanza tales proporciones que el populacho desahoga su furia en la sangrienta matanza de los frailes. Como de costumbre, Baroja ha dado cabida en su novela a toda una galería de personajes, cuyos perfiles se borran a causa de su mismo número. Individualmente los personajes contribuyen poco a la historia, pero en su colectividad tienen el efecto de ampliar el horizonte de la novela. Aunque la atención se centra mayormente en las disputas e intrigas políticas, la introducción de una variada gama de personajes de diversa procedencia social quiere decir que el autor nos está pintando una situación no en atención a los acontecimientos, sino en términos de actividad humana: sólo existe el ir y venir, el oír y el decir de los personajes. Y como esta actividad no está limitada a un círculo pequeño de personajes, sino que pertenece a un alto número de personajes, ninguno de los cuales llega a dominar el relato lo suficientemente para adquirir preeminencia, resulta, paradójicamente, que al acabar de leer la novela el lector se acuerda mejor de la situación general que de los personajes, los cuales se le aparecen como figuras relativamente de poca importancia; es decir, se tiene una impresión más fuerte del asunto total de la novela que de los personajes y los pequeños incidentes que protagonizan. Pero la realidad es que apenas si hay asunto en el sentido de una trama novelesca convencional. Lo único que hay es un marco o fondo, y en ese marco hemos visto un desfile de personajes que andan, comen, beben y sobre todo hablan. Quitemos esto, ¿y qué queda? Nada o casi nada. Es evidentísimo que la técnica de Baroja aquí no ha consistido en pensar un argumento y luego acoplar una selección de personajes a ese argumento. El ha ido directamente a los personajes y ha dejado que la situación vaya saliendo de ellos mismos [12]. Sería imposible analizar esta novela en función de la trama y de los personajes por separado. Pues la trama es los personajes y poco más. Y no se trata de que la novela sea un retrato psicológico de uno o dos caracteres. Aquí tenemos un gran número de personajes ninguno de los cuales es verdaderamente esencial a la novela. Aviraneta no tiene un papel dominante ni mucho menos; es más bien un personaje de segunda fila. El papel de protagonista lo asume en esta novela Venancio Chamizo, aunque llamarle protagonista ya es concederle una función más importante de la que desempeña, pues Chamizo sólo aparece de vez en cuando, poco más que los demás personajes, y la novela no está centrada en él, al menos no de una manera exclusiva. El libro 8.º, por ejemplo, está dedicado a la vida amorosa de un par de personajes, y ni siquiera se menciona a Chamizo. Está claro que esta novela no pertenece a ese tipo de relato, frecuente en Baroja, en que el héroe domina totalmente la narración y en que todo va subordinado a su desarrollo [13]. Una vez más la técnica de Baroja se hace comprensible si la relacionamos con la materia. Lo que Baroja intentó hacer en esta novela, y lo logró, fue captar el ambiente y el estado de las cosas en la capital española en la época de la muerte de Fenando VII. El haber seguido las fortunas de un personaje único hubiera restringido seriamente la amplitud de su visión, pues es limitado el número de incidentes en que un personaje se puede ver envuelto, así como es limitada la esfera de sus actividades. Baroja prefiere darnos un cuadro compuesto, y su procedimiento consiste en seguir las fortunas no de uno o de dos personajes, sino de toda una pequeña legión. Lo que cada uno dice y hace forma una pequeña pero significativa contribución a la totalidad de la pintura.

El alto número de personajes e incidentes que generalmente hallamos en una novela barojiana ha dado lugar a la idea, bastante común, de que las novelas de Baroja no tienen trama, o al menos que tienen una construcción informe, y que el autor no presta atención a las exigencias de una trama bien construida. Por ejemplo, un crítico habla de obra invertebrada: «Algunos llaman a aquella clase de novela, *novela abierta,* porque podría continuarse indefinidamente. Es un procedimiento de sucesión y no de composición. Se suceden las discusiones, los viajes, los encuentros. Ninguna forma, ninguna estructura lo impide. Se trata de un tipo de obra invertebrada» [14]. Esta idea de que las novelas de Baroja no tienen ni estructura ni composición es bastante frecuente. Presupone naturalmente que Baroja se ponía a escribir novelas sin pensar, a la buena de Dios, o a lo que salga, como diría Unamuno. Creemos que esta opinión no hace justicia a Baroja, y que además se basa en una confusión. Muchos novelistas contemporáneos han admitido que al ponerse a escribir una novela no saben con certeza qué dirección va a tomar la trama, es decir, no saben previamente dónde van a ir a parar, aunque quizá vislumbren varias posibilidades. La incertidumbre del camino a recorrer es parte del misterio y del incentivo para escribir. Ahora bien: el hecho de que un novelista no sepa en el momento de ponerse a escribir qué rumbos va a seguir la trama de su obra no significa de ninguna manera que ese novelista no tenga idea de lo que quiere comunicar al lector. El novelista nos quiere dar una idea, una impresión, una visión (llamémoslo como queramos), pero sin saber con exactitud cuál va a resultar la mejor estructura novelesca para ello. Y este es precisamente el caso de Baroja: la trama va subordinada al tema. El sabe perfectamente qué es lo que nos quiere comunicar, y la fórmula novelesca más apropiada la va forjando a medida que va haciendo la novela. Cuando Baroja se puso a escribir *La lucha por la vida,* pongamos por caso, sabía muy bien que lo que quería hacer era dar una visión de la vida de las clases bajas de Madrid. Antes de ponerse a escribir tuvo también que decidir algunos puntos claves de la arquitectura de la novela; por ejemplo, el escoger a un protagonista, el colocarle dentro de un cierto medio social, el establecer inmediatamente ciertas relaciones interpersonales que sirviesen de base para una gradual ampliación del medio ambiente. El novelista, pues, comenzó su tarea con un claro propósito temático y además con algunos rasgos fundamentales de la estructura.

Varios críticos han notado que a pesar de la variedad y de la soltura argumental de la novela barojiana, cada obra, no obstante, parece tener una peculiar consistencia. Es lo que Eugenio García de Nora ha denominado *ambiente.* En realidad, este ambiente, que cambia de obra en obra, no es otra cosa que el empeño que el novelista pone en el tema de su novela; surge ese ambiente precisamente porque el novelista selecciona su material de acuerdo con el tema, que es lo que verdaderamente rige su novela. Creemos que no se puede llegar a una justa apreciación de la técnica barojiana mediante el análisis de la trama sin referencia al tema. Esa falta de construcción que muchos críticos creen ver en la novela de Baroja existe sólo si consideramos la trama aisladamente, si nos empeñamos en buscar en la novela un argumento dramático, con su encadenamiento, sus ejes, su fuerza motriz, es decir, si hacemos del novelista un relojero. Pero si analizamos la novela desde el punto de vista del propósito del autor, de su tema, veremos que las más de las veces la técnica de Baroja es perfectamente adecuada. Es más, cuando Baroja tenía necesidad de ello sabía componer tramas de las llamadas cerradas, es decir, tramas que tienen un argumento hermético y bien definido. Inmediatamente vamos a ver un ejemplo sacado de las *Memorias de un hombre de acción,* pero antes veamos brevemente lo que nos dice sobre la cuestión un conocido barojista: «La trama preferida [por Baroja] es la abierta, ello se infiere, claramente, de la preferencia evidenciada en el autor por una reunión de episodios que tienen su propia trama, casi siempre es factible continuar la novela mediante el agregado de otros episodios, es decir, que al finalizar la obra, la trama queda abierta, como en disponibilidad para ser continuada... Esta preferencia por la trama abierta también tiene su razón de ser en otra particularidad de la novela barojiana: el anecdotismo. Si consideramos que lo de trama abierta no sólo significa no recoger todos sus hilos en un trabajo final, sino también en una floja textura durante el desarrollo, caemos en la cuenta de que esta elasticidad permite la inclusión de verdaderos paréntesis que poco a nada tienen que ver con la trama propiamente dicha» [15]. Estas palabras de Nallim no son aplicables a toda la producción barojiana, ni mucho menos. Para Nallim la excepción la constituye *La casa de Aizgorri,* ya que en esta novela los incidentes que forman la trama van unidos por la ley de causa y efecto y conducen a un desenlace definitivo. Con su habitual perentoriedad, Baroja tildó esta novela de «artificiosa y poco natural» [16], y quizá tuviese razón. Pero el hecho es que ésta no es la única novela de Baroja con una trama cerrada; en las *Memorias de un hombre de acción* hallamos varias novelas de este tipo. Veamos una de ellas, «La canóniga», novela que ocupa algo más de la mitad del tomo quinto, *Los recursos de la astucia.* La trama de «La canóniga» es claramente definible. Es la historia de un amor que termina trágicamente: uno de los enamorados es víctima de un asesinato político. El trágico desenlace, cuando llega, no es un suceso más o menos arbitrario: ha sido preparado cuidadosamente y es el resultado lógico de la cadena de acontecimientos en que consiste la trama. Esto no quiere decir que la trama sea complicada, o que esté sujeta a coincidencias gratuitas o a situaciones poco probables; está basada en la forma en que unas cuantas personas, activadas por sus propios sentimientos y emociones, influyen unas en otras con su conducta. Así, pues, Baroja mantiene su interés primordial en los personajes, y es por eso por lo que se toma la molestia de delinear la vida completa de cada uno de ellos. De los

191

diecisiete capítulos de la novela, el primero es una descripción de Cuenca, donde va a desarrollarse la tragedia; los seis siguientes presentan a los personajes, y los próximos siete llevan la acción al desenlace trágico, que tiene lugar en el capítulo xv. El capítulo xvi relata las consecuencias inmediatas de la tragedia, mientras el capítulo xvii y el epílogo narran el destino final de los personajes. El resultado de este procedimiento es que la novela queda convertida en un ejemplo de lo que el mismo Baroja llamó *impermeabilidad*. No sólo tiene una historia bien trabada en su centro, sino que además no hay cabos sueltos, pues todos los hilos han sido recogidos uno por uno y llevados a una conclusión final y definitiva.

«La canóniga», pues, no tiene ni una «trama abierta», ni una «floja textura», ni se trata tampoco de un caso aislado. Hay otras novelas de construcción parecida en las *Memorias de un hombre de acción,* y, lo que es significativo, todas ellas son novelas relativamente cortas [17]. El propio Baroja hizo ciertas declaraciones sobre la cohesión que tienen sus novelas cortas en comparación con la estructura más suelta de las más largas: «Yo creo que no debe haber ni puede haber unidad en la obra literaria más que en un trabajo corto... Una novela larga siempre será una sucesión de novelas cortas... La unidad de sensación o unidad de efecto no se puede conseguir más que en narraciones cortas... en las que se puede abarcar en un lapso de tiempo corto su comienzo, su génesis y su final... Siguiendo esta tendencia, los libros que he escrito los he pensado, o para leerlos de un golpe, buscando la unidad de efecto, o para leerlos a ratos, haciendo uso de capítulos cortos y concentrando toda la atención en los accidentes» [18]. Ni hay que decir que «La canóniga» pertenece a la primera de estas dos categorías. Pero a pesar de la declaración de Baroja de que una novela larga se compone de una sucesión de novelas cortas, algunas de sus novelas largas tienen, como elemento unificador, una trama bien trabada que se va desarrollando junto al material más puramente episódico de la novela. Para ilustrar lo que decimos, vamos a analizar brevemente la trama de *La veleta de Gastizar* y *Los caudillos de 1830,* dos tomos que forman una sola novela dentro de la serie.

La trama gira en torno a la suerte de una familia de la aristocracia francesa que vive en Ustariz, pueblo del país vasco cerca de la frontera con España. En el verano de 1830 el tren de vida uniforme y tranquilo del lugar se ve interrumpido por la llegada de los liberales españoles que se concentran en la frontera para invadir España e intentar derrocar el régimen absolutista.

La parte novelesca y la parte histórica alternan en el relato; pero este es un aspecto sobre el que volveremos más tarde. De momento lo que nos interesa es la trama novelesca y su estructura.

El libro 1.º de *La veleta de Gastizar* presenta a los personajes, los cuales pueden ser divididos en cuatro grupos: la familia de los Aristy, que viven en Gastizar; la familia de los Malpica, que viven en Chimista y que están emparentados con los Aristy por el matrimonio; las dos mujeres enigmáticas que viven en Las Hiedras, chalet que les han alquilado los Aristy; y varios otros personajes del pueblo, incluida la figura solitaria del tío Juan, el guardabosque. De momento no ocurre nada: sólo hay descripción y diálogo. El libro 2.º está dedicado a la descripción de la situación histórica, y con el libro 3.º regresamos a los personajes ficticios. La situación empieza a complicarse con el descubrimiento de que las dos misteriosas inquilinas de Las Hiedras son mujeres de la vida. Miguel Aristy quiere desahuciarlas, pero su madre se muestra extrañamente reacia. El libro 1.º de *Los caudillos de 1830* pone a Aviraneta en escena. Una vez más la ficción novelesca se deja a un lado temporalmente para dejar paso a una descripción o pintura de la situación política. La ficción novelesca se continúa en el libro 2.º. León Aristy llega a Ustariz para ver a su mujer, Dolores Malpica, y se enreda con una de las mujeres de Las Hiedras, hasta que interviene su hermano Miguel, el cual decreta su salida de Ustariz. Las mujeres de Las Hiedras se vengan mediante el secuestro del niño de Dolores Malpica, pero con Aviraneta al frente de la investigación el niño pronto es recuperado. A todo esto, las mismas mujeres tejen una serie de intrigas con un personaje local llamado Choribide. El libro 3.º vuelve de nuevo al tema histórico con el relato de la suerte desastrosa de las fuerzas liberales que invaden España. Los libros 4.º y 5.º están dedicados enteramente a la historia novelesca. El tío Juan, que ha tomado parte en la expedición militar, muere al poco tiempo de regresar a causa de las heridas que ha recibido, y entonces se averigua que en realidad el guardabosque era el esposo de la señora de Aristy. Se divulga el secreto de la señora de Aristy y, a consecuencia de ello, las mujeres de Las Hiedras, que la habían amenazado con hacer público su secreto, pueden ser expulsadas sin temor a represalias. Una de ellas, sin embargo, permanece en Ustariz buscando el modo de vengarse, y consigue que su amante le pegue fuego a la casa de los Malpica, pero la única consecuencia del acto incendiario es que los dos responsables son encarcelados. Este es el final de la trama como una serie de incidentes enhebrados. La novela no termina aquí, sino que sigue con una serie de descripciones de la vida en el caserío de Gastizar y en Chimista, con diálogo y con incidentes aislados, como el suicidio de León Aristy.

Este breve resumen de la trama novelesca de la novela forzosamente pasa por alto varios otros personajes e incidentes, pero para nuestro propósito creemos que es suficiente.

¿Qué podemos decir de la estructura de la trama? Debemos tener en cuenta que no se trata de una novela de extensión más bien corta, como «La canóniga», sino de una novela de dimensiones normales (o más larga de lo normal, ya que se extiende a dos tomos; pero aquí no nos ocupamos de la parte puramente histórica, y que naturalmente alarga bastante la novela). Cabría esperar, pues, que la trama estuviese flojamente construida, es decir, que estuviese compuesta de una sucesión de incidentes no conectados por la ley de causa y efecto. ¿Es una trama abierta o una trama cerrada?

Por paradójico que ello parezca, esta novela tiene

elementos de ambas. Por un lado tenemos una historia bien trabada que gira en torno a la señora de Aristy, al tío Juan y a las dos inquilinas de Las Hiedras. Esta es una trama cerrada. Por otro lado tenemos una serie de situaciones e incidentes independientes, como son, por ejemplo, las intrigas de Choribide y el suicidio de León Aristy. Esta serie de episodios inconexos forma una trama abierta. Resulta así que esta novela tiene tanto una trama abierta como una trama cerrada, o mejor dicho tiene una trama cuya estructura es en parte episódica y suelta y en parte entrelazada y hermética.

Puesto que los ingredientes necesarios a la parte hermética de la trama están todos ahí embrionariamente al principio de la novela, es forzoso concluir que Baroja tuvo un plan antes de comenzar. Sería absurdo sostener que Baroja metió en su novela a Madame Aristy, al tío Juan y a las dos mujeres intrigantes, los caracterizó de una manera muy particular, les hizo comportarse de una manera enigmática, pero sólo se le ocurrió la verdadera relación que guardaban entre sí cuando iba por la mitad o más de la obra. Es evidentísimo que esta faceta de la novela, la parte más novelesca, estaba pensada de antemano y que Baroja tenía muy buena idea de su desenlace —con la participación del tío Juan en la expedición militar, su muerte y la averiguación de su verdadera identidad y de su historia—. Es más, esta parte de la novela evidencia una cuidadosa preparación y una atención al detalle que desmienten la idea de que Baroja escribía poco más o menos lo que le venía a la cabeza en el momento de poner pluma sobre papel. No es que la trama novelesca tenga un mecanismo excesivamente complicado, pero sí tiene algunos puntos claves en los que el novelista ha debido poner atención, como el carácter y la mentalidad tanto de Madame Aristy como del tío Juan, tema fundamental para la trama y que es introducido en las páginas iniciales de la novela.

En resumidas cuentas, Baroja inventó una trama novelesca de las llamadas cerradas y luego se dispuso a desarrollarla hasta su conclusión, a la vez que iba añadiendo mientras escribía otro material menos trabado:

195

más personajes, encuentros, charlas, pequeños incidentes de la vida cotidiana. Esto no significa que los episodios de este segundo tipo sean mero relleno y que la verdadera novela esté en la parte de la trama más elaborada. A fin de cuentas la novela hay que considerarla como un todo, íntegramente y no en las partes que la componen. Viéndola desde esta perspectiva la novela se convierte en la historia de un cierto número de personas durante un cierto tiempo. El verdadero asunto de la novela es la vida de esos personajes y no la cadena de incidentes que forman la trama cerrada. Desde el punto de vista de los personajes este enjambre de incidentes es un episodio más de sus vidas; aunque un episodio, claro está, de mayor relieve e impacto. Y es precisamente porque Baroja quiere ofrecernos una pintura completa de la existencia de esos personajes por lo que continúa su historia en el libro 5.º de *Los caudillos de 1830,* a pesar de que el principal episodio ya ha concluido. Así, pues, aunque las denominaciones *trama abierta* y *trama cerrada* resultan inexactas aplicadas a esta novela, los términos que el propio Baroja usó, *novela permeable* y *novela impermeable* o *hermética,* no lo resultan. Es obvio que esta novela que acabamos de examinar es una novela permeable, como en verdad lo son la gran mayoría de las novelas de Baroja; las excepciones suelen hallarse generalmente en sus novelas cortas. Pero lo importante es que el hecho de ser una novela permeable no impide que tenga como nexo una historia bien trabada, lo cual da a la novela una mayor unidad.

Nuestro propósito en analizar las tramas de algunas de las novelas de las *Memorias de un hombre de acción* ha sido, primero, el de dar una idea de la diversidad de asuntos novelescos que hay dentro de la serie; y segundo, y más importante, el sugerir que las novelas de Baroja no están tan flojamente construidas como muchos han pensado.

En cuanto al primero de estos objetivos, está claro que el demostrar la capacidad inventiva del novelista necesitaría la exposición de cada una de las innumerables tramas novelescas que Baroja ideó para la serie, tarea que además de prolija sería puramente descriptiva y resultaría una alternativa bastante insulsa a la lectura directa de las novelas. Ya indicamos en nuestra introducción la gran variedad de temas novelescos que surgen a lo largo de las *Memorias de un hombre de acción.* En el presente apartado sólo hemos podido detenernos en algunos de estos temas, y no estaría de más que ahora indicásemos, de forma muy breve, los *diferentes tipos* de asuntos novelescos que Baroja ha sabido crear. Según el asunto, podríamos decir que Baroja ha creado tramas novelescas de índole diversa, a las cuales podríamos dividir del modo siguiente:

1) trama poética, de asunto amoroso y sentimental más que dramático, cuyo ejemplo más claro sería «El convento de Monsant» (en *La ruta del aventurero);*

2) trama dramática, muy corriente en las novelas cortas, como «La canóniga» (en *Los recursos de la astucia),* «La mano cortada» (en *Los caminos del mundo),* «El capitán Mala Sombra» (en *Los contrastes de la vida),* «La casa de la calle de la Misericordia» (en *El sabor de la venganza);*

3) trama psicológica, que se da sobre todo en *Humano enigma,* pues esta novela más que nada es un estudio novelesco de la personalidad y mentalidad del conde de España;

4) trama descriptiva, donde lo principal es la descripción, mediante un personaje-viajero, de una región o varias regiones, con sus paisajes y sus gentes, como por ejemplo «El viaje sin objeto» (en *La ruta del aventurero);*

5) trama de aventuras, cuyo protagonista no es siempre Aviraneta, sino a veces algún otro personaje, como ocurre por ejemplo en «El número 101», historia que ocupa casi todo el volumen titulado *Los confidentes audaces;*

6) trama de reportaje, que es una especie de novela-crónica, mezcla de pequeños sucesos históricos y ficticios referentes a un cierto período de tiempo, como por

ejemplo *Con la pluma y con el sable, La Isabelina* o *Crónica escandalosa.*

Naturalmente, esta división de las tramas según su asunto es sólo relativa, pues hay muchas novelas que incorporan elementos de varios tipos de trama; no obstante, creemos que sirve para dar una idea de la diversificación novelesca que existe en las *Memorias de un hombre de acción.*

En cuanto a nuestro segundo y principal objetivo en este apartado (el sugerir que las novelas de Baroja no son de construcción tan indiferente y descuidada como a veces se nos ha dicho), esperamos que nuestro análisis haya indicado que merece la pena examinar la estructuración de las novelas de Baroja con más detenimiento del que la crítica ha venido mostrando. Ha tenido bastante aceptación la idea de que Baroja siempre empleó una técnica novelesca idéntica e invariable. Hasta cierto punto el mismo Baroja ha sido responsable de la divulgación de esta idea, pues cuando sus métodos eran criticados se defendía en sus escritos teóricos atrincherándose aún más en la postura que le achacaban sus críticos. Con testarudez típica insistió en que él tenía su propia manera de componer novelas y que no podía apartarse de ella. Pero si en vez de estudiar los comentarios teorizantes de Baroja se estudian sus novelas, se verá que no todas evidencian la misma técnica, ni todas están cortadas por el mismo patrón. Solamente las pocas novelas que hemos analizado aquí bastan para demostrar lo inexacto que es generalizar. Cada una de esas novelas posee una estructura peculiar. No predomina ningún diseño particular; lo único que podemos decir es que la novela corta suele poseer una estructura más dramática, mientras que la novela larga tiene una estructura más episódica. Pero éstas también revelan cierto esfuerzo por parte del novelista para proveerlas de alguna cohesión estructural. Merece la pena insistir que la trama no es lo principal de la novela barojiana, que la trama va supeditada al tema que el autor quiere novelar, y que es el tema el que rige la estructura de la trama. Si estamos dispuestos a estudiar las novelas en función de su materia y a relacionar la materia con la estructura, quizá descubramos que *invertebradas* no es después de todo el epíteto más apropiado para describir las novelas barojianas. Una clave importante de la estructura general de las novelas de Baroja la dan sus personajes, pues la vida de los personajes suele tener prioridad sobre el hecho novelesco en sí. Cualquier visión de la vida expresada en términos conceptuales siempre parecerá pobre y rígida al lado de la vida en sí. Por eso Baroja prefirió aprehender su verdadera esencia siguiendo su rumbo visible a través de las unidades humanas de que se compone la existencia.

Capítulo 5
La creación de los personajes

En el capítulo anterior avanzamos la sugerencia de que la creación de los personajes es el factor principal en la composición de la novela barojiana. Lo que nos proponemos hacer en éste es sencillamente dar una idea de la caracterización y función de los personajes en las *Memorias de un hombre de acción* mediante el estudio de algunos de ellos. No nos ocupamos ahora de personalidades históricas, salvo en aquellos casos en que desempeñan un papel predominantemente novelesco, como ocurre con Aviraneta y con el conde de España. Los personajes históricos constituyen un ingrediente que ya venía dado, y la tarea del novelista se limitó, una vez hechas las averiguaciones históricas, a mostrarlos a una luz favorable o desfavorable según su propia convicción. Donde el novelista tuvo que poner en juego sus poderes de invención fue más que nada en los personajes novelescos, y puesto que lo que ahora ocupa nuestra atención es el arte novelesco de Baroja, es de este tipo de personaje del que vamos a tratar a continuación.

1. AVIRANETA

Ya dijimos en el capítulo I de la primera parte que al reconstruir la vida de su héroe adoptivo Baroja se basó en hechos siempre que pudo, pero que el carácter de Aviraneta salió de su propia cosecha. Al fin y al cabo esto era de esperar. Que Baroja escribiese una larga serie novelesca con Aviraneta de protagonista y al mismo tiempo limitase su caracterización a los cuatro rasgos —y éstos no muy claros— que caracterizan al Aviraneta histórico, hubiera sido completamente absurdo. Sobre el verdadero carácter del Aviraneta histórico sabemos con certeza bien poco; es más, ni siquiera hay acuerdo general sobre la importancia de sus trabajos y misiones, aun en el caso de su campaña contra el carlismo [1]. El Aviraneta barojiano tenía por fuerza que sobrepasar en mucho al Aviraneta histórico. Y no es que dejase de ser histórico (aunque, claro está, el papel de Aviraneta en las *Memorias de un hombre de acción* no está limitado a hechos históricos), sino que lo histórico fue sólo la base que le sirvió a Baroja para construir su personaje.

A raíz de la publicación en 1952 del libro de José Luis Castillo Puche, se inauguró la controversia sobre la autenticidad del Aviraneta barojiano. A pesar de que son varias las alusiones a este asunto hechas en libros y artículos, nadie hizo una investigación seria sobre las actividades y la personalidad del Aviraneta histórico. Hubo quien aceptó la «rectificación» sensacionalista hecha por Puche de la interpretación barojiana de Aviraneta, así como hubo quien insistió en defender a Baroja a todo trance [2]. Desde luego aquí no nos proponemos resolver la cuestión de qué Aviraneta está más cerca de la realidad histórica, el de Puche o el de Baroja. De todas formas, con los conocimientos de que se dispone actualmente es probable que no se pueda llegar a una conclusión definitiva. Tendrá que ser un historiador profesional con un conocimiento íntimo de la

España de Aviraneta y de disposición disciplinada y totalmente desapasionada quien llegue a ofrecernos una interpretación de Aviraneta fidedigna y una estimación precisa de la importancia de sus trabajos en pro de la causa liberal. Desde luego el libro de Castillo Puche no puede ni aun remotamente ser considerado un trabajo serio de investigación histórica. Ahora bien, todo esto no puede impedir que declaremos abiertamente que la impresión de Aviraneta que recibimos mediante la lectura de sus escritos no es la misma impresión que recibimos al leer las novelas de Baroja [3]. Si Castillo Puche se hubiese limitado a indicar que Baroja había idealizado a su personaje fuera de toda proporción al Aviraneta que emerge de los folletos y demás escritos suyos, no tendríamos de qué quejarnos. Pero a la vez que desmontaba la versión de Baroja, Puche se dedicó a montar la suya propia, versión que resulta tan personal y caprichosa como la de Baroja —o incluso más—. La caracterización que hace Puche de Aviraneta como individuo patético e inadaptado se basa casi toda en opiniones sin fundamento. Mencionaremos brevemente tres rasgos que Puche atribuye a Aviraneta. Dice que Aviraneta era un cobarde [4]. Pero sabemos que Aviraneta siempre que pudo anduvo metido en líos políticos que fácilmente podían haberle resultado peligrosos; que luchó con El Empecinado voluntariamente e hizo lo mismo con Barradas; que su hoja de servicio atestigua su valentía. Naturalmente, todo esto no prueba definitivamente que Aviraneta fuese un valiente; pero prueba muchísimo menos que fuese un cobarde. Puche también dice que Aviraneta era completamente innocuo y que sus actividades de conspirador no fueron más que un intento de compensar su complejo de inferioridad [5]. Pero si Aviraneta realmente era inofensivo, ¿por qué se tomaron tantas molestias Espartero y Gamboa en perseguirle y ponerle impedimentos? (Espartero llegó incluso a encarcelarle en contra de los deseos del gobierno); ¿y por qué se le desterró a Canarias?, ¿y por qué se le arrojó en prisión durante la revolución del 54? Y si el motivo de ponerse a conspirar ha de ser un complejo de inferioridad, como quiere Puche, entonces media España debió de padecer esa enfermedad mental, pues en aquella época las sociedades secretas, las conspiraciones y las intrigas políticas florecieron como nunca. ¿O es que cree Puche que Aviraneta fue el único conspirador de su tiempo? Finalmente, Puche dice, o más bien insinúa, que Aviraneta era un homosexual[6]. Esta es la más sorprendente de las alegaciones de Puche; y las razones que ofrece para declarar esta «sospecha fundamental», como él la llama, son la amistad que Aviraneta extendió a un mulato durante su estancia en Méjico y sus pintorescas descripciones de los jarochos y jarochas luciendo su vestimenta nativa. Indudablemente sería una injusticia negarle a Castillo Puche fuertes poderes de imaginación y fantasía. Pero como obra de crítica o de investigación su libro resulta lamentable, no por falta de interés en el material, sino por el tratamiento tendencioso y frívolo a que Puche lo somete. La tendenciosidad de Puche destruye por completo el valor que el libro pudiera haber tenido como estudio crítico de Baroja, pues le lleva a hacer afirmaciones absurdas, como por ejemplo ésta: «Don Pío con Aviraneta ha hecho folklore, pero de ningún modo novela y mucho menos historia.» El decir que los libros de Aviraneta no son novelas es una insensatez palmaria; el sugerir que la mayor parte de la vida de Aviraneta tal como la cuenta Baroja no está basada en gran parte en datos históricos es sencillamente una falta de honradez.

Volviendo ahora al Aviraneta de las *Memorias de un hombre de acción,* ¿qué podemos decir de su caracterización? No vamos a detenernos en un análisis convencional de su carácter, pues esto se ha hecho ya varias veces[7]. Sabemos qué clase de carácter es Aviraneta. ¿Pero cómo lo concibió Baroja? ¿Qué función le dio?

Casi siempre que se ha hablado del Aviraneta de Baroja se ha dicho que representa el ideal barojiano de la acción. A nuestro modo de ver no es ésta la verdadera función de Aviraneta. Si lo que Baroja quería era hacer de Aviraneta un símbolo del ideal de la acción por la acción no hubiera sido necesario el convertirle en encarnación de la verdad, de la integridad, de la previsión y de la lealtad a una causa. (Recordemos que Zalacaín, el verdadero hombre de acción barojiano, era contrabandista y mujeriego; que la única lealtad que conocía era la lealtad consigo mismo: empezó siendo carlista y terminó por ser liberal; todo lo cual, claro está, no le impide ser uno de los personajes barojianos más atractivos). El hecho de que Baroja insistiese en derramar sobre Aviraneta todas esas virtudes (a las ya mencionadas añádase valentía, decisión, sacrificio, disciplina, austeridad, sinceridad, constancia...) indica que concibió al personaje en términos esencialmente ideológicos. La función de Aviraneta es ante todo ideológica; no consiste en correr acá y acullá en una búsqueda loca de la acción. La acción de Aviraneta no es la acción de Zalacaín; es acción con un objetivo bien definido, y este objetivo apenas puede ser menos personal y egoísta: el fomentar el liberalismo en España. La función de Aviraneta consiste en demostrar lo que, a los ojos de Baroja, la España decimonónica pudo haber sido, pero nunca llegó a ser. Veamos el siguiente trozo sacado de la introducción de Baroja a las *Memorias de un hombre de acción:* «Aviraneta era un político que creía que cada cosa tiene su nombre, y que no hay que ocultar la verdad, ni siquiera aderezarla. *En las sociedades anémicas, débiles, no se vive con la realidad; se puede poner la mano en todo menos en los símbolos y en las formas*... Aviraneta quiso ser un político realista *en un país donde no se aceptaba más que al retórico y al orador.* Quiso construir con hechos *donde no se construía más que con tropos... Entre tanto charlatán hueco y sonoro como ha sido exaltado en la España del siglo XIX,* a Eugenio Aviraneta, hombre valiente, patriota atrevido, liberal entusiasta, le tocó en suerte en su tiempo el desprecio...» (III, 11-12. La cursiva es nuestra). Hemos subrayado deliberadamente algunas frases de este trozo para hacer resaltar la forma en que Baroja usa a Aviraneta como contraste con la realidad política de la España decimonónica. Lo verdaderamente significativo de este trozo no es lo que Baroja nos dice de Aviraneta, sino más bien lo que nos dice de la época en que Aviraneta vivió y que contrasta fuertemente con su carácter. Aviraneta, pues, no tiene una función representativa de su época, como la tienen muchos personajes de los *Episodios nacionales;* al contrario, Aviraneta representa lo que Baroja *hubiese querido ver* en la historia del período en contraposición a lo que realmente vio.

La ideología con que Baroja ha equipado a su héroe sirve para poner aun más de manifiesto su función de actuar como contraste con el medio político en que se encuentra. Pues las ideas y opiniones que Baroja le ha conferido a su Aviraneta parecen más típicas de un intelectual disidente del siglo xx que de un liberal español del siglo xix. Pensamos sobre todo en el anti-catolicismo de Aviraneta (lo cual no es lo mismo que anti-clericalismo), en su anti-monarquismo (pues a pesar de su lealtad personal a María Cristina, Baroja insiste en caracterizarle de republicano en el fondo: «republicano por principios» le hace decir). Casi, casi nos atreveríamos a decir que el liberalismo de Aviraneta, aunque tenga un pie en el siglo xix, tiene el otro muy firmemente metido en el xx. Veamos uno de los muchos trozos que ponen de relieve las ideas de Aviraneta:

—En último término, aceptaremos el convenio siempre que deje íntegras las conquistas del liberalismo —murmuró Gamboa.
—¿Cuáles? ¿Estaremos todos conformes en eso? ¿Qué es para usted el liberalismo? —preguntó Aviraneta.
—Yo veo el liberalismo en el régimen constitucional y en el reinado de Isabel II.
—Bien. Ese es el liberalismo español actual, práctico; pero fuera de ése, hay otro liberalismo universal más importante: la filosofía, la razón, el libre examen.
—Ese no se debate ahora.
—Ese se debate siempre. ¿Qué me importaría a mí de Isabel II si con su reinado no hubiera posibilidad de vivir con más libertad que con el reinado de ese estúpido Carlos? Mi liberalismo es libertad de pensar, libertad de movimiento, lucha contra la tradición que nos sofoca, lucha contra la iglesia.
—Es usted un ateo.
—No sé..., quizá. Aunque fuera uno deísta y creyera en Dios y en el Diablo, después de que hablara Dios le diríamos al Diablo: «ahora hable usted». Alguna vez podía tener razón.
—Usted no la tendrá nunca con esas impiedades.

—Ustedes la tendrán. Yo supongo lo que pasará en España con los liberales de aquí. Conozco al país y a la gente.

—¿Qué pasará?

—¿Qué pasará? Que se pondrán todos a defender con entusiasmo las formas, lo que es accidental, lo que es accesorio: el Parlamento, la democracia, técnicas y técnicas para que pueda farolear la clase media... Lo que es esencial, el espíritu, el humanismo, eso no lo defenderá nadie (IV, 539).

¿Quién habla aquí? ¿Una persona representativa del liberalismo español del siglo XIX? Naturalmente no podemos negar que algunas de las ideas que Baroja pone en labios de Aviraneta se daban en el siglo XIX. Pero, en conjunto, estas ideas son mucho más representativas de Baroja que de un liberal español decimonónico, lo cual hace que Aviraneta resulte un tanto anacrónico. La noción de que el liberalismo es una cosa espiritual divorciada del sistema político no es típica de la España decimonónica, ni tampoco se halla en los escritos de Aviraneta. Y el tono de desdén hacia el sistema parlamentario, la democracia y la burguesía en las palabras de Aviraneta proviene del desprecio de Baroja hacia las instituciones y los sistemas políticos y hacia aquellas personas que los defienden. El trozo que acabamos de citar no sólo ejemplifica la manera muy personal y particular en que Aviraneta está caracterizado, sino también sirve para mostrar una vez más la función fundamentalmente ideológica del héroe de las *Memorias de un hombre de acción*.

A nuestro modo de ver, la insistencia de la crítica en ver en Aviraneta la encarnación más pura del ideal barojiano de la acción va descaminada, pues no comprende su verdadera razón de ser. La «furia de hacer por hacer» (III, 296) de Aviraneta es un contraste deliberado con la oratoria hueca de los políticos. En las *Memorias de un hombre de acción* Baroja nos ha relatado la enojosa historia de la España del siglo XIX, enojosa porque los hombres que controlaban el destino de la nación demostraron una falta sistemática de previsión, sacrificio, aplicación y amor a la verdad. Lo que España necesitaba era hombres como Aviraneta, pero ¿cómo iban a surgir y triunfar esos hombres si la inmensa mayoría de ineptos y pedantes se dedicaban a ponerles impedimentos a toda costa? Baroja ha necesitado a Aviraneta para ilustrar este enojoso capítulo de la historia de España. Aviraneta representa la idea hipotética del hombre que España necesitaba: la idea personal de Baroja, claro está, pero que concuerda muy bien con la preocupación noventaiochista de *lo que pudo ser y no fue*. El Aviraneta barojiano sirve para poner más de relieve la estupidez, ineptitud y vacuidad de los jefes políticos de la España decimonónica. Así fue como lo concibió Baroja, y su ideología y su caracterización obedecieron a esa concepción.

Antes de dejar a Aviraneta se impone alguna discusión del superhombre de Nietzsche, no porque creamos que la cosa tenga una importancia decisiva, sino porque es una idea que muchas veces se ha traído a colación al mencionar a Aviraneta [8]. Desgraciadamente pocos han comprendido el verdadero sentido del superhombre nietzscheano, y al comparar a Aviraneta con él sólo lo han hecho pensando en la energía y actividad incesante del héroe barojiano. La conexión, si existe, está en la esfera, no de la acción, sino de la moral. En las *Memorias de un hombre de acción* Baroja ha insistido mucho, implícita y explícitamente, en la responsabilidad moral del hombre, no por motivos religiosos, pues la moral religiosa es para Baroja ineficaz e incluso contraproducente, sino por motivos puramente humanos. Y es aquí donde debe buscarse la influencia de Nietzsche.

Nietzsche comenzó la búsqueda de nuevos valores morales partiendo de su convicción de que la idea de Dios estaba ya muerta en el corazón de los hombres. Pero la desaparición de Dios significaba la desaparición de la base de todo juicio moral. Para Nietzsche esta existencia sin significado y sin base para la conducta resultaba intolerable; y la misión de su vida fue un intento de hallar significación en una existencia puramente humana. Si «Dios ha muerto», como proclama Zaratustra, el fin de la humanidad ha de buscarse en ella misma, y los valores morales basados en la sanción divina han de ser sustituidos por un código ético basado en la capacidad natural humana. Es ahora cuando comienza a hacerse evidente el verdadero sentido de la doctrina del superhombre. Zaratustra expone su idea del superhombre de la siguiente forma:

Yo predico el superhombre. El hombre es algo que debe ser superado. Vosotros, ¿qué habéis hecho para superarlo?

Todos los seres hasta hoy han producido algo superior a ellos; ¡y vosotros queréis ser el reflujo de esta marea, prefiriendo volver a la animalidad a vencer al hombre!

¿Qué es el mono para el hombre? Un motivo de risa o una dolorosa vergüenza. Pues eso mismo debe ser el hombre para el superhombre: un motivo de risa o de vergüenza afrentosa.

Habéis recorrido el camino que va desde el gusano al hombre, pero todavía hay en vosotros mucho de gusano. En otro tiempo fuisteis monos, y ahora es el hombre más mono que cualquier mono [9].

Se puede comprender cómo surgió el error de considerar el superhombre de Nietzsche desde una perspectiva darwiniana como una especie biológica destinada a evolucionar desde el hombre de la misma forma que el hombre había evolucionado del mono. Pero lo que Nietzsche subraya es el acto de superación, algo que requiere un esfuerzo voluntario y consciente; y acusa a los hombres de ser más animales que los animales. Esta superación no tiene significado si no se trata de la superación de la naturaleza bestial del hombre. Lo que Nietzsche nos está diciendo es que la única esperanza para la humanidad yace en un esfuerzo voluntario de sobreponerse a las circunstancias. El superhombre es el hombre que por sus propios esfuerzos ha vencido a su ser natural, se ha alzado por encima de su nivel animal y se ha moldeado a sí mismo en algo superior.

El paralelo entre el pensamiento de Nietzsche y la actitud moralizante de Baroja tanto en las *Memorias de un hombre de acción* como en otras de sus novelas es evidente. Baroja acepta sin reservas la proposición de Nietzsche de que el código moral del hombre ya no se puede basar en la sanción sobrenatural. Cuando Baroja vuelve la mirada sobre la historia de la humanidad, el espectáculo que ve y que pone ante nuestros ojos es espantoso. El código moral de los que pretenden adherirse a los valores morales tradicionales resulta ser perfectamente inmoral. Aquí podemos ver la raza humana al nivel del animal, esa raza despreciada por Zaratustra. Pero entre los «gusanos» y los «monos» aparecen hombres como Aviraneta que superan las trabas de las circunstancias en que se encuentran para alzarse por encima de sus contemporáneos; y al hacerlo revelan unos valores morales que, por muy individuales que sean, resultan infinitamente superiores a los de la gran mayoría de sus contemporáneos. No debemos naturalmente hacer la ingenua suposición de que Baroja equiparó el hombre de acción al superhombre nietzscheano. Si Aviraneta posee las cualidades necesarias para ser un superhombre no es porque sea un hombre de acción, sino porque se alzó por encima de la mediocridad de la gran mayoría de sus compatriotas. Su sentido del sacrificio en favor de una causa mayor, su previsión, su energía y su determinación constante de luchar contra todo lo que los valores y costumbres tradicionales tenían de hueco y complaciente son las cualidades que le convierten en imagen del superhombre de Nietzsche [10].

2. Acción y contemplación

La prolijidad y variedad de los personajes barojianos ha tentado a la crítica en más de una ocasión a clasificarlos en grupos. Luis Granjel hizo una división en cuatro grupos. El primer grupo lo forman aquellos personajes que se apartan a los márgenes del bullicio y del tráfago de la vida y observan lo que pasa a su alrededor con una curiosidad insaciable y con una actitud de crítica (J. H. Thompson, Miguel Aristy). El segundo grupo está compuesto de aquellos personajes que, no pudiendo hacer frente a una existencia sin sentido, buscan el refugio en el abandono de la sociedad, que les parece imbécil y repugnante (Silvestre Paradox, Juan de Labraz). En el tercer grupo entran aquellos que, aun detestando a la sociedad, prefieren intentar someterla a sus propios deseos e ideas; son los seguidores de Nietzsche, hombres llevados de una voluntad férrea y una moral personal (Roberto Hasting, César Moncada). Y el cuarto grupo comprende a aquellos personajes que viven en el pasado, y hallándose libres de trabas y convenciones, pueden satisfacer su anhelo de aventuras (Zalacaín, Chimista) [11].

El crítico norteamericano Dwight Bolinger hizo una clasificación diferente:

Personajes vistos desde fuera.

Personajes vistos desde dentro { Representantes del autor.
Creaciones originales. { Heroicos.
Hamletianos.

Los personajes vistos desde fuera constituyen la mayoría de los personajes barojianos, con personalidades poco desarrolladas y en cuya mentalidad apenas si penetramos. Los personajes vistos desde dentro tienen mucha más importancia, y el novelista nos los describe para que los podamos ver introspectivamente. Estos personajes los divide Bolinger en representantes e inventados. Los primeros son simplemente portavoces del autor (Iturrioz, Arcelu), mientras que los segundos comparten las ideas y actitudes de Baroja, pero viven en un medio ambiente diferente al del autor (Hugo Riversdale). Los personajes inventados van subdivididos en heroicos y hamletianos; a aquéllos los caracteriza su actividad aventurera (Zalacaín), y a éstos su postura puramente reflexiva (Larrañaga). Entre estos dos extremos hay diversas graduaciones [12].

Las divisiones de estos dos críticos son en cierto modo arbitrarias y teóricas; con todo, sirven para iniciarnos en la comprensión de las características más esenciales de los personajes barojianos. La división en personajes en quienes predomina la acción y personajes en quienes predomina la reflexión es válida siempre que no se la tenga por absoluta y hermética. Incluso los personajes de mayor actividad física se ven obligados a reflexionar de vez en cuando. Esto ocurre desde luego con Aviraneta, y hasta con Zalacaín [13]. Y a la inversa, los personajes más sedentarios no pueden evitar esos momentos de la vida cotidiana en que se hace imperativo una acción o decisión inmediata, aunque se trate de una acción de poca monta.

Otro aspecto que conviene que mencionemos aquí es que en Baroja la acción no es mero regocijo en la alegre energía de la juventud. La acción de Baroja forma parte de la búsqueda de una solución al problema existencialista. El mismo Zalacaín encarna una filosofía de la vida. Su actividad febril no es más que un lanzarse en busca de un algo desconocido e inasequible. Esta, claro es, es la búsqueda que sostiene el mismo Baroja, pero es una actitud vital que se filtra en la novela y que explica el ansia de obstáculos y peligros que siente Zalacaín [14]. Para que resulte plenamente satisfactoria, la vida de acción tiene que tener su fin en sí; pero esto es precisamente lo que no pasa en Baroja. Pues la acción como modo de vida resulta a la larga insatisfactoria: no soluciona el mal de vivir.

Un concepto erróneo con que nos topamos con alguna frecuencia es aquel que considera a las *Memorias de un hombre de acción* como el producto de haberse entregado el autor al placer emocionante pero vicario de una larga y sostenida aventura. En estas novelas —reza la común interpretación— Baroja está dando rienda suelta a su añoranza de acción. La verdad es bastante más compleja de lo que admite tan ingenua opinión.

En primer lugar no debemos confundir la acción con el movimiento. Muchos personajes barojianos, tanto en las *Memorias de un hombre de acción* como en las otras novelas, son caminantes empedernidos, pero esto no los convierte en hombres de acción. Al mismo tiempo las novelas de Baroja suelen rebosar no de acción, sino de actividad —una actividad que incluye el discutir interminablemente y el constante ir y venir de personajes y que apenas puede relacionarse con la acción. Las docenas de personajes que pasan precipitadamente por las páginas de la novela a menudo dan la impresión de que hay un constante acontecer; pero este acontecer a menudo no es otra cosa que el constante tráfago de los personajes.

En segundo lugar, es evidente que la acción sólo se puede mostrar mediante personajes que la practiquen. Esto, naturalmente, no significa que si el personaje principal de una novela es de carácter pasivo y sedentario, no pueda haber acción en la novela. La acción puede presentarse mediante personajes secundarios. Este es el caso de *La veleta de Gastizar* y *Los caudillos de 1830*. Estas dos novelas tratan de la fracasada invasión de Mina, y en lo que a la expedición militar se refiere hay naturalmente bastante acción. Pero el principal personaje de estas novelas es en realidad Miguel Aristy. Desde el punto de vista de la estructura interna de la novela hubiera sido conveniente el hacer de Miguel Aristy un hombre de acción, pues entonces hubiera intervenido en la expedición militar y hubiera así servido de hilo conector entre lo histórico y lo novelesco. Pero no sólo no es Miguel Aristy un hombre de acción, sino que es el hombre más sedentario y más reflexivo de toda la serie. Sería totalmente absurdo el considerar estas dos novelas tan sólo como una exposición del tema de la acción. Precisamente la personalidad de Miguel Aristy le da a estas novelas un tono muy distinto del que hubieran tenido de ser él un hombre de acción.

En tercer lugar, si examinamos a los principales personajes de la serie, hallaremos que los personajes cuyo rasgo característico es la reflexión sobrepasan a los personajes cuyo rasgo característico es la acción en proporción de dos o incluso de tres a uno. De las figuras principales de la serie, ¿quiénes, aparte de Aviraneta, pueden ser considerados hombres de acción? Sólo dos: Pello Leguía y López del Castillo, personajes que evidencian, aunque sólo transitoriamente, algo de la mentalidad del hombre de acción. En cambio, ni aun remotamente podría uno considerar hombres de acción a los siguientes: J. H. Thompson, Miguel Aristy, Venancio Chamizo, Pepe Carmona, Alvarito Sánchez de Mendoza y Hugo Riversdale. El grado de pasividad de estos personajes varía, pero todos son sentimentales y contemplativos y no revelan ni el menor deseo de dedicarse a hazañas y heroísmos. Así, pues, los personajes que podríamos llamar protagonistas de las *Memorias de un hombre de acción* (protagonistas de tomos sueltos, por supuesto, no de la serie) pueden ser divididos en dos clases: los hombres de acción y los hombres de contemplación, y los segundos son bastante más numerosos que los primeros. Veamos más de cerca a algunos de estos personajes. Siguiendo más o menos la proporción en que se hallan en la serie, seleccionamos a un hombre de acción y a tres de contemplación.

Jesús López del Castillo es el protagonista de *Los confidentes audaces*. En el prólogo de la novela, Baroja define al confidente de la forma siguiente: «El confidente es un hombre de ingenio, hombre que practica un arte como modo de vivir, arte principalmente de adquirir con y sin consentimiento. El confidente es ladrón y cazador de datos y de hombres; es también un comprador de productos espirituales, sociales, políticos. Los fines del confidente no son teóricos, sino prácticos: vende sus datos con el fin de lucrarse. El confidente es hipócrita y comediante: trabaja de noche, en la oscuridad y en el silencio; no se mueve, en general, en el fondo de la guerra ni en el del crimen, sino en el de la política. Es un voluntario, no un empleado; el oficio suyo se considera innoble. Entre los confidentes hay algunos que practican la profesión por miedo, por terror; hay otros por la paga; entre estos últimos hay gente cobarde y temerosa, y gente audaz, valiente y cínica. De estos confidentes audaces, valientes y cínicos es de quien se quiere ocupar el autor de este libro» (IV, 811). Así, pues, el protagonista de la novela va a ser un hombre audaz, valiente y cínico; aunque teniendo en cuenta el tono humorístico del prólogo, no estaría de más que desconfiásemos un poco de esta definición *a priori*.

López del Castillo comienza siendo un individuo casero que no posee ni la inclinación al trabajo ni la energía para ello. Un buen día decide que hay que hacer algo para mejorar de estado y salir de la miseria. Tiene la suerte de hallarse por casualidad en una reunión secreta de franciscanistas, y haciendo uso de la información así obtenida, va con el cuento al ministro Pita Pizarro, el cual decide emplearle de espía. Esto lo convierte en un hombre de acción: «Antes mi ideal en la vida era no moverme, vivir tranquilo. Desde entonces fue todo lo contrario... Entonces me revelé de pronto como hombre de voluntad, decidido y frío» (IV, 834). Sus primeras misiones de espionaje consisten en mezclarse con la alta sociedad y estar al tanto de las diversas intrigas políticas que constantemente se están tramando. Cuando el asunto toma mal cariz y sus enemigos comienzan a pisarle los talones, López del Castillo consigue quitarse de en medio mediante un ardid y se establece de agente del ministro en el pueblo de Morella. Allí es testigo de la toma del pueblo por Espartero y pasa un período corto en prisión, a la vez que se enamora de la primera mujer que le trata con simpatía y comprensión. Demuestra una evidente sentimentalidad tanto en su deseo de proteger a Marieta de su odioso marido como en la forma en que cuida de su niña, que padece una enfermedad incurable. Cuando llega la hora de despedirse de Marieta, no puede soportar la separación. «Yo estaba angustiado», confiesa (IV, 896). El resultado de ello es que decide abandonar su vida de agente secreto y comenzar una nueva vida, honrada y trabajadora, al lado de Marieta. López del Castillo no sólo resulta ser psicológicamente poco convincente, sino que además, como hombre de acción, como hombre audaz, valiente y cínico es un fiasco total. El hecho es que el interés de Baroja en el hombre de acción pronto desaparece y casi siempre termina o por concluir su carrera prematuramente (Zalacaín, César Moncada), o, como en el presente caso, por darle al personaje un esguince psicológico bastante curioso, por no decir inverosímil. Parece enteramente como si lo que Baroja nos estuviera diciendo es que en realidad el hombre de acción no es más que una fantasía, un truco de la literatura y del novelista.

J. H. Thompson es el protagonista de *La ruta del aventurero*. De la primera parte de esta novela, «El convento de Monsant», escribió Baroja que era «una novela del Mediterráneo. Me hubiera gustado hacer un libro romántico, así como una pintura de Arnoldo Bocklin... Al intentar la novela de aire bockliniano vi que en nuestras costas no había elementos para ello. Hubiera habido que ir al Mediterráneo oriental y poner la acción en edades pasadas» [15]. Aunque Baroja no encontrase el escenario propicio para una novela que emulase el estilo de las pinturas de Boecklin, intentó de todos modos componer una obra llena de sentimiento poético. «El convento de Monsant» está saturada de un espíritu delicado, romántico, casi femenino. El ambiente de sentimentalismo refinado y la marcada veta poética son algo nuevo en la serie, algo que corresponde justamente a la sustitución de Aviraneta por Thompson como personaje central, pues el relato se supone basado en las memorias de este último. En esta novela no hay acciones dramáticas de alto relieve; incluso el rescate de la joven enclaustrada se lleva a cabo en tono menor. Evidentemente Baroja se propuso escribir una historia sentimental de aire poético y no una novela de acción. El tono general de la segunda parte del volumen, «El viaje sin objeto», también está en consonancia con el carácter de Thompson; es decir, que el tono de la novela está dictaminado por el cambio de protagonista, y corresponde al nuevo «autor».

En contraposición a Aviraneta, que cree que la regeneración política de España exige acción positiva, Thompson prefiere mirar a su alrededor y meditar sobre lo que ve; como él dice de sí mismo: «He sido siempre más espectador que actor» (III, 709). Además es un estoico; no espera demasiado de la vida y por consiguiente no se siente defraudado cuando no lo alcanza. Thompson es una de esas personas inofensivas que pasan flotando por la vida sin hacerle daño a nada ni a nadie. Sin ser un fatalista completo, cree no obstante que hay tantos factores desconocidos en la vida que el hacer planes para la existencia es completamente inútil. Pero de todos los rasgos de Thompson el que mejor le caracteriza es su sentido del humor. El estilo de su humor no es jocoso, ni ingenioso, ni siquiera obvio. Es más bien un fino sentido de la ironía. A pesar de los defectos humanos que observa constantemente a su alrededor, ni se espanta ni se desespera; al contrario, da la impresión de que encuentra alguna diversión en todo ello. Al fin y al cabo, parece decirnos, vale la pena vivir la vida, aunque sólo sea por observar lo que está pasando a nuestro alrededor.

Si J. H. Thompson se deja ir a la deriva de lugar en lugar para satisfacer su curiosidad, Miguel Aristy, otro espectador de la vida, piensa que como la naturaleza humana es la misma en todas partes no tiene que moverse de su pequeño rincón de Ustariz para hacer sus observaciones. La inquietud de Aviraneta encuentra su completa antítesis en Miguel Aristy. Miguel se contenta con pasar la vida en la oscuridad, en llevar una existencia pasiva e invariable. Ha sabido transigir con el medio ambiente y vive sin esfuerzo, pero también sin sufrir: «sin ambiciones, ni cuidados» (III, 884). Su existencia sedentaria le ha convertido en un filósofo estoico. Ni siquiera la pregunta, siempre presente, del significado de la existencia puede alterar ya la serenidad de su mente:

—¿Usted no se pregunta a veces —dice Miguel a Larresore— si la vida no será una estupidez?
El caballero se queda mirando al fuego y murmura:
—¿Y para qué hacerse esa pregunta?
—Sí, es la verdad, tiene usted razón. ¿Para qué? (III, 1003).

Miguel Aristy es un hombre que ha llegado a resolver el problema de la existencia mediante la limitación personal y el apartarse del bullicio de la vida. Su actitud hacia la vida es de indiferencia estoica; ha logrado llegar al estado de ataraxia [16].

El otro personaje de la especie contemplativa en cuya caracterización el novelista parece haber puesto un interés muy especial es Alvaro Sánchez de Mendoza. Alvarito constituye una buena respuesta a aquellos críticos que dicen que Baroja no sabía desarrollar a sus personajes y que éstos permanecen estáticos. Podemos observar, a medida que va progresando la narración, cómo Alvarito se va convirtiendo poco a poco de un joven lleno de ilusiones románticas en un cuarentón desilusionado. En la época de su llegada a Bayona es tímido y aprensivo además de ingenuo y fácilmente impresionable. Trata de compensar su falta de confianza en sí mismo entregándose con frecuencia a vuelos imaginativos de fantasías románticas. Su propensión a los sueños y pesadillas, y la importancia excesiva que les da, evidencian su inestabilidad emocional. A medida que aprende a hacer frente a los problemas de la existencia cotidiana va adquiriendo resolución e iniciativa y abandonando sus temores y zozobras: «Alvaro veía con asombro que a él le producían más terror los peligros imaginarios que los reales» (IV, 271). El gran afecto que le tiene a su patrón le lleva a lanzarse en su búsqueda a raíz de su secuestro, misión peligrosa que le lleva a una España en guerra, donde es sometido a durezas y malos tratamientos, y donde tiene que ser testigo de escenas de crueldad y bestialidad que causan una profunda impresión en su espíritu sensible. El espectáculo que tiene que presenciar —hombres que se dedican a matar y luego se jactan de sus hazañas bestiales— le produce horror y revulsión. Y sin embargo no pierde la fe en la humanidad: para él los crueles y depravados son sólo una minoría.

Las actitudes de Alvaro van cambiando a medida que adquiere experiencia de la vida. Llega a darse cuenta de que las verdades absolutas que le habían infundido durante su niñez pudieran muy bien ser falsas o a lo más ser tan sólo verdades muy relativas. Aunque al principio se tuvo por miembro de la aristocracia, con el paso del tiempo aprende a despreciar la hipocresía y la falsedad de las clases superiores y llega a identificarse con aquellas clases que tienen que luchar por su existencia; y a la vez se desarrolla en él cierta aversión por la intransigencia y el fanatismo del carlismo puro. Pero si es verdad que las actitudes de Alvaro cambian con el tiempo, su bondad esencial es una cualidad permanente de su carácter. A pesar de que un golpe cruel de la fortuna impide su matrimonio con la mujer a quien ama, no deja que su dolor le convierta en un ser amargado. Y así, «cuando Alvaro llegó a su vejez, en vez de hacerse indiferente y egoísta, como la mayoría de los viejos, se hizo más sentimental» (IV, 583).

Estos tres personajes que acabamos de examinar, J. H. Thompson, Miguel Aristy y Alvaro Sánchez de Mendoza, tienen un importante rasgo en común: su actitud general hacia la vida. Es una actitud de curiosidad, de pasividad, de resignación ante el problema insoluble de la existencia. ¿Por qué ocurre que estos tres personajes resultan figuras mucho más reales y convincentes que los hombres de acción? La explicación tiene que estar en la común actitud vital que comparten con su creador. Baroja es un individuo pasivo y contemplativo, y por eso cuando crea personajes pasivos y contemplativos puede identificarse con ellos y darles una autenticidad derivada del conocimiento de sí mismo. En cambio, el hombre de acción es para él un enigma porque esa clase de vida y esa mentalidad le son por completo ajenas. La acción en las novelas de Baroja es vista a través de ojos pasivos. El hombre de acción es para Baroja un ser extraño y curioso, objeto de fascinación, a quien tal vez llegue a envidiar, pero a quien nunca llegará a comprender.

3. CRIMINALES Y PSICÓPATAS

El interés de Baroja por criminales y psicópatas constituye una faceta de su obra inexplicablemente olvidada por la crítica, pues su importancia es incuestionable [17]. Esta curiosidad que siente Baroja por lo criminal y lo macabro se pone de manifiesto en el alto número de tales episodios que se dan en sus novelas y en los diversos artículos que escribió sobre crímenes y criminales famosos. Este interés pudo haber sido suscitado durante su carrera de medicina, o quizá se debiese a una inclinación hacia lo sensacionalista adquirida durante su época de periodista, interés que pudo ser reforzado por la lectura de Edgar Allan Poe o Dostoyevski. Sospechamos que valdría la pena seguir estas posibles líneas de investigación, pero no es éste el lugar apropiado para ello. Lo único que nos proponemos hacer aquí es examinar la caracterización barojiana de algunos criminales y psicópatas de las *Memorias de un hombre de acción*.

En esta categoría vamos a incluir al conde de España, pues así es como se le presenta en *Humano enigma* y *La senda dolorosa:* no como un jefe militar, sino como persona mentalmente desequilibrada. Es evidente que Baroja se sintió fascinado por esta figura excéntrica y que se propuso ofrecer su propia interpretación de este personaje anómalo. Tal como ocurre con Aviraneta, el conde de España que encontramos en estas novelas no es meramente el conde de España de los libros de historia; Baroja se informó lo mejor que pudo y utilizó datos sacados de varios libros; pero la personalidad del conde, como la de Aviraneta, fue de invención barojiana. El intento por parte del novelista de ofrecer una reinterpretación de la personalidad del conde ha producido, a nuestro modo de ver, una de las más brillantes pinturas de caracteres de toda la novelística barojiana.

El estudio de Carlos España es más detallado y parece estar mejor planeado que el de otros personajes. Esto naturalmente concuerda con la extensión de su papel, pues aparte de Aviraneta, no hay ningún personaje en la serie que tenga una posición tan dominante. En el caso de muchos otros personajes de la serie, Baroja nos da directamente un resumen de su carácter al hacer su presentación, pero en el caso del conde de España se abstiene durante un largo tiempo de caracterizarlo en tercera persona, y tiende más bien a dejar que el carácter vaya perfilándose poco a poco a medida que avanza la narración.

El relato está orientado hacia la figura del conde desde un principio, aunque éste no aparecerá en persona hasta pasados dos tercios de *Humano enigma*. Es más, la mayor parte de esta novela no es sino una lenta aproximación a la compleja y desconcertante figura del conde. Ya en el primer capítulo tenemos un indicio de lo que va a venir cuando Aviraneta les dice a Max Labarthe y a Hugo Riversdale que el proyecto más interesante y prometedor que se le ocurre es investigar la vida y los orígenes del conde con vistas a desenredar el enigma de su personalidad. El primer paso en la investigación es intentar cerciorarse de la presunta nobleza del conde, y las minuciosas pesquisas llevadas a cabo por Max y Hugo, basadas hasta cierto punto en las del mismo Baroja, marcan la primera etapa en la presentación gradual de Carlos España. Con la llegada a Berga, las frecuentes alusiones a la crueldad del conde que oye Hugo hace que la inminente presencia de aquél se deje sentir más vivamente. De pronto aparece el conde en persona momentáneamente, y recibimos una fugaz impresión —la suficiente nada más para obtener una imagen de su aspecto físico. Esta visión va seguida de una serie de anécdotas que pintan a un hombre tiránico, salvaje, excéntrico, humorista y versátil. Varios incidentes que son narrados a continuación ponen de relieve su crueldad casi inhumana, como, por ejemplo, su insistencia en que a los condenados a muerte les sean amputadas las manos a hachazos antes de ser colgados. La descripción que hace Baroja de la ejecución de uno de los condenados por el conde, a pesar de su brevedad, constituye uno de los episodios más espantosos de toda la serie (IV, 640-1).

Pero aún estamos lejos de llegar a una comprensión del verdadero carácter del conde:

—En esta cuestión referente a la familia de nuestro conde, como en todo lo demás, hay oscuridades —siguió diciendo Escobet—. Para unos es un militar disciplinado, culto de palabra, no más cruel que los demás, valiente, amable con el inferior y con el vencido; para otros es un lunático y un hombre absurdo, un verdadero enigma.

—Para otros todavía es un loco, un cobarde y hasta un ladrón —afirmó Max—. General de España, Carlos de España, conde de España, y no es nada de España. Unicamente *Trencacaps,* como le llaman aquí.

—Pero hay que reconocer que es un fanático, un hombre de buena fe —dijo Hugo.

—Nada de eso —replicó Max—. El conde se ha hecho rico y se queda con todo lo que puede. Es, además, un hipócrita (IV, 644).

Tras estas especulaciones acerca del carácter del conde, Baroja inserta un relato de su historia largo y detallado y entremezclado de anécdotas. Seguimos los pasos del conde en la guerra de la Independencia, donde se distinguió y alcanzó el rango de general; en el exilio, a raíz de la revolución de Riego; de gobernador general de Cataluña, tras la restauración del régimen absoluto; en el exilio, una vez más, con el auge de los liberales; encerrado en un manicomio por el gobierno francés, a raíz de la invasión abortiva del general Guergué; y finalmente escapando y regresando a España en 1838 como jefe de las tropas carlistas en Cataluña, donde se gana la enemistad de la Junta de Berga por sus métodos despóticos.

Hasta este momento la caracterización del conde de España se ha venido haciendo principalmente por mediación de otros personajes. Ahora, tras esta larga preparación —comenzamos el último tercio de *Humano enigma*—, el conde entra en la narración en persona y podemos verle de cerca. Lo primero que hace Baroja es completar la descripción de su aspecto físico, descripción que había esbozado anteriormente: «El conde tenía entonces una gordura fofa y monstruosa, la nariz corva, los ojos garzos, las cejas abultadas y enarcadas, la mandíbula grande, el labio inferior saliente e imperioso, la frente estrecha, el aire encrespado y enfurecido, el pelo blanco; usaba patillas y bigotes» (IV, 666). A esta descripción física el novelista adjunta ciertas asociaciones temperamentales, nota típicamente barojiana: «Se veía que era un hombre de una irritabilidad enfermiza extraordinaria; sujeto de cóleras violentísimas, con un fanatismo dogmático grande, que podía hacerle en un momento desalmado y cruel» (IV, 666).

Tras las temibles historias del conde que preceden a su aparición, Baroja logra un contraste muy eficaz presentándolo, en sus conversaciones con Hugo, como un individuo inteligente, afable y civilizado. Intrigado por los testimonios contradictorios que tiene ante sí, Hugo determina penetrar y descifrar la verdadera naturaleza del conde, y así, la personalidad de éste queda establecida como el tema dominante de la novela. El resto de los personajes van expresando sus opiniones e ideas acerca del conde, siempre diversos, pero siempre con algún grano de verdad: además de ser cruel, España es estrambótico, taciturno, despótico; es a la vez religioso e incrédulo, temeroso de la seguridad de su persona un instante e indiferente momentos después. Paradójicamente, la única constante de su carácter es su mutabilidad: «Indudablemente, el carácter del conde de España no era propicio para la tragedia francesa, no se mostraba hombre de una pieza, no era de esos caracteres sostenidos, predilectos de los dramaturgos y de los críticos; por el contrario, el viejo general obraba muchas veces en desacuerdo con sus convicciones. Su manera de ser fermentaba constantemente, sufría una perpetua transformación y renovación. Era un hombre doble, triple y hasta cuádruple» (IV, 677).

El interés de Hugo en el carácter del conde no es más que un reflejo de la atracción que esta figura ejerció sobre Baroja. Y si hasta aquí el conde ha sido caracterizado casi exclusivamente por las palabras de otros personajes, Baroja ya no puede resistir la tentación de añadir su propio comentario directo. Siguiendo la técnica de contraste que tan frecuentemente emplea en las *Memorias de un hombre de acción,* Baroja compara a Carlos España con Aviraneta, y ve a aquél como el defensor de la nobleza y de la distinción social en contraposición al desprecio de Aviraneta por la aristocracia. Para intentar explicar la naturaleza despótica del conde, Baroja echa mano de consideraciones étnicas, suponiéndole de origen germánico. En cuanto a la devoción religiosa de España, esto no es más que un gesto para las masas; a pesar de su fervor religioso externo, el conde es en realidad un agnóstico; mantiene la pretensión por puro convencionalismo, como indica la siguiente conversación que sostiene con Hugo:

—... Y como esto no se aclarará nunca, ni se sabrá para qué hemos venido al mundo, creo en Dios y en la Virgen y en el *agnus dei* que llevo en el cuello y que me protegerá de la desgracia.

—No sé lo que es eso.

—¿No lo sabes?

—No.

—Los ingleses sois unos herejes. Yo creo que esto es ser demócrata —dijo el conde de España riendo.

—¿Cree usted, mi general?

—Sí. Yo soy demócrata, casi un demagogo. Pienso en el pueblo (IV, 692).

Este agnosticismo del conde es heredado de Baroja, quien en su labor de novelista considera permisible y conveniente —y está en su derecho— el ir más allá de los libros de historia en su interpretación de la personalidad del conde. El conde de Baroja sigue siendo el ordenancista salvaje y cruel de la historiografía liberal, pero hay en él algo más que salvajismo y disciplina militar. Baroja le presenta no tanto como un monstruo, sino más bien como un desequilibrado mental: «He venido a contemplar un monstruo y he encontrado un hombre», piensa Hugo (IV, 686). Si el conde se comporta de manera cruel, despiadada e implacable, es porque en el fondo resulta ser un individuo inseguro y vacilante: «¿Cómo se puede saber —confiesa el conde a Hugo— si se tiene razón, y hasta qué punto se tiene razón? Yo muchas veces dudo de todo» (IV, 686). Es esta sensación de duda y de incertidumbre lo que hace que el jefe carlista, por vía de compensación, imponga su voluntad de forma tan violenta y tan vehemente. Al conde viene a ocurrirle poco más o menos lo mismo que a otros muchos personajes barojianos: no ha sabido adaptarse al medio ambiente y sus acciones son la expresión de su inadaptación.

Temible y, sin embargo, temeroso; afable y, sin embargo, bestial, viviendo en la agitación constante de sus propias contradicciones internas, el conde viene a ser una figura inescrutable, pero patética. La dificultad de clasificar su carácter bajo una categoría bien definida conduce a Baroja a especular sobre el fenómeno de la personalidad. Es dudoso, dice, que el carácter de una persona exista independientemente de las acciones de esa persona; es posible que sean las acciones las que creen el carácter, y no al revés. Un concepto de más sentido es el de temperamento. El temperamento es de naturaleza biológica; representa lo que es innato en la persona. El carácter no es más que la represión del temperamento por el espíritu; resulta una cosa arbitraria, heterogénea e irracional; y, sin embargo, insistimos en tomarla como una cosa homogénea y definible, y a todos nos gusta pensar que actuamos por motivos claros, lógicos y racionales.

Tras haber introducido la idea de que el temperamento de una persona está gobernado por su constitución fisiológica, Baroja sugiere que el humor cambiable del conde es debido a factores fisiológicos: «Hugo observó que al general no le chocaba la alteración cíclica de su carácter, la periodicidad de su tristeza. Sin duda, el conde no había pensado que este humor negro que le sobrecogía de cuando en cuando con cierta simetría podía proceder no siempre de causas externas, sino también ser motivado por un origen interno» (IV, 720). ¿Es, pues, el conde víctima de impulsos fisiológicos que están fuera de su control? Baroja no va tan lejos; tal conclusión exoneraría al conde de toda culpa, y en realidad el disculparle moralmente no le interesa a Baroja en absoluto, pues precisamente uno de los aspectos más vivamente captados es su total carencia de sensibilidad moral y respeto por la vida ajena. En cambio, no cabe duda de que tampoco lo condena de la misma forma tajante con que condena, pongamos por caso, a Ramón Cabrera; pero esto podría explicarse por el hecho de que en el caso de Cabrera se trata únicamente de unas cuantas páginas que se limitan a lo histórico, mientras que en el caso del conde se trata de un largo relato psicológico y novelesco. Con todo, no deja de sorprendernos el juicio relativo y condicional que Baroja hace de España en contraposición al juicio categórico y contundente de Cabrera, distinción que se reduce en el fondo a decir que Carlos España estaba loco, y Ramón Cabrera, no.

El mismo conde no parece creer que sea posible mejorar de vida, pues le dice a Hugo: «Una nueva vida, una nueva política, un nuevo arte, todo eso son vanas ilusiones. Si pudiéramos cambiar de estómagos, de pulmones, de ojos, de corazón y de cerebro, aunque pudiéramos cambiar sólo la piel, podríamos cambiar de costumbres, de política o de literatura; pero no podemos cambiar de nada, y las combinaciones hechas con los mismos elementos nos parecen novedades» (IV, 689). Estas palabras encierran un pesimismo materialista mucho más profundo del que legítimamente podemos atribuir al mismo Baroja, pues éste siempre insistió en la responsabilidad moral del individuo. No obstante, la idea del conde de que no existe posibilidad de mejora moral en el hombre sin cambios fisiológicos está relacionada con la creencia de Baroja de que la historia no demuestra ninguna mejora en el sentido moral del hombre. Podría argüirse que la actitud de pesimismo absoluto por parte del conde no concuerda con su carrera militar y con su lealtad al Pretendiente. Pero si hay un aspecto de la personalidad del conde que Baroja subraya, es lo contradictorio de su carácter. El carácter del conde, en sus manifestaciones diversas y opuestas, elude toda interpretación. El conde, para Baroja como para el lector, resulta ser un verdadero «humano enigma».

Otros personajes secundarios que desempeñan un papel más o menos criminal los encontramos dispersos a lo largo de la serie. Coral Miranda, que aparece en «La mano cortada» (*Los caminos del mundo*), es, dentro de los límites de una novela corta, un vivo estudio en diabolismo femenino. La Cándida de «La canóniga» (*Los recursos de la astucia*), y Paca Dávalos de «La muerte de Chico» (*El sabor de la venganza*), son estudios de mujeres que se hunden poco a poco en una prostitución de lo más patético y repugnante. En «La casa de la calle de la Misericordia» (*El sabor de la venganza*), Baroja nos cuenta en unas pocas páginas la historia de un hombre profundamente religioso que se convierte en un perturbado mental a causa del remordimiento que le produce el asesinato que ha cometido. Sin embargo, la mayoría de los criminales de estas novelas son psicópatas, personas sin conciencia a quien no se les ocurre o no les importa su desfalco moral. Este es uno de los aspectos que sale a relucir en *Las mascaradas sangrientas*, novela dedicada en su mayor parte al crimen y a los criminales y que merece que la estudiemos con algún detenimiento.

En *Las mascaradas sangrientas,* Baroja confiesa la atracción que siente por el crimen y justifica el tratar del tema en la literatura seria. Como siempre, el prólogo rezuma humor: «Para muchos jóvenes dandys de la literatura académica y acaramelada, siempre gálica naturalmente, de la vanguardia o de la retaguardia, ese disco rojo del crimen no puede servir más que para iluminar antros del folletín y del melodrama, antros quizá de cartón pintado. Nosotros, sin duda más ingenuos y menos apolíneos, sin gran temor al percance del rey Midas, del alargamiento de las orejas, no participamos de esa creencia y nos atrae la llama roja y siniestra que alumbra los rincones oscuros y sombríos del espíritu y que deja luego un halo siniestro alrededor de las figuras monstruosas, admirables a veces en su morfología teratológica. ¿Cómo rechazar ningún resplandor que pueda esclarecer la turbia condición de la naturaleza humana, su esencia y su metabolismo? Es sugestiva la luz de la lámpara que brilla en las zonas inmaculadas donde nacen los pensamientos puros, inefables en su pureza; donde moran las madres del viejo Goethe; pero también es sugestivo el fulgor de la antorcha dostoiewskiana, que ilumina el borde del abismo negro poblado por los dragones y las quimeras» (IV, 476).

A pesar de la cita anterior, esta novela no es un estudio a lo Dostoyevski de una mente enferma. A Baroja le preocupan demasiado los acontecimientos externos para meditar largamente sobre las aberraciones de la mente humana. Pero aunque sus personajes criminales no sean creaciones de gran profundidad psicológica, algunos aspectos de su caracterización merecen nuestra atención.

El rasgo más evidente de los criminales que habitan estas páginas es su falta total de consideraciones morales. Ni una sola vez se le ocurre a Bertache, el cual se dedica a devastar la campiña asesinando y saqueando por dondequiera que pasa, que sus acciones puedan tener implicaciones de índole moral. Cuando le alcanza el castigo, y yace malherido e impotente con la posibilidad de la muerte ante él, todo lo que se le ocurre es maldecir la suerte que le hizo entrar a saco en una ermita, acción que cree ser la causa de su desgracia. Es supersticioso, pero extrañamente amoral. Igualmente, los hermanos Iturmendi, que planean y ejecutan cuidadosamente el cobarde asesinato de dos mujeres indefensas, no demuestran ni la más leve preocupación moral. Estos criminales carecen por completo de sentido ético, son moralmente inconscientes, y éste es un fenómeno reconocido por la psicología moderna. Pero lo verdaderamente curioso es que estos criminales todos terminan mal, y su desastroso final no siempre es del todo realista. Bertache muere violentamente, Paco Maluenda muere joven de tuberculosis y uno de los hermanos Iturmendi se vuelve loco. Además, hay que tener en cuenta que este fenómeno ocurre no sólo en esta novela, sino a lo largo de toda la serie, o sea, que viene a ser un expediente o artificio empleado con frecuencia. ¿Está Baroja intentando decir que las personas propensas al crimen son, por razones fisiológicas no comprendidas, también propensas a un final prematuro? No parece que eso sea lo que Baroja intenta decir. Al final del relato del asesinato de Chico invoca una máxima bíblica como moraleja: «Estaba en el *Eclesiastés* y me detuve a reflexionar sobre este versículo: —El que hiciere el hoyo caerá en él, y el que aportillare el vallado, le morderá la serpiente» (III, 1164). Baroja también hace que otros personajes censuren la conducta de los personajes criminales y hasta compensen con su sacrificio los actos de éstos. Por ejemplo, Gabriela siente la obligación de romper sus relaciones amorosas con Bertache, mientras la hermana de los

Iturmendi se hace monja para expiar los pecados de sus hermanos. Exactamente el mismo camino religioso escoge la hija de Paca Dávalos en «La muerte de Chico». Parece enteramente como si Baroja quisiera establecer un equilibrio moral en sus novelas. No cabe duda de que no le hace gracia que gente desalmada y cruel escape sin castigo. A un Cabrera no lo puede castigar por razones obvias y se tiene que contentar con denunciarle a rajatabla; pero para los personajes novelescos, Baroja es un dios que puede exigir justicia.

Otro aspecto del interés barojiano por los caracteres psicopáticos es la frecuencia con que aparecen mujeres degeneradas en sus novelas [18]. Hasta aquí, han aparecido Coral Miranda, la Cándida y Paca Dávalos, y ahora, en *Las mascaradas sangrientas* tenemos a dos más: la Tiburcia y la Bizot. Esta última es una figura muy secundaria que hace de Celestina y practica la magia negra, pero que al final sólo logra convertirse en el hazmerreír de la vecindad. La Tiburcia es una mujer atractiva que impulsada por la lujuria y la avaricia degenera en ninfomaníaca y sádica. No satisfecha con instigar el asesinato de su madre y hermanastra, se une a la partida de merodeadores de Bertache y pronto se convierte en una depravada total, distinguiéndose por su crueldad y su erotismo desenfrenado. Su manera de vida pronto se refleja en su aspecto físico, de forma que lo que era antes una mujer bonita parece ahora una criatura repugnante: «A la Tiburcia le habían salido manchas rojas y granos en la cara y en la frente, que le daban un aire repulsivo y feroz. Aquella mujer, roja y pustulosa, parecía un verdadero aborto del infierno» (IV, 558). La Bizot también es estigmatizada con deformidades físicas a raíz de sus actividades demoníacas: «La Bizot pareció más vieja y hasta le salió una erupción en la cara y una inflamación en los ojos» (IV, 579). Baroja no intenta explicar ni justificar este fenómeno. Cabe suponer naturalmente que el novelista estaba pensando en los efectos de la sífilis; pero en el caso de la Tiburcia, cuya degeneración física ocurre sólo en pocos meses, esta explicación apenas puede ser menos científica. Parece enteramente como si este horrible afeamiento fisonómico, que sirve para incrementar la repugnancia producida por la conducta de los personajes, les fuese infligido por el novelista como una especie de castigo. En esta novela Baroja ha hecho una escabechina atroz con sus personajes criminales: unos mueren violentamente, otros contraen enfermedades incurables, otros se vuelven locos, y otros aun adquieren un aspecto físico repulsivo.

En el caso de estos últimos, pudiera conjeturarse que tanto su conducta depravada como su desfiguramiento fisonómico subsiguiente tienen sus raíces en factores fisiológicos, pero Baroja nunca llega a formular esta hipótesis abiertamente. Muestra cierto interés en las teorías del filósofo suizo Lavater, y parece que presta cierto crédito a la ciencia de la fisonomía, pero no prosigue más allá para intentar averiguar por qué esta ciencia pueda tener una base real: «Indudablemente no es una fantasía folletinesca el asegurar que hay hombres que sólo por su aspecto producen desconfianza y hasta una marcada repulsión moral. Parece que por instinto se puede comprender rápidamente que ciertos rasgos fisonómicos representan y son consecuencia de una larga vida de intrigas, de hipocresías o de bajezas, y las fisonomías con estos rasgos nos producen alarma, no siempre bien definida. A veces no son las bajezas hechas las que adivinamos y nos dan impresión de alarma y de desconfianza, sino las por hacer, las que están aun latiendo en el espíritu del que es capaz de cometerlas. Así, por intuición, comprendemos que cierta clase de rostros no pueden pertenecer más que a almas dispuestas a toda clase de villanías» (IV, 269). La pregunta que naturalmente se nos ocurre es: ¿cómo surge esta conexión entre el lado moral y el lado físico de una persona? Baroja no hace nada por dar la respuesta; su única preocupación es con manifestaciones externas. Sin embargo, la posibilidad de que la conducta de una persona esté gobernada por causas fisiológicas es una idea que existe en Baroja sin lugar a dudas. Ya en su primera novela, *La casa de Aizgorri,* Baroja mostró interés en la cuestión de cómo factores hereditarios pueden afectar las acciones de una persona [19]. El medio ambiente también ejerce su efecto sobre el individuo; por eso Paco Maluenda, enfermo incurable, puede decir: «Tuve mala suerte; no lo digo únicamente por disculparme; ya ¿para qué? Pero en realidad mi suerte fue muy mala. Yo no creo ser un hombre de un carácter natural atravesado y dificultoso; pienso, que si hubiera sido bien dirigido hubiera llegado a ser un hombre razonable y cabal; pero la educación que me dio mi padre, si es que aquello se podía llamar educación, y la adversa suerte, me impulsaron a seguir los malos caminos...» (IV, 479). La mala educación y las malas compañías ponen a Maluenda en el camino de la vida criminal. Pero esto no justifica su crimen, y el precio que le exige su creador por su desfalco moral es una muerte prematura y solitaria. Análoga es la cuestión de los factores fisiológicos en los actos de criminales: es posible que el crimen y la depravación tengan raíces fisiológicas; pero el código moral de Baroja es demasiado fuerte para permitirle ver el problema fuera de la esfera de lo moral. Y es precisamente esta dimensión moral lo que diferencia la actitud barojiana hacia el criminal de la actitud de la escuela naturalista. A fin de cuentas, y aunque la herencia y el ambiente vayan en contra del individuo, siempre será el deber de éste el alzarse por encima de sus circunstancias. Así pues, el criterio moral de Baroja es aplicado tanto a los personajes novelescos como a los históricos.

4. La función de los personajes secundarios

El número de personajes secundarios que pasan como una sombra por las *Memorias de un hombre de acción* es casi incalculable. La proliferación de caracteres en la novela barojiana es algo que ha llegado a criticarse muy severamente. Baroja tiene la costumbre de introducir personajes que piden nuestra atención durante breves instantes para luego desaparecer quizá para siempre. Esto le deja expuesto a la acusación de que su técnica de caracterización es facilona y superficial, de que sólo ofrece la silueta de los personajes, mera procesión de tipos que no dejan una impresión duradera en la mente del lector. Por ejemplo, Serrano Poncela denuncia la pobreza de hondura psicológica en la caracterización de la siguiente forma: «Son siluetas de teatro chino, discurseadores y andarines a quienes vemos hacer movimientos, gesticular y afanarse sin saber nunca bien sus íntimas razones» [20]. A lo cual Baroja responde de forma tajante, pero poco satisfactoria: «Hay personajes que no tienen más que silueta y no hay modo de llenarla» (IV, 320). Ortega y Gasset es mucho más mordaz en su condena de este aspecto del arte barojiano: «Si de la obra de Baroja se hiciese, como de la de Balzac, un censo, sospecho que el número de personajes dejaría atrás la *Comedia humana,* no obstante su menor extensión. Llueven torrencialmente sobre cada volumen las figuras sin que se nos dé tiempo para intimar con ellas. *Ut quid perditio haec?* ¿Para qué este desperdicio? La posibilidad material de hacinar tal cúmulo revela que no trata el autor a cada uno como es debido. En efecto: analícese cualquiera de sus libros, y se verá cómo la mayor parte de estos personajes no ejecutan ante nosotros acto alguno. En dos o tres páginas resume el autor su historia y juzga su personalidad. Hecho esto, los vuelve a la nada, y el libro, más que una novela, parece el pellejo de una novela. ¿No es absurdo proceder semejante? Baroja suplanta la realidad de sus personajes por la opinión que él tiene de ellos. He aquí una de las maneras de este autor que a mí no me cabe en la cabeza. Que invente un novelista figuras humanas y en lugar de mostrárnoslas ellas mismas en sus actos externos e internos, las deje fuera del libro y en su lugar nos refiera lo que él piensa de tales criaturas desconocidas de nosotros me parece una extravagancia indefinible. Además me parece un vicio» [21].

Es una lástima que Ortega, en vez de deplorar la costumbre de Baroja de darnos resúmenes de caracteres, no se preguntase si tal procedimiento cumplía alguna misión. Vamos a ver cómo funciona esta técnica de

Baroja estudiando un caso concreto, su novela *El escuadrón del Brigante*. En los capítulos primero y segundo del libro 2.º de su novela, Baroja presenta a cuarenta personajes. ¡Cuarenta personajes en ocho páginas! Podemos imaginarnos la reacción de Ortega. De los cuarenta personajes, una buena proporción son sólo nombres, unos pocos están descritos con relativa larguez, mientras que muchos otros están descritos con una extensión que varía entre una sola frase y media columna. Podemos dividir a los personajes en grupos según el espacio que Baroja les dedica, y obtener así una impresión total del procedimiento del novelista. En la tabla que sigue a continuación, «descripción larga» quiere decir aproximadamente una columna (es decir, media página de las *Obras completas,* que vendría a ser una página, chispa más o menos, en una edición normal); «descripción mediana» quiere decir aproximadamente media columna, «descripción corta» quiere decir unas pocas líneas, y «mencionados» quiere decir que no hay descripción:

(a) Descripción larga	(b) Descripción mediana	(c) Descripción corta	(d) Mencionados únicamente
El Brigante	El Tobalos	El Apañado	El Largo
El Jabalí	El Mastaco	El hermano Bartolo	El Zamorano
Don Perfecto	El Meloso	Mosén Ramón	El Chato
	Martinillo	El herbolario	El Arriero
	Lara	El cura de Tinieblas	El Rojo
		El Abuelo	El Canene
		La Galga	El tío Currusco
		La Saltacharcos	El Estudiante
		El Feo	El Lobo de Huerta
		El Gato	El Barbero
		El Manquico	El Fraile
		El Padre Eterno	La Albeitaresa
		La Teodosia	La Loca
		Juanito Biones	La Morena
			La Brita
			La Matahombres
			La Montesina
3	5	14	17

De los treinta y nueve personajes, solamente la quinta parte disfrutan del tratamiento más detallado, y en particular tres de ellos; dos quintas partes son descritos muy someramente; y las otras dos quintas partes son meros nombres. Además, de los treinta y nueve personajes, veinticuatro no vuelven a aparecer en la novela, la mayor parte de ellos de los grupos (c) y (d), pero también uno del grupo (a) y uno del grupo (b).

Hay que hacer, evidentemente, dos preguntas. ¿Por qué procedió así Baroja? ¿Y cuáles fueron los resultados de su proceder?

Pensamos que es razonable suponer que si un novelista adopta una técnica particular, lo hace imaginando que con ello logra cierto efecto o alcanza cierto objetivo. Por eso, cuando se percibe que Baroja crea cientos de personajes que a primera vista parecen superfluos, hay que suponer en primer lugar que sus razones tendría para ello y no concluir que fue un procedimiento caprichoso y arbitrario. Si se admite la posibilidad de que el procedimiento tenga una explicación lógica, se puede poner a prueba la hipótesis por medio del estudio de la obra.

El tema de *El escuadrón del Brigante* es la vida y las actividades de los guerrilleros patriotas durante la guerra de la Independencia. La tarea inmediata que tuvo que resolver el novelista fue cómo destacar el hecho de que aquella situación supuso una aglomeración de individuos. Personas que anteriormente nunca habían buscado la cooperación entre sí se vieron ahora unidas en grandes números por su común deseo de deshacerse del invasor. El movimiento guerrillero fue un movimiento masivo, en el sentido de que se basaba en números tanto como en estrategia. Recordemos la insistencia de Merino en tener a su disposición el mayor número posible de guerrilleros para así ejercer una superioridad numérica sobre el enemigo. La cantidad de individuos es un factor que tiene que tener cabida en la representación novelesca de la vida y de las actividades de los guerrilleros. Pero el referirse al grupo de guerrilleros como grupo y no como una colección de individuos daría por resultado un cuadro abstracto y de poco relieve. Esta es la clase de cuadro que hallamos en los libros de historia que tratan de los guerrilleros: un cuadro que carece de realidad humana porque no nos muestra a seres humanos en acción, sino a una fuerza abstracta, quizá con uno o dos individuos de jefes. Naturalmente ésta no es la impresión que Baroja quiere dar en su novela. Pero, por otra parte, el describir a una multitud de personajes ocupándose de cada uno en detalle y observando su vida interior y exterior hubiese requerido muchísimo más espacio del que Baroja le adjudicó al tema dentro de la serie. Lo que Baroja ha hecho ha sido poner en práctica un sistema que conservase las ventajas del segundo procedimiento, pero sin sus desventajas. El sistema que ha empleado se explica en parte por la tabla de personajes que acabamos de ver y en parte por su manera de enumerar y describir. En sus descripciones Baroja busca ante todo el individualizar, es decir, el realzar lo peculiarmente personal de cada personaje, el aspecto de su individualidad que le distingue de los demás. Baroja no siempre necesita una descripción larga para individualizar a un personaje; a menudo le basta una frase para comunicarle al lector los rasgos esenciales. Así, por ejemplo, se describe a un joven cura como «mozo terne, bravío, de estos curas de bota y garrota, juerguistas y amigos de riñas» (III, 145). Para subrayar la veta hipócrita del Jabalí, añade, tras describir su naturaleza cruel: «Al Jabalí siempre se le veía con el rosario en la mano» (III, 143). Baroja no se contenta con decir que el cura es un revoltoso y El Jabalí un hipócrita, sino que sustituye estos rótulos abstractos por toques descriptivos de gran plasticidad. El novelista insiste constantemente en la gran diversidad de tipos humanos que había. Aun cuando sólo está enumerando una serie de nombres, añade un comentario para indicar que no eran todos iguales: «Del escuadrón del Brigante, además de los que he citado, recuerdo El Largo, El Zamorano, El Chato, El Arriero, El Rojo, El Canene, El tío Currusco, El Estudiante, El Lobo de Huerta, El Barbero y El Fraile. Algunos de ellos, dóciles, comprendían la superioridad del saber, se rendían a ella y se dejaban guiar por los más instruidos; pero otros querían considerar que ser cerril y tener la cabeza dura constituía un gran mérito» (III, 145).

Los nombres pintorescos con que Baroja bautiza a sus personajes también forman una parte esencial de su caracterización. Nombres tales como El Meloso, El Apañado, El Lobo de Huerta, llevan unidas a ellos ciertas asociaciones que facilitan la tarea de individualización. La descripción impresionista de Baroja —uno de los aspectos que Ortega deploraba— no sólo tiene éxito, sino que en el contexto de la historia está perfectamente justificada. Pues debemos tener en cuenta que la novela se basa en los recuerdos de Aviraneta; y no sólo vemos a los personajes por ojos de otro personaje, sino que en la mayoría de los casos no podemos esperar que él conserve en su memoria más que una impresión de ellos. Por añadidura, el mismo Baroja dijo que «en El escuadrón del Brigante, los guerrilleros son tipos vistos en los pueblos de la provincia de Burgos en el año 1914». Así pues, el mismo novelista está hasta cierto punto transcribiendo las impresiones que recibió.

La técnica de Baroja ha consistido en presentar ante el lector una numerosa colección de personajes y someterlos a una descripción impresionista, mientras al mismo tiempo ha ido reduciendo la extensión que le dedica a cada uno a medida que el cuadro se va llenando de personajes. En conjunto, la técnica de Baroja ha sido un éxito, pues el cuadro total que nos ha pintado resulta vivo, natural y convincente. Sobre todo, Baroja ha subrayado la diversidad y multiformidad de tipos humanos, y es esta impresión multicolor que se recibe del cuadro pintado por el novelista, junto a la plasticidad de su descripción, lo que da a la obra su autenticidad.

Si nos acercamos a otras novelas de Baroja de forma parecida, es muy posible que también hallemos un procedimiento lógico y razonable y en concierto con la intención de la novela. También conviene recordar —aunque ello no pueda considerarse una justificación— la distinción que hacía Baroja entre un personaje principal y un personaje secundario: «En mis novelas casi siempre invento el tipo principal y copio de la realidad los secundarios»[22]. Si esto es verdad, quiere decir que, al menos teóricamente, el personaje principal pertenece a la vertiente novelesca de la novela mientras que los secundarios pertenecen a la vertiente real. La distinción es seguramente un tanto forzada, pero de todas formas sugiere que es inútil adoptar para con los personajes secundarios el mismo criterio que empleamos con los personajes principales. Más que preguntar ¿cuál es su caracterización? hay que preguntar ¿cuál es su función?, aunque naturalmente siempre deberá haber cierta conexión entre lo uno y lo otro.

Finalmente, en lo que atañe al número de personajes de papeles fugaces, hay que decir que aunque Baroja indudablemente abusa a veces de esta técnica, el procedimiento suele servir para reflejar la variedad y profusión de tipos humanos que cruzan nuestro camino en la vida cotidiana. Si no otra cosa, la proliferación de tipos humanos en la novela barojiana es al menos el reflejo de la diversidad y confusión de la vida misma.

Capítulo 6
Historia y ficción:
Concepto barojiano de la novela histórica

1. LA CONEXIÓN DE HISTORIA Y FICCIÓN

Las novelas históricas están compuestas de dos clases de ingredientes: los que están sacados de la historia y los que provienen de la imaginación del novelista. Cómo fundir los elementos ficticios con los históricos y transformarlos en obra de arte es el problema central de la novela histórica. Fue un problema que tanto afligió al autor de *I promessi sposi* que escribió un tomo entero sobre el tema, confesando sus dudas y acabando por admitir que el problema no tenía solución[1]. Las principales ideas de Manzoni las podemos resumir de la siguiente forma:

i) Si el autor no distingue entre lo histórico y lo ficticio no sabemos cuál es la verdadera manifestación de la humanidad.

ii) En caso de que sí distinga, la unidad artística u homogeneidad de la obra se pierde.

iii) Pero de todas formas, el novelista apenas si está en posición de poder distinguir entre lo real y lo inventado, ya que el hacerlo requeriría intromisiones intolerables en la narración.

iv) No obstante, es imposible eludir el hecho de que hay dos elementos distintos en la novela histórica. No puede haber homogeneidad porque sus componentes son heterogéneos.

237

Manzoni concluye por decir que «un gran poeta y un gran historiador pueden hallarse, sin confundirse, en el mismo hombre, pero no en la misma obra»[2]. El veredicto final del autor de una de las novelas históricas más artísticas y bellas jamás escritas es, paradójicamente, que la novela histórica es, por definición, un género inartístico. Naturalmente, en su tratado sobre la novela histórica Manzoni se enfrentó con el problema en un nivel teórico que resultó ser un callejón sin salida. Pero aunque no admitamos la validez del presupuesto de Manzoni de que Historia y Poesía son irreconciliables —presupuesto que se basa en el pensamiento aristotélico— [3], los problemas prácticos relacionados con el logro de la fusión artística quedan aún en pie. El manipular la historia para hacerla encajar en la ficción queda descartado, toda vez que una novela histórica lo es porque el autor tiene un interés serio por lo histórico y respeta la verdad histórica en cuanto ésta es conocida. La solución —si es que la hay, pues los idealistas lo niegan— está en la dirección opuesta, es decir, en componer la parte ficticia de tal forma que se pueda compenetrar con el contenido histórico. Y aunque este proceder esté condenado por la estética idealista, resulta el único practicable. Es precisamente lo que hizo Galdós: adecuar lo novelesco a lo histórico; pero ni siquiera un novelista de la talla de Galdós pudo lograr la perfección, y por eso notamos a veces que la trama novelesca de los *Episodios nacionales* tiene cierta artificialidad, artificialidad derivada del hecho incontestable de que lo novelesco va subordinado y sirve de sostén a lo histórico. Galdós no se preocupó de teorías estéticas ni de si su proceder era estéticamente legítimo. Para él el problema era una cuestión técnica, y por lo tanto susceptible de solución. El éxito de los *Episodios* muestra el certero instinto de Galdós, a pesar de que hoy encontramos en ellos ciertos defectos de composición. ¿Y Baroja? ¿Cuál fue su actitud hacia este problema? Una vez más, vayamos directamente a las novelas.

En *El escuadrón del Brigante* y *Con la pluma y con el sable* indudablemente se ha logrado cierto grado de fusión entre lo histórico y lo novelesco. En la primera de éstas, la narración incorpora tanto el contenido histórico como el interés novelesco. El contenido histórico consiste en las campañas de Merino contra los franceses y en alguna información de fondo. El elemento novelesco consiste en rellenar el cuadro de la vida y vicisitudes de los guerrilleros, y también en las aventuras de Aviraneta. Si comparamos esta novela con la que le precede en la serie, observaremos que en ella los elementos históricos y ficticios se ocupan casi de lo mismo: la vida y actividades de Aviraneta y de los demás guerrilleros. En cambio, en *El aprendiz de conspirador* el relato de la historia de España, que forma una proporción considerable del volumen, tiene una existencia virtualmente independiente; el hecho de que el relato de la historia de España se dé por boca de Aviraneta no es suficiente para fundir los dos aspectos. Los personajes tienen que vivir la situación histórica y no sólo hablar de ella. En *El escuadrón del Brigante* la acción y la descripción se dan juntas, pues ambas van referidas a casi el mismo tema.

Con la pluma y con el sable es una de las novelas más satisfactorias de la serie en lo que se refiere al logro de la fusión entre historia y ficción. Esencialmente la novela trata del régimen liberal de los años veinte según se revela en una ciudad provinciana. Observamos los intentos de reforma por parte de la administración liberal, la reacción que provoca, la continua hostilidad entre reformadores y tradicionalistas, etcétera. La trama novelesca de *Con la pluma y con el sable* ha sido reducida a lo mínimo. La fórmula empleada es bien sencilla: se inventan unos cuantos personajes ficticios, se establece una conexión entre ellos y el protagonista, el cual se mueve en el ámbito de lo ficticio y en el de lo histórico, y luego se desarrolla gradualmente esta situación. La ventaja de tener este tipo de trama novelesca es que no choca con el material histórico de desarrollo lento. En los *Episodios nacionales* la trama novelesca tiene que durar toda una serie, y para poder mantener su naturaleza dramática tiene que ser sometida a una sucesión

239

atormentadora de lances y vueltas y torsiones para que su desenlace coincida con el final de la serie. Baroja no escribe novelas compuestas de diez tomos —pues eso en realidad es una serie galdosiana—; lo más que hallamos es una novela en tres tomos, a veces dos, pero más corrientemente cada tomo es una novela, y hay varios tomos que contienen varias novelas cortas, cada una con su propia trama novelesca. Y sin embargo, este problema de la trama que se acaba antes de que se haya cubierto toda la parte histórica, lo encontramos en Baroja. En «Una intriga tenebrosa» *(Los caminos del mundo)* las maniobras de Aviraneta y de sus compañeros de conspiración se terminan antes de que se nos haya dado cierta información importante acerca del desenlace de la Conspiración del Triángulo. Esto hace que la información histórica resulte un anticlímax y dé la impresión de algo pegadizo que ha sido torpemente añadido con posterioridad. Uno de los requerimientos de una buena novela histórica es una trama novelesca que se vaya desplegando a la par que el material histórico. Una trama de desarrollo rápido y de tensión dramática le hará la vida muy difícil al novelista, pues o se agotará la trama antes de que el material histórico haya sido tratado adecuadamente o tendrá que ser reactivada artificialmente a intervalos. Por eso, sin llegar a la perfección, *Con la pluma y con el sable* resulta más satisfactoria en este respecto que varias otras novelas del ciclo, pues en ella el eterno problema de la novela histórica ha sido superado con cierto éxito. Otra novela en que lo histórico va entrelazado con lo ficticio de forma que difícilmente podría separarse lo uno de lo otro, es *El amor, el dandismo y la intriga.* Aquí, vemos la situación histórica a través del personaje ficticio Pello Leguía, el cual se ve metido de lleno en los acontecimientos históricos bajo examen, a saber, la época del comienzo de la desintegración carlista en el norte de España. Leguía también es el vehículo de la trama novelesca, mediante su aventura amorosa con otro personaje cuyo papel es en parte histórico y en parte ficticio (María de Taboada: sus incursiones en el campo carlista son históricas, sus vicisitudes amorosas, ficticias).

Si hacemos mención de todos estos casos en que la dificultad de fundir lo histórico y lo novelesco ha sido superada por el novelista es más que nada por indicar que Baroja parecía ser consciente del problema y conocía los recursos que tenía a su disposición para alcanzar una solución relativamente aceptable, como ya hicieran Galdós y tantos otros novelistas históricos del siglo XIX. Y sin embargo, es un hecho indudable que en muchas de las novelas de las *Memorias de un hombre de acción* la conexión entre historia y ficción es perfunctoria, mientras que en otras es literalmente inexistente. Veamos unos cuantos ejemplos.

Los recursos de la astucia se compone de dos relatos. En el primero, «La canóniga», la información histórica se da por separado en los capítulos III y IV del prólogo. La historia que sigue al prólogo es toda ella ficticia. El segundo relato, «Los guerrilleros del Empecinado en 1823», es todo él histórico, compuesto con la ayuda de las hojas de servicio de Aviraneta y con un relato de éste que cayó en manos de Baroja, pero que luego desapareció (a ello ya nos referimos en el capítulo I de la primera parte). En cuanto a la ficción inventada por el autor, apenas si existe en este relato.

En *Los caudillos de 1830,* cuyo título se refiere, naturalmente, a la fracasada invasión liberal, el relato de la expedición militar corre a cargo de un personaje secundario. Ni Aviraneta ni Miguel Aristy, que es el principal personaje de la trama novelesca, toman parte en la expedición. El resultado de este proceder es que el relato de la famosa expedición de Mina está completamente divorciado del resto de la novela.

Al comenzar la parte 2.ª de *Las figuras de cera,* Baroja nos anuncia lo siguiente: «Aquí el autor tendría que comenzar esta parte pidiendo perdón a los manes de Aristóteles, porque va a dejar a un lado, en su novela, las tres célebres unidades: tiempo, lugar y acción, respetables como tres abadesas o tres damas de palacio con sus almohadas y sus colchas correspondientes. El autor va a seguir su relato y a marchar a campo traviesa, haciendo una trenza, más o menos hábil, con un ramal histórico y otros novelescos. ¡Qué diablo! Está uno metido en las encrucijadas de una larga novela histórica y tiene uno que llevar del ramal a su narración hasta el fin. Iremos, pues, así mal que bien, unas veces tropezando en los matorrales de la fantasía, y otras hundiéndonos en el pantano de la historia» (IV, 213).

La declaración no puede ser más explícita. ¿Pero tardó Baroja doce años en darse cuenta de la naturaleza de su procedimiento? Porque la falta de conexión entre lo histórico y lo novelesco ha sido evidente desde el primer tomo de la serie. Es verdad que en algunos tomos los dos aspectos se dan bien entrelazados, pero en muchos otros el novelista no ha puesto el menor esfuerzo en fundir lo histórico con lo novelesco. La trama novelesca, con un argumento bien trabado, como ocurre por ejemplo con *La veleta de Gastizar* y *Los caudillos de 1830,* se ofrece al lector con independencia de lo histórico, de forma que el lector poco interesado en los acontecimientos históricos podría fácilmente saltarse esas partes de la novela y degustar únicamente la ficción novelesca. Ahora, al llegar al tomo catorce, *Las figuras de cera,* Baroja por fin declara, con su tono humorístico habitual, que historia y ficción seguirán cada una por su camino. En realidad, si examinamos *Las figuras de cera* caemos en la cuenta de que esta divergencia era inevitable, dado el contenido que Baroja insiste en verter en su novela. Por un lado tenemos a Aviraneta intrigando para provocar la discordia entre los carlistas, y por otro tenemos la historia de Alvarito y Chipiteguy. El fundir estas dos historias resulta técnicamente imposible por la sencilla razón de que apenas tienen nada en común. Se comprende naturalmente que Baroja no quisiese abandonar la historia de Aviraneta. Aviraneta estaba en el momento culminante de su carrera, pero su trabajo en estas jornadas era más cerebral que dramático. Había que ampliar el interés novelesco, y aquí entra Alvarito en escena. Por supuesto que en las aventuras de Alvarito hay cierto elemento de lo histórico entremezclado con lo novelesco; pero el material más puramente histórico se incluye por separado. En general puede decirse que el material histórico y la invención novelesca se presentan mediante el sencillo procedimiento de alternación: Aviraneta figura en el ámbito histórico y Alvarito en el novelesco. Pudiera pensarse que la culpa de esta técnica aparentemente tan pedestre la tiene Aviraneta, o mejor dicho la obligación que se impuso el novelista de reconstruir su vida y actividades, lo cual a veces limita severamente la posibilidad de inventar, a no ser que la invención se lleve a cabo en otra esfera. Un ejemplo clarísimo lo tenemos en *Las furias,* novela en que hallamos dos relatos de los funestos acontecimientos de Barcelona en enero de 1836. El primer y principal relato, el más dramático y vivamente descriptivo, es el del personaje ficticio Pepe Carmona, que accidentalmente se ve envuelto en el horror de la noche del 4 de enero. Al final de este relato novelesco viene la versión de Aviraneta, ni dramática ni novelesca, sino política, detallista y especulativa. Dice Flores Arroyuelo que los dos relatos están ahí para ofrecer dos perspectivas diferentes del mismo acontecimiento histórico, y que Baroja dio preferencia al relato novelesco al colocarlo en primera posición [4]. Creemos que el verdadero motivo de que estos dos relatos estén en la novela es más prosaico. A Baroja le interesaba el acontecimiento en sí por sus posibilidades novelescas: el furor popular, el asalto a la ciudadela, los espantosos asesinatos; pero para un relato dramático Aviraneta no le servía por la sencilla razón de que mientras estos sucesos se desarrollaban en la ciudadela, Aviraneta se hallaba en palacio con la esposa de Mina, como él mismo lo cuenta en su folleto *Mina y los proscriptos.* ¿Cómo iba Baroja a desentenderse de este relato y meter a Aviraneta en la ciudadela para presenciar los asesinatos? Es obvio que Aviraneta no le servía en esta ocasión a Baroja para un relato dramático; por fuerza tenía el novelista que echar mano de un personaje inventado que se pudiera hallar en medio del horror de la noche del 4 de enero. Pero si Aviraneta no podía ser testigo directo del asalto a la ciudadela, tampoco el personaje novelesco podía poseer la información política que tenía Aviraneta. Por fuerza Baroja tuvo que incluir dos relatos, uno novelesco y dramático, y otro político y detallista sacado del folleto de Aviraneta. El colocar el relato personal de Aviraneta detrás del inventado pudo ser cuestión de conveniencia: el relato de Pepe Carmona es comprensible de por sí, mientras el de Aviraneta es más bien un comentario, una aclaración o una interpretación de los sucesos. De todas formas, lo que aquí interesa es esta separación de lo histórico y lo novelesco, separación que en el caso particular de *Las furias* se explica perfectamente por la posición que ocupa Aviraneta.

Con todo, el explicar la falta de fusión entre lo histórico y yo ficticio en muchas novelas como resultado de la complicación de Aviraneta sería insuficiente. El hecho es que este fenómeno también se da en novelas que poco o nada tienen que ver con Aviraneta. Veamos un caso concreto.

En *Humano enigma* y *La senda dolorosa* el verdadero interés de la novela se centra en el carácter del conde de España, y con él, naturalmente, del carlismo en Cataluña durante el último año de la guerra. Ya dijimos en el capítulo anterior que la presentación y el estudio de Carlos España debió exigir al escritor un esfuerzo novelístico considerable, aunque esto, naturalmente, no quita que el relato esté basado en un material histórico. Precisamente porque se trata de elaborar novelísticamente un material histórico, Baroja ha proporcionado un soporte puramente novelesco, a saber, las aventuras de Hugo Riversdale, periodista de profesión, cuyas experiencias forman el contenido ficticio de la novela. Al principio se da una estrecha conexión entre los dos aspectos de la novela. En *Humano enigma* la conexión reside en el hecho de que Hugo Riversdale es el medio por el cual se introduce la historia del conde. El objetivo de Hugo al ir a Berga, donde el conde tiene su cuartel militar, es justamente llegar a conocer al conde e investigar su vida, y durante algún tiempo los conocimientos que el lector va adquiriendo del conde le llegan a través de Hugo. Sin embargo, Baroja parece que encuentra molesto el tener que referirse al inglés cada vez que quiere decirnos algo del conde, y llega un momento en que comienza a presentar las dos historias —la de Hugo y la del conde— de forma alterna. Todavía en *Humano enigma* Baroja ha hecho algo por mantener la fusión de los dos elementos; por ejemplo, cuando el conde aparece en persona también Hugo está presente, y cuando se nos relata la biografía de aquél se nos da a entender que esta historia se la relata a Hugo uno de los habitantes del pueblo. Pero en *La senda dolorosa* Baroja no ha conseguido hallar, o no ha querido buscar, una fórmula que proporcionase cierto grado de fusión.

La historia de lo que está ocurriendo en Berga se reanuda en la parte 2.ª de *La senda dolorosa* (la parte 1.ª está dedicada a Aviraneta). Esta parte 2.ª trata de la situación política en Berga y de la creciente oposición secreta contra el conde. El capítulo v de esta parte fija la atención en el conde y en cómo éste reacciona ante los peligros que le amenazan desde dentro del campo carlista. Esto se lleva a cabo sin referencia de ninguna clase a Hugo Riversdale. En el siguiente capítulo sí aparece Hugo en compañía del conde; aquí su función es la de oyente. La parte 3.ª trata de los amores de Hugo y no tiene absolutamente nada que ver con el jefe carlista. Sugiere muy claramente la creciente divergencia de las dos vertientes, histórica y novelesca, sugerencia plenamente confirmada en la parte 4.ª, que trata solamente de la conjuración de la Junta para deshacerse del conde, y del último día de libertad de éste. La parte 5.ª trata de su prendimiento. En todo esto no interviene para nada Hugo Riversdale, pero en la parte 6.ª vuelve a aparecer: Susana quiere ocho días para pensar la proposición de Hugo de huir con él a Inglaterra, y él decide mientras tanto investigar la misteriosa desaparición del conde. Por un momento parece que las dos vertientes van a fundirse como en un principio; pero pronto nos damos cuenta de que no hay tal. El reconstruir la historia de la muerte del conde por medio de las investigaciones de Hugo limitaría seriamente la cantidad de detalle que el novelista puede incluir en la novela, y Baroja no está dispuesto a aceptar esta limitación. A él le interesa más que nada el conde, y se propone reconstruir su asesinato minuciosamente; y así, la información nos es transmitida directamente y no por mediación del personaje ficticio. Es justamente como si en el proceso de resolver un crimen en una novela policíaca, el autor nos diese su propia solución paralelamente a la del detective. El procedimiento de Baroja inevitablemente causa perplejidad en el lector: ¿para qué —nos preguntamos— hacer que Hugo Riversdale investigue la muerte del conde de España si durante largos ratos el novelista se olvida de su existencia?

Resulta, pues, que en esta novela se dan dos ingredientes distintos e independientes: la historia del conde de España, fundamentalmente histórica, y la historia de Hugo Riversdale, que es ficción pura. Durante cierto tiempo las dos historias van fundidas en un hilo narrativo único, pero llega un momento en que comienzan a divergir, para seguir cada una por su lado. De las dos historias, la del conde es desde luego la que más le interesó al novelista, y por ende la que más interesante le resulta al lector. Hugo Riversdale sí tiene cierta función estructural que cumplir: como agente de Aviraneta sirve para establecer un enlace entre estos dos tomos y la serie en general. No obstante, una vez que ha desempeñado esta función, Baroja no persiste en emplear su papel novelesco como sostén de lo histórico, al menos no de una forma sistemática. Lo mismo ocurre con el compañero de Hugo, Max Labarthe; pero en su caso Baroja le hace morir en una acción militar. Los periodistas, claro está, son más problemáticos que los soldados.

Es evidente que en las novelas históricas de Baroja, o mejor dicho, en muchas de ellas, existe una dicotomía fundamental. ¿Cómo se explica que Baroja pudiese tolerar tal situación? ¿Por qué no se preocupó en darle a sus novelas una forma que permitiese la fusión de lo histórico con lo ficticio a la manera tradicional? ¿Se trata una vez más de la conocida falta de respeto de Baroja por todo lo establecido y lo aceptado? No creemos que haya una respuesta sencilla y directa; pero podemos abordar el problema oblicuamente en busca de la solución.

Como réplica a un crítico que ha querido comparar *Las memorias de un hombre de acción* con los *Episodios nacionales,* Baroja escribe: «Yo no me he propuesto, de pronto, escribir novelas históricas»; y unas líneas después repite la misma idea: «Yo no quería hacer novelas históricas sino más bien una especie de reportaje fantástico» (VII, 463-4).

¿Qué quiere decir Baroja cuando escribe que él no se propuso escribir novelas históricas? Después de todo, en más de una ocasión nos dice que está escribiendo o ha escrito novelas históricas: «Está uno metido en las encrucijadas de una larga novela histórica...» (IV, 213); «Desde hace algún tiempo me he metido en el campo de la novela histórica» (V, 229); «Cuando empecé a escribir novelas históricas...» (V, 186). Cuando Baroja duda de la validez de comparar sus novelas con los *Episodios nacionales* y dice que él no quiso escribir novelas históricas, lo que realmente quiere decir es que él nunca intentó escribir novelas históricas a la manera de Galdós, es decir, según la concepción decimonónica de la novela histórica.

La principal característica de la novela histórica decimonónica es la creciente importancia del material histórico, hasta el punto de que la historia llegó a tener una importancia primordial. Amado Alonso, que ha estudiado el proceso y declinar de la novela histórica en el siglo XIX, sugiere que el declinar del género se debe a que «pronto las circunstancias importan más que el héroe». Como consecuencia, «la novela histórica se convierte por fin en historia anovelada». El error consistió en subordinar la invención del novelista —la «creación poética»— a la elaboración y presentación de un material conocido[5].

Aunque Galdós se guardó de abandonar a sus héroes, es evidente que los *Episodios nacionales* comparten esta tendencia de conceder una importancia primordial al contenido histórico. El mismo Galdós lo pone bien en claro cuando dice: «Ahora estoy preparando el cañamazo, es decir, el tinglado histórico... Una vez abocetado el fondo histórico y político de la novela, inventaré la intriga» [6]. Galdós da prioridad al material histórico. «El conjunto de los *Episodios* muestra sin lugar a dudas que desde el primer momento el autor tuvo presente la prioridad de lo histórico como principio de composición» [7]. El contenido histórico es, pues, el factor dominante en la elaboración de los *Episodios,* y la tarea del novelista consiste en presentar ese material de la forma más atractiva y amena posible. Dicho de otra forma, Galdós está empleando el medio de la novela para dar una lección político-histórica. En Baroja este objetivo lógico y claro no existe; sus novelas históricas no tienen el mismo valor didáctico que los *Episodios.* Una persona poco enterada de la historia de España en el siglo XIX lee los *Episodios* y halla cierta orientación. Si esa misma persona leyera, en cambio, las *Memorias de un hombre de acción* con el único objeto de aprender historia se vería inmersa en un laberinto del cual difícilmente podría salir. En las *Memorias de un hombre de acción* hay desde luego muchísima historia; pero, aparte de que es historia más bien para el iniciado, Baroja no ha querido seleccionar y ordenar ese material histórico de forma que fuese inmediatamente asequible al lector medio. El dar una lección político-histórica a la manera de Galdós no entró en los planes de Baroja; sólo hay que fijarse en la presentación no cronológica del material histórico para darse cuenta de ello. En todo caso le interesaba mostrar lo contrario: lo absurdo de la historia y la falsedad de la política; pero claro es que Baroja no escribió veintidós tomos únicamente para mostrar esto.

Ahora bien: si todo esto es verdad, ¿por qué se volvió Baroja hacia la historia y le dio tan gran cabida en su obra? Sería escasamente probable que a Baroja le interesara la novela histórica primordialmente como vehículo de los detalles eruditos de sus investigaciones; primero, porque no hay tanta erudición como para llenar veintidós novelas, y segundo, porque ello convertiría la historia en algo soso y académico, muy lejos del verdadero interés de Baroja y de su obra en sí. Además, algunas de las novelas de la serie son casi enteramente ficticias y no se basan en la investigación histórica [8]. La pregunta, pues, sigue en pie: ¿qué fue buscando Baroja en la historia?

El mismo nos ha dado una posible respuesta: «Yo he ido a la Historia por curiosidad hacia un tipo» (VII, 1074); y también: «Yo no quise hacer novelas de aire heroico, sino recoger datos de una vida» (VII, 464). Pero esto sólo explicaría por qué Baroja se volvió a la historia en un principio; de ninguna manera explica por qué escribió veintidós novelas históricas cuando los «datos de una vida» cabían perfectamente, y de hecho cupieron, en un solo tomo —la biografía *Aviraneta o la vida de un conspirador*. El material histórico de las *Memorias de un hombre de acción* sobrepasa en mucho al que exigía el poner a Aviraneta de protagonista. Todo lo cual viene a indicar que Baroja encontró en la historia algo que podía utilizar con fruto en sus novelas.

La impresión total que el lector de las *Memorias de un hombre de acción* recibe es de diversidad, de color, de movimiento. El ciclo está saturado de esta corriente dinámica, difícil de describir, pero que se revela en el continuo acontecer, a veces trivial, que caracteriza cada tomo, de tal forma que podemos ver la serie como la conversión de la historia en el proceso dinámico que es la vida. Esto no es lo mismo que la *acción,* concepto que como ya argüimos en el capítulo anterior ha sido sobrevalorado. Se trata, más bien, de la manifestación de la vida, sobre todo de la vida humana, naturalmente, en sus diversas formas y en su constante y ciego fluir. En el fluir cósmico, cada acción, cada acontecimiento, por grande o pequeño que sea, pierde la trascendentalidad que pueda aparentar en el presente y se torna insignificante, es decir, carente de sentido propio, representativo sólo del constante acontecer que llamamos vida, fenómeno incomprensible para la mente humana, a pesar de que es una parte tan íntima de él. Fue Ortega y Gasset quien, hace ya mucho tiempo, percibió este poder vital en la novelística de Baroja: «¿Quién no ha sentido a veces leyendo esas páginas de Baroja —donde los acontecimientos más diversos van y vienen rápidos, sin patética, insignificantes, rozando apenas nuestra emoción, exentos de un ayer y de un mañana—, quién no ha sentido como el paso veloz de la vida misma, con su carácter de contingencia, de azar sin sentido, de mudanza constante, pero constantemente vulgar?»[9].

Este vitalismo que emana de muchas novelas barojianas en ninguna parte se pone tan de manifiesto como en las *Memorias de un hombre de acción*. Para Baroja, la novela era más que nada «reportaje de la vida», y la novela histórica, como ya hemos visto, «reportaje fantástico». ¿Por qué fantástico? Pues sencillamente porque la historia que el escritor noveliza no es asequible a su experiencia propia, pero esto no le quita el ser «reportaje», es decir, relato del acontecer humano. La clave final la tenemos en la equivalencia que Baroja establece entre historia y novela: «No hay gran diferencia entre la historia y la novela, y así como un Chateaubriand o un Flaubert han podido convertir la novela en una obra seria de construcción y de técnica, Carlyle ha podido hacer de la historia una novela fantástica y caprichosa» (V, 473). La historia y la novela se parecen porque en principio se ocupan de una misma cosa: la manifestación del vivir humano. Si es historia o novela dependerá del tratamiento que el escritor le haya dado a su material. Puesto que la historia y la novela tratan de lo mismo, Baroja se cree libre para acudir a la historia en busca de material para sus novelas. Y en esto creemos nosotros ver la diferencia fundamental entre los *Episodios nacionales* y las *Memorias de un hombre de acción*. El principal objetivo de Galdós fue la divulgación de un material histórico: los *Episodios* fueron escritos como ilustración de la historia. En cambio, en las *Memorias de un hombre de acción* la historia es sólo importante en cuanto que ayuda al novelista en su tarea de ilustrar la manifestación de la vida humana. En los *Episodios,* Galdós se propuso novelar un período reciente de la historia de España —vivo aún en la mente de muchos de sus lectores— con vistas a facilitar la comprensión del presente mediante el trazado del proceso de su realización [10]. Baroja, por el contrario, no intentó en absoluto reconstruir el pasado como una continuidad orgánicamente entrelazada, a él no le interesaba demostrar cómo el presente había salido del pasado: ya vimos en el capítulo tercero de la primera parte que el concepto barojiano de la historia no es ni lineal ni progresista. Baroja se volvió a la historia porque en ella descubrió el humano existir en todo su dinamismo e intrascendentalidad. Y si en las novelas históricas de Galdós lo novelesco llevaba como misión servir de sostén a lo histórico, en las novelas históricas de Baroja lo histórico sirve para proporcionar el impulso a la inspiración del novelista y para suministrar el marco de realidad al que el material novelesco debe permanecer fuertemente anclado. Para Baroja, la historia y la novela, ambas con una existencia primordialmente subjetiva, son reflejo de un mismo mundo, es decir, reflejo de la visión que un escritor, sea historiógrafo o novelista, tenga del mundo exterior; y por eso, a fin de cuentas, historia y novela vienen a ser una misma cosa.

En el contexto de la novela histórica la actitud de Baroja es crítica. El eterno problema del novelista histórico radicaba en la necesidad de mezclar lo histórico con lo ficticio, de tal forma que se lograse un todo coherente y artístico. Manzoni sacó la conclusión de que el problema no tenía solución y, por lo tanto, impedía que la novela histórica alcanzase una completa perfección artística. Galdós nunca se encaró con el problema en el nivel teórico en que lo puso Manzoni, pero tuvo que hacerle frente en el nivel práctico y empleó diversos recursos técnicos para superarlo [11]. A Baroja, en cambio, no le preocupó este problema. Puesto que para él lo histórico y lo novelesco representaban esencialmente lo mismo, se sintió justificado en pasar de lo uno a lo otro sin recurrir a artificios literarios que diesen a las dos partes de su novela una fusión estructural. La conexión de historia y ficción existe más bien en el plano filosófico que en el estrictamente literario. Como ya vimos, el problema para Manzoni era insoluble, pues el autor de novelas históricas no podía ni confundir lo histórico con lo ficticio por respeto a la verdad histórica, ni distinguir entre lo uno y lo otro por razones artísticas. En cambio, para Baroja, tan buen reflejo de la manifestación de la humanidad puede ser la novela como la historia, y por eso la distinción es inaplicable.

2. BAROJA Y GALDÓS

Una idea que ha disfrutado de cierta divulgación es aquella según la cual las novelas históricas de Baroja, Unamuno y Valle-Inclán demuestran el abandono de la «historia externa» de los *Episodios nacionales* y la adopción de la idea moderna de «intrahistoria». Esta divulgación se debe más que nada al conocido libro de Pedro Laín Entralgo *La generación del 98,* donde se insiste mucho en la diferencia entre Galdós y los noventaiochistas. Laín resume la técnica galdosiana en los *Episodios* de la siguiente manera: «Tómese la materia histórica contenida en un tomo de la Historia de Lafuente, redáctesela con mejor pluma, vístasela con ropaje novelesco —y si el ropaje es una simple hoja de parra, mejor...; hágase todo esto y se tendrá un tomo de Galdós: *Trafalgar, Zaragoza* o *Napoleón en Chamartín*» [12]. Laín Entralgo prosigue diciendo que Baroja y Valle-Inclán proceden de forma totalmente diferente, porque «toman un fragmento del pasado y lo retratan novelescamente 'desde dentro', desde el pormenor de las vidas humanas que con su acción van dando cuerpo a ese fragmento de la historia pretérita» [13]. Pero si aceptamos la definición de la técnica galdosiana que hace Laín, entonces la distinción que él hace entre Galdós y Baroja es más que discutible, pues pongamos «un folleto de Aviraneta» donde dice «un tomo de la *Historia* de Lafuente» y tendremos una definición igualmente aceptable de varias novelas barojianas. ¿Y qué puede decirse de la idea de Laín de que Baroja retrata la historia desde dentro, mientras que Galdós lo hace desde fuera? ¿Quiere decir esto que Baroja intenta componer el cuadro histórico sirviéndose de personajes ficticios? ¿Quiere decir que reduce a los personajes históricos a un nivel novelesco, presentándolos en tareas cotidianas más bien que en el papel trascendental que les han otorgado los libros de historia? Si la respuesta a cualquiera de estas preguntas es afirmativa, entonces advertiremos sencillamente que ambos procedimientos existen ya en Galdós. La función histórico-ideológica de muchísimos de los personajes ficticios de los *Episodios* es palpable. Y tampoco es difícil hallar ejemplos de personajes históricos vistos muy de cerca: vemos a Fernando VII y su camarilla del mismo modo que vemos a María Cristina con la suya en las novelas de Baroja.

Pero quizá lo que Laín quiere decir es que en las novelas de Baroja los acontecimientos históricos tradicionalmente tenidos por importantes han sido destronados para ser reemplazados por las minucias inventadas por el novelista. Ahora bien: ¿es esto tan radicalmente distinto en Baroja de lo que había sido en Galdós? Creemos que no. Galdós nunca pretendió que los libros de historia suministrasen una visión completa de la historia de una nación: «¡Si en la Historia no hubiera más que batallas; si sus únicos actores fueran los personajes célebres, cuán pequeña sería! Está en el vivir lento y casi siempre doloroso de la sociedad, en lo que hacen todos y en lo que hace cada uno. En ella nada es indigno de la narración, así como en la naturaleza no es menos digno de estudio el olvidado insecto que la inconmensurable arquitectura de los mundos» [14]. Hay bastante «historia» en los *Episodios nacionales* que no ha salido de los libros de historia: detalles de la vida cotidiana —historia vista al nivel del hombre corriente—, de los cuales los libros de historia prefieren no ocuparse. Es completamente inexacto decir que a Galdós le interesaba única y exclusivamente lo que comúnmente se llama «historia externa» [15]. Laín dice que «ese tráfago cotidiano, subhistórico en sí, histórico por sus consecuencias visibles y por su integración en el total cuerpo de la historia de España, debe ser la materia misma del relato novelesco, y no lo que cuentan Lafuente y Pirala, incapaces de ver allende la piel de los sucesos» [16]. Pero pretender que Baroja y Valle nos hayan ofrecido ese «tráfago cotidiano», mientras que Galdós nos haya dado sólo un Lafuente o un Pirala de segunda mano es absurdo. También en los *Episodios* hay ese tráfago cotidiano. Al mismo tiempo, Galdós no ve motivo de prescindir de la «historia externa» de los textos de historia; pero intenta completar el cuadro mediante la adición de los detalles aparentemente sin trascendencia que no tienen cabida en esos mismos textos de historia.

Lo que han hecho Baroja y Valle-Inclán no tiene, pues, nada de revolucionario; sencillamente han llevado algo más allá un proceso ya visible en Galdós. En Baroja hallamos tanto los grandes acontecimientos y personajes de los libros de historia como los pequeños incidentes y personas desatendidos por los libros de historia. Esto lo admite el mismo Laín cuando dice de Baroja: «Ha partido mentalmente a la época de su novela en dos estratos: el estrato superficial, visible, de las personalidades brillantes y los grandes sucesos, y el profundo y popular de las oscuras acciones cotidianas.» En efecto, así es. Pero Laín añade a continuación que «del primero [estrato] aparta su vista de 'hombre humilde y errante'; al segundo le dedica su atención más amorosa y cruda» [17]. Esto ya es tendencioso y más que discutible. ¿No son Espartero, Narváez, María Cristina, Merino, *El Empecinado,* Riego, Cabrera, Mina, etcétera, todos los cuales son tratados por Baroja con detalle, los «personajes brillantes» de los libros de historia? ¿No son la Revolución del 20, la invasión de Angulema, la intentona de Mina, la matanza de prisioneros carlistas en Barcelona, la toma de Morella por Espartero, etcétera, los «grandes sucesos» de los libros de historia? La verdad del caso es que en las novelas de Baroja hallamos elementos tanto de la historia formal como de la informal, lo mismo que en los *Episodios nacionales.* No vamos a pretender que las *Memorias de un hombre de acción* y los *Episodios nacionales* sean idénticos en este aspecto: es muy probable que si se hiciera un balance exacto —tarea escasamente hacedera— se hallase que hay más historia externa en las novelas de Galdós. Pero una cosa es la posición teórica del escritor —indudablemente muy distinta en los dos novelistas— y otra cómo funciona en la práctica. Y en la práctica hallamos que esta supuesta diferencia entre la historia externa de Galdós y la historia interna de Baroja resulta ser una diferencia cuantitativa y no cualitativa.

El empeño de Laín Entralgo en identificar a Baroja con el concepto unamuniano de intrahistoria le llevó a hacer aseveraciones completamente descaminadas, como, por ejemplo, ésta: «Para describir el pasado, basta con saber copiar la prosa de los archivos; para evocarlo, sea historiográfica o novelística la técnica de la evocación, es preciso, nada menos, saber ser hombre» [18]. La inferencia es que Galdós no veía el pasado desde un punto de vista humano —imputación absurda— y que su procedimiento consistía en copiar de los textos. Esto último resulta bastante irónico, pues en cuestiones de «copiar la prosa de los archivos» es Baroja quien se lleva la palma [19].

¿En qué se diferencian, pues, los *Episodios nacionales* de las *Memorias de un hombre de acción*? Ya nos referimos en el apartado anterior a lo que nos parece ser una diferencia fundamental en la concepción que de su obra tenían los respectivos autores. Galdós tenía un objetivo histórico y educativo y tuvo que seleccionar y organizar su material para que concordase con ese objetivo. Lo demás tenía que ir subordinado y tenía que reflejar o servir a ese objetivo histórico-didáctico, como se nota, por ejemplo, en la técnica del simbolismo en los nombres de los personajes ficticios, técnica para los gustos de hoy sosa y un poco ñoña, pero perfectamente comprensible en el contexto del objetivo de Galdós. En cambio, el objetivo de Baroja no era ni histórico ni educativo, era puramente personal, poético si se quiere, y que por eso le permitía mucha más libertad de acción.

Es en la esfera del arte más bien que en la de la historia donde mejor se puede apreciar la diferencia entre Galdós y Baroja [20]. Lo que separa a Baroja de Galdós no es el concepto de intrahistoria, ni tampoco sus respectivas opiniones sobre personalidades y acontecimientos históricos; ni siquiera es su diferente punto de vista ideológico —liberalismo parlamentario en Galdós, liberalismo personal divorciado de toda institución en Baroja—, aunque ello sea de alguna importancia. Lo que verdaderamente los separa es el tratamiento artístico que cada uno le ha dado a su material.

En primer lugar, Baroja no se atiene al principio de unidad de acción. Esto es en marcado contraste con Galdós, el cual presentó su relato en secuencia ininterrumpida y ordenada a medida que seguía el curso de la historia de España. En Baroja hallamos una sucesión mucho más inconexa de incidentes aislados y narraciones episódicas. Baroja no nos proyecta una película, sino una serie de diapositivas. Este tratamiento episódico de la historia excluye la posibilidad de una unidad novelística en el plano estructural, pero esto no le preocupa a Baroja. Como él no considera que la unidad de acción sea un requisito ineludible, puede concentrar la atención en temas más limitados, y, dentro de los confines de éstos, pintar un cuadro más penetrante (más penetrante porque causa mayor impacto, no porque sea necesariamente más exacto en un sentido histórico). La reducción del panorama observado le permite a Baroja mayor profundidad y percepción en cuanto al impacto artístico de muchas de sus novelas, pero en cambio la visión panorámica y la concepción grandiosa de los *Episodios nacionales* quedan irremisiblemente perdidas. Baroja prefirió reducir su ángulo de visión para alcanzar mayor impacto. Si comparamos en este aspecto a los *Episodios* y a las *Memorias de un hombre de acción* hallamos, por ejemplo, que mientras que Galdós dedicó siete tomos a los años 1834-1840 (Tercera Serie, I-VII) e intentó cubrir todos los principales acontecimientos de este período, Baroja dedicó nueve tomos (12-20) al mismo período, cuatro de los cuales van dedicados al mismo tema: la desintegración del carlismo como fuerza militar en la última fase de la guerra en el norte de España. El objetivo de Baroja ha sido evidentemente el lograr mayor énfasis e impacto por medio de la concentración.

Otro punto de divergencia entre Galdós y Baroja lo podemos ver en sus diferentes conceptos del tiempo, es decir, del tiempo histórico, aunque de nuevo esta diferencia pertenece, y de forma profunda, a la esfera de lo artístico. En los *Episodios nacionales* el tiempo histórico adquiere la forma de una progresión rectilínea. «La historia es un caminar hacia la perfección que se realiza como progreso de la civilización», explica Hinterhauser [21]. «Una rigurosa secuencia cronológica entre las novelas indica la preocupación primordial de Galdós de presentar una continuidad histórica», subraya Rodríguez [22]. Así, pues, los *Episodios* tienen una secuencia temporal estrictamente cronológica y que concuerda con la concepción cristiana del tiempo como rectilíneo. Baroja, en cambio, no comparte esta idea de la progresión rectilínea de la historia. El prefiere la teoría cíclica de la historia, según la cual la humanidad se halla prisionera en una órbita sempiterna, siempre ocupada en las mismas tareas, siempre agitada por las mismas preocupaciones, siempre cometiendo los mismos errores. Puesto que la historia es una constante repetición de unos cuantos patrones básicos, con manifestaciones siempre cambiantes, pero en el fondo siempre igual, la secuencia temporal estrictamente cronológica sería un artificio superfluo e impertinente.

Baroja demuestra también el giro subjetivo que ha dado la novela después de Galdós. A pesar del contenido indiscutiblemente ideológico de los *Episodios nacionales*, el Galdós autor se ha mantenido discretamente a la sombra y ha tratado de ofrecer un relato artísticamente objetivo; si es en último caso objetivo o no es ya otra cuestión (como ha demostrado Regalado García, la representación galdosiana del pasado fue influenciada por las preocupaciones políticas del momento). Lo importante es que el ideal de objetividad está ahí, reflejado en el plano artístico, es decir, que Galdós consideró

257

que un cierto grado de objetividad autorial era aconsejable en el arte de la novela histórica. Para cuando llegamos a Baroja se ha desvanecido toda pretensión de objetividad. Baroja está casi constantemente presente en la novela, criticando, enjuiciando, comentando, sin tratar de disfrazar su influencia. Es más, Baroja emplea una técnica literaria bastante ajena a la novela histórica: la técnica cervantina de entremezclar el plano del escritor con el plano de los personajes (Aviraneta y Leguía, por ejemplo, sostienen discusiones acerca de lo que va a tener cabida en las *Memorias*). Pero esto no es en realidad un intento de hacer la obra más creíble en sí misma, de darle una razón de ser interna, pues resulta que Baroja de vez en cuando se permite algún comentario irónico que echa todo el tinglado por tierra, y que demuestra que a fin de cuentas todo ello no es más que un juego del único escritor que cuenta, el autor de carne y hueso. Todo lo cual indica muy claramente que Baroja al fin y al cabo, si no hermano, fue al menos primo de sus contemporáneos Unamuno, Valle y Azorín.

Un último punto de divergencia entre Galdós y Baroja con respecto a la técnica es la despreocupación de éste por establecer un equilibrio entre la cantidad de historia y la cantidad de ficción contenida en sus novelas. En términos generales, comprobamos que Galdós adoptó la idea de que una novela histórica debía contener cierta proporción de materia histórica y cierta proporción de materia novelesca, y que estas proporciones debían de permanecer más o menos constantes, aunque no, claro está, dentro de límites rígidos: el ideal era lograr y mantener un equilibrio. En cambio en Baroja la proporción de una y otra varía enormemente. Hay tomos de las *Memorias de un hombre de acción* en que el contenido histórico es casi imperceptible, mientras que al otro extremo de la escala tenemos novelas, como *Crónica escandalosa* y su continuación, que se componen casi enteramente de reportaje histórico.

Estos diversos puntos de divergencia entre Galdós y Baroja no son sino distintos aspectos de un hecho incontrovertible: el cambio de actitud hacia el arte de la novela. Al renunciar a las normas aceptadas de unidad de acción, de la secuencia cronológica en el tiempo, del tratamiento objetivo de la materia, y del equilibrio entre lo histórico y lo inventado, Baroja evidencia, no una nueva actitud hacia la historia de España, sino una nueva actitud hacia el arte de la novela.

Conclusión

Al acercarnos a las *Memorias de un hombre de acción*
no nos ha guiado el afán de sustentar ninguna tesis,
sino meramente el deseo de elucidar ciertos aspectos de
esta obra barojiana, obra a la que su autor dedicó los
años más intensos de su carrera novelística, obra que debe
figurar junto a la media docena de novelas claves del
autor (*La lucha por la vida, Zalacaín el aventurero,
César o nada, El árbol de la ciencia, El mundo es ansí*),
pero que seguramente por su extensión y por su temática menos «contemporánea» no ha atraído la misma atención que esas otras. Con nuestro libro no nos hemos
propuesto hacer otra cosa que contrarrestar este desequi-
librio, y ofrecer un estudio amplio de este ciclo novelesco que al mismo tiempo sobrepasara al mero descrip-
tivismo y centrase la atención en el arte de Baroja según se nos revela en estas novelas, entendiendo por arte,
ideario, temática y técnica.

Baroja llegó a la novela histórica por mediación de
un personaje que le llamó la atención, y no, como en
el caso de Galdós, por un deseo de historiar a una
nación. Pero una vez metido en el campo de la novela
histórica, Baroja reaccionó pronto a este medio nove-

lesco en sus dos vertientes, histórica y artística. En las *Memorias de un hombre de acción* hay sobre todo re-acción: reacción a los datos históricos aceptados, reac-ción a la interpretación histórica más o menos estable-cida, reacción a la filosofía de la historia convencional, reacción a Galdós, y reacción a la fórmula tradicional de la novela histórica. Una vez que acepta el hecho de que es autor de novelas históricas, Baroja se propone hacer del género una cosa personal, tal como ya había hecho en la novela no histórica. Pero esto no significa que a Baroja le moviese un afán de innovación a ultran-za. El verdadero innovador en el campo de la novela histórica fue Valle-Inclán, el cual siguió una estética no sólo nueva, sino mucho más conscientemente elabo-rada que la de Baroja. Al escritor vasco no le interesaba en lo más mínimo el sustituir la vieja estética con una estética nueva, pero igualmente inflexible. Lo que sí le interesaba era eliminar las trabas y convenciones que él veía en la novela decimonónica, el ampliar horizontes, el abrir puertas y ventanas para que corriese el aire limpio y refrescante; pero todo esto sin dar en el ex-perimentalismo árido, y sobre todo sin apartarse de lo netamente humano. Las doctrinas literarias de Baroja siempre fueron bastante imprecisas e incluso inestables; pero una máxima suya a la que siempre fue fiel es aqué-lla contenida en sus conocidas palabras: «Cuando el arte es humano, auténticamente humano, es cuando vale.» Y esta máxima es tan aplicable a las novelas históricas como a las otras.

En las *Memorias de un hombre de acción* Baroja no quiso montar una nueva estética para la novela histó-rica, sino sólo ofrecer una revisión personal del género. Esta revisión personal comienza cuando Baroja decide lanzarse a la caza del dato. Es evidente que Baroja con-sideró que un escritor que se metía en el campo de la novela histórica tenía la obligación de hacer todo lo posible por llegar a la verdad del pasado y no debía contentarse con la versión generalmente aceptada. De la investigación de la vida de Aviraneta, Baroja pasó rápi-damente a la investigación de su época. Pero esos datos que Baroja iba buscando a menudo no existían de forma concreta y definible, y pronto llegó a comprobar que tenía que arreglárselas para construir su historia con un material, no ya de segunda mano, sino sin garantías de exactitud y veracidad. La experiencia le vino a confirmar una idea que ya venía arrastrando de antemano: que la historiografía es una cosa intuitiva y no científica, y que el valor de un libro de historia, cuando realmente lo tiene, reside no en la veracidad del relato, sino en la intuición artística del historiador.

Con todo, Baroja persistió en darnos su personal visión de la España de la primera mitad del siglo XIX, visión no antihistórica como han dicho algunos, sino antitradicional. Es una visión crítica y dura de la España decimonónica, pero no caprichosa o caricaturesca, sino de un realismo neto y sobrio que resulta casi ejemplar. Sin embargo, la mirada de Baroja no es la fríamente clínica del historiador científico, es la de un hombre profundamente desilusionado con su país y con la humanidad y que no vacila en mostrarnos su desilusión. Es antitradicional sobre todo en que ofrece una visión hostil de la España liberal del siglo XIX, pues en esto se aparta bastante de la principal corriente en la historiografía española decimonónica. Empero, la crítica del liberalismo español no está hecha desde un punto de vista conservador, como sería lógico, sino que está hecha desde un punto de vista mucho más liberal. No es odio, es desilusión lo que mueve a Baroja. Una vez que termina la guerra de la Independencia, una vez que pasan esos pronunciamientos desesperados y heroicos de la primera época fernandina, comienza la desilusión de Baroja con la historia de su país, y atribuye la culpa de lo ocurrido no sólo a la obcecación y obduración de los reaccionarios, sino también y en muy gran parte a la estulticia de los liberales. La visión agria y dura de Baroja se da no sólo en el caso del régimen de Fernando VII, lo cual era de esperar y no difiere de la historiografía liberal, sino que se da igualmente en el caso del período liberal y parlamentario que siguió a la muerte de Fernando.

Si su visión del período que noveliza es personal, lo es asimismo su idea del concepto historia. Baroja rechaza la supuesta estructura dialéctica de la historia, ya sea en sentido marxista, ya en sentido cristiano. El no ve en la historia ese proceso de evolución significativa, o ese progreso, que tantos historiadores y filósofos decimonónicos pretendieron percibir. La historia para Baroja no es sino una sucesión caótica de acontecimientos y personas, y el historiador que piense que está contribuyendo con su obra a documentar, trazar y explicar el significado de la historia se engaña: la historiografía no puede hallar significado donde no lo hay. Para Baroja la historiografía no debería preocuparse de buscar el significado de los acontecimientos, sino que debería centrar la atención en el ser humano en sí, penetrar en la mentalidad de los hombres de ayer; es decir, que el historiador debería ser una especie de psicólogo *post mortem*.

La revisión barojiana del género novela histórica se manifiesta quizá más claramente en el tratamiento artístico que Baroja le ha dado a su material. La cronología revuelta de las *Memorias de un hombre de acción* refleja la idea de Baroja de que la historia no tiene meta y que lo único que vale por lo tanto es el momento. La ordenación de la historia según un criterio estrictamente cronológico da una impresión de lógica interna que Baroja considera ser falsa. Para él, el orden de los acontecimientos históricos es un orden relativamente casual, sin trascendencia filosófica; y el imponerle a la novela histórica una cronología rígida por pura imitación de los métodos de la historiografía es un ejercicio perfectamente artificial, una de tantas trabas literarias que Baroja quiere desechar. Esta actitud de disconformidad con las normas establecidas se nota igualmente en la forma en que Baroja se niega a distinguir entre historia y ficción, con su concomitante rechazo del empleo de artificios literarios para lograr una fusión artística. En cierto sentido se puede decir que Baroja sigue a Cervantes en realzar la calidad novelesca de la experiencia, en confundir dos planos de la experiencia, lo pensado con lo vivido, o lo artístico con lo real. De todas formas es evidente que la técnica de Baroja proviene de su creencia en que tanto la historia como la novela representan una visión subjetiva del mundo y ambas tienen la misma potencia evocadora, potencia que depende del sujeto que mira y evoca y no del objeto mirado.

En todos estos aspectos es evidente el deseo de Baroja de despojar a la novela histórica del ropaje convencional para hacer de ella un instrumento que pudiese evocar más auténticamente la realidad humana en todo su caos, su turbulencia y su fuerza vital. Pero no debe pensarse que la técnica de Baroja se reduce a no tenerla; al contrario, detrás de esa impresión de primitivismo hay un procedimiento de elaboración bastante deliberado. Baroja no es un novelista espontáneo ni mucho menos, su técnica es una técnica estudiada, calculada. Esto lo hemos podido observar en varios aspectos de las *Memorias de un hombre de acción:* en la manera en que la serie ha sido estructurada sobre la base de la ficción del compilador Leguía, con el juego cervantino de «autores» y niveles de ficción; en la forma en que la estructura de la trama de cada novela va ajustada a su tema, con las concomitantes variaciones; en la variada gama de argumentos y ambientes destinados a evitar la monotonía de la serie; y en pequeños detalles, como la reaparición de personajes secundarios, o su empleo posterior en un papel novelesco diferente al original. En todo esto Baroja demuestra ser un artista consciente de lo que hace, y no ese Baroja de los manuales que escribe novelas a la pata la llana y cuya redención está primordialmente en su espontaneidad. Una cosa es la afectación rebuscada, y otra la naturalidad lograda; lo primero no existe en Baroja; lo segundo, sí, pero no por falta de arte, sino por eliminación consciente de lo superfluo.

Considerando la serie en su totalidad, hay dos aspectos que caracterizan la visión personal del novelista: el moral y el psicológico. El aspecto psicológico deriva, al menos en parte, de Schopenhauer, el cual proclamó la necesidad de una historiografía más humana, es decir, que prestase menos atención a los sucesos en sí y más a la mentalidad del hombre, una historiografía más espiritual que material. Esta orientación que Schopenhauer quiso darle a la historiografía hace eco en Baroja, pues coincide con la idea barojiana de que la novela debe basarse en la vida de personajes y no en la organización dramática de un suceso. En las *Memorias de un hombre de acción* Baroja capta la historia de España en función de los seres que pueblan las páginas de esa historia —pueden ser tanto personalidades históricas como personajes ficticios, y tanto individuos actuando como tales como individuos actuando en masa (de ahí la atención que Baroja presta a las turbas). Pero el principal ingrediente del cuadro es la vida de esos personajes, con sus envidias, rencores, bajezas, estupideces, ideales, heroísmos y sacrificios. Es a la vez un ángulo de visión y un método de composición. Y es precisamente esta técnica de la primacía del personaje, tanto en la esfera de lo histórico como en la de lo novelesco, la que da a las novelas cierto grado de homogeneidad artística, sustituyendo a la técnica convencional de conexión mediante la trama.

El hecho de que Baroja vea la historia en términos de unidades humanas y no de fuerzas abstractas le permite recalcar el aspecto moral o ético, que es tan fundamental en toda su obra. La preocupación ética es un aspecto que sale a relucir con fuerza, porque la censura moral puede ser aplicada al individuo con mucha mayor convicción que al suceso. La condena moral, que en el caso específico de la España decimonónica es aplicada igualmente a dirigentes y a dirigidos, con algunas, pero pocas excepciones, se basa en la conducta egoísta, ciega o incluso bestial, de los españoles que vivieron su historia en la primera mitad del siglo XIX. Pero quién sabe si en esta censura de la nación que ha perdido su sentido de la moral no hubo también algo de aviso. Escritas entre 1912 y 1934, estas novelas de Baroja nos parecen hoy, ya alejados de la tragedia española, un presagio impresionante.

Apéndices

Apéndices

Apéndice 1
Información reciente sobre Aviraneta

Baroja y Castillo Puche no son los únicos que hayan hecho investigaciones acerca de Aviraneta, aunque las contribuciones de otros investigadores han sido muy limitadas en comparación a las de Baroja y han surgido, desde luego, a raíz de la novelización de la vida de Aviraneta.

Manuel Núñez de Arenas publicó un artículo en 1930 en el que corrigió cierta información de Baroja, resolviendo así la cuestión de la conducta algo extraña de Aviraneta en la expedición de Mina de 1830. En *Los caudillos de 1830* Baroja relata cómo Aviraneta, después de llegar a Bayona desde América, se puso en contacto con Mina y otros liberales exilados que estaban haciendo los preparativos para la invasión. Pero Aviraneta no tomó parte en la expedición. ¿Por qué no? Baroja sugirió que la explicación está en que Aviraneta se hallaba muy insatisfecho con la organización y no veía la menor posibilidad de éxito. Por muy justificados que fueran los temores de Aviraneta, su falta de participación en la intentona liberal le mostraba a una luz poco halagadora. Pero en realidad la explicación de la no participación de Aviraneta es muy diferente, como demostró Núñez de Arenas. Aviraneta no podía haber tomado parte en la expedición, pues no llegó a Bayona hasta febrero de 1831, casi cuatro meses después del suceso. Según los documentos descubiertos por Núñez de Arenas, Aviraneta vivió en el sur de Francia, con la ayuda de una pequeña pensión del gobierno francés, desde febrero de 1831 hasta febrero de 1833, fecha en que pudo regresar a España a raíz de la amnistía proclamada por la reina.

Marcel Bataillon aportó otro interesante dato sobre Aviraneta. Baroja supuso que entre 1814 y 1820 Aviraneta visitó varios países de Europa y América. Pero Bataillon, mientras investigaba ciertas cuestiones relativas a la Inquisición, descubrió que el 9 de agosto de 1817 una monja de Aranda de Duero había denunciado a Aviraneta a la Inquisición por ciertas «palabras escandalosas» que le oyó pronunciar en 1815 cuando él era administrador del Crédito Público de aquel pueblo (según Baroja, Aviraneta ocupó este puesto por vez primera en 1820, después de la revolución liberal; pero como vemos, Aviraneta era ya funcionario público durante la primera restauración fernandina). La acusación de la monja se repitió el 15 de octubre de 1819. Se le acusaba a Aviraneta de «espresiones poco decorosas en el debido obsequio a nuestra sagrada religión»; añadió la monja que «habló *Arviraneta* con mucha calma, sin enardecerse». Al parecer, pues, Aviraneta ocupó su cargo administrativo en Aranda mucho antes de que la revolución de Riego trajese a los liberales al poder. Al mismo tiempo debió haber ciertas sospechas contra él para que la Inquisición se ocupase de su caso en dos ocasiones distintas con un intervalo de dos años y pico. No obstante, su conducta prudente y cautelosa queda demostrada por el hecho de que sus enemigos no pudieron acusarle de cosa más seria que unas palabras insignificantes pronunciadas años antes. Por cierto que esta historia de Aviraneta y la Inquisición la conoció Baroja antes de concluir la serie, pues en el último tomo le hace decir a Leguía: «En Aranda me aseguraron que don Eugenio había sido un hereje, y que en su juventud tuvo un proceso en la Inquisición, lo que parece que fue cierto» (IV, 1161).

Luis Fernández publicó en 1948 varios documentos que arrojaron más luz sobre Aviraneta, particularmente en el período 1829-30. Estos documentos son:

1) Una carta de Aviraneta al Capitán General de Valencia, Francisco Longa, fechada en La Habana, 1.º de febrero de 1830, pidiendo una recomendación para el Ministerio de la Guerra, del cual Aviraneta buscaba le fuese confirmado el puesto de Comisario de Guerra, que originalmente le había conferido el general Barradas durante la campaña mejicana. La carta a Longa iba acompañada de los siguientes documentos:

2) Una carta de Aviraneta, fechada en La Habana, 10 de diciembre de 1829, al Capitán General de Cuba, dando detalles de su participación en el intento de recuperar Méjico y pidiendo que su puesto de Comisario de Guerra sea confirmado.

3) Copia de un documento que atestigua el nombramiento de Aviraneta por parte de Barradas como Secretario Político y de Gobierno de su ejército.

4) Copia de un documento que atestigua el nombramiento de Aviraneta por parte de Barradas como Comisario Ordenador de los Reales Ejércitos en reconocimiento a sus servicios a la expedición militar.

5) Copia de un documento que atestigua la conducta valerosa de Aviraneta en la acción militar contra el enemigo.

6) «Sobre el partido que debe adoptar la España para recuperar el Reino de Méjico.» Manuscrito original de Aviraneta.

Este último documento es el segundo plan de Aviraneta para la reconquista de Méjico (el primero se publicó póstumamente con sus *Memorias íntimas 1825-1829*). No es el plan completo, por lo que le dice Aviraneta a Longa, sino sólo un resumen.

Hay quizá un aspecto de estos documentos que exige comentario. En su carta a Longa, Aviraneta escribe: «En el año 22, huyendo de la anarquía en que estaba envuelta la nación, pasé a Francia y me embarqué para Nueva España a reunirme con mi tío y seguir la carrera mercantil.» ¿Significa esto que Aviraneta no podía por lo tanto haber participado en la campaña del *Empecinado* en 1823, ni haber sido aprisionado por los realistas, ni haberse escapado a Gibraltar (como él mismo dice en su *Vindicación*), ni haber ido a Missolonghi (como dice Pirala), ni haber partido para América en 1825 (como él mismo dice en sus *Memorias íntimas*)? En absoluto. Lo que esto sí significa es que Aviraneta estaba tratando de obtener un puesto en una administración absolutista (recordemos que Aviraneta le escribe a Longa a principios de 1830) y le convenía el ocultar que había estado asociado muy estrechamente con el régimen liberal de 1820-23.

El descubrimiento más interesante de documentos aviranetianos fue el de Luis de Sosa, que se tropezó con unos papeles de Aviraneta en la colección del bibliófilo Claudio Rodríguez Porrero. En algunos casos los resúmenes de documentos ofrecidos por Sosa en su artículo coinciden con el relato barojiano, lo cual es una fuerte indicación de que Baroja tuvo documentos similares en sus manos. Como siempre, la fecundidad de Aviraneta como refundidor de sus propios escritos es un factor que no podemos dejar de tener en cuenta.

Sin duda alguna, el más interesante de los documentos hallados por Sosa es, desde el punto de vista histórico, una memoria personal que Aviraneta parece haber enviado directamente a la reina poco después de haber presentado su conocida *Memoria dirigida al gobierno español*. El objeto de esa memoria secreta, según dice el mismo Aviraneta, fue informar a la reina de ciertos detalles que había creído prudente omitir en su otra *Memoria*. Algunos de estos detalles se refieren al empleo de *La Conquista* como agente en el campo carlista y también a la operación Simancas. Pero las páginas que resultan sobremanera interesantes son las que tratan de las operaciones financieras de altas personalidades liberales durante la guerra.

Cuando una compañía de crédito francesa le ofreció a don Carlos un empréstito de 500 millones de reales, Aviraneta se propuso averiguar quiénes eran los banqueros que había detrás de esta oferta. Sus investigaciones dieron por resultado el descubrimiento, primero, de que el banco que les ofrecía el empréstito a los carlistas pertenecía nada menos que a Mendizábal y Gamboa, y segundo, de que Gamboa y otras personalidades de la política habían establecido una red de sociedades comerciales y financieras que se ocupaban en actividades de índole totalmente incompatible con los cargos públicos que desempeñaban sus directores.

Gamboa, cónsul español en Bayona, llevaba un establecimiento comercial, con su oficina central en San Sebastián, y afiliado al banco londinense de Mendizábal y Gamboa. Y era precisamente este establecimiento el que suministraba a los carlistas muchas de las provisiones necesarias para la guerra, incluso materiales tan esenciales como el salitre para la fabricación de la pólvora.

Otra fuente de ingresos para la compañía de Gamboa la proporcionaba el sistema de seguros de la sociedad, sistema que consistía en asegurar los alijos que entraban en España de contrabando: los contrabandistas pagaban una fuerte suma para evitar el riesgo de denuncia y detención que corrían si no pagaban las correspondientes cuotas. La compañía de Gamboa también sacaba buen provecho de la información obtenida por vía diplomática jugando a la Bolsa. Rumores de que don Carlos abandonaba el esfuerzo militar habían causado en varias ocasiones actividades especulativas en la Bolsa. Cuando Aviraneta supo por Marcó del Pont que don Carlos estaba a punto de abandonar el territorio español y entrar en Francia, se lo comunicó inmediatamente a Gamboa, pero éste, en vez de transmitir la información al gobierno de Madrid, se la adelantó a los directores de su sociedad.

Los esfuerzos de Gamboa y sus socios por mantener intactas sus maniobras comerciales delatan una total falta de escrúpulos. Una de las figuras claves de la organización era un tal *monsieur* Douron, francés que ocupaba el cargo de cónsul español en Burdeos, además de disfrutar de la protección del conde de Parcent —éste siempre al frente de la facción franciscanista que pretendía arrebatar la regencia a María Cristina— y del mariscal Soult. Como consecuencia de sus actividades sospechosas, el gobierno español destituyó de su cargo a *monsieur* Douron y puso en su lugar a una persona de reputación intachable. La destitución del francés y el nombramiento de un sucesor español ocasionó una serie de artículos en la prensa francesa, artículos cuyo objetivo era el provocar la hostilidad pública contra el nuevo cónsul y que, según Aviraneta, fueron escritos, o al menos inspirados, por Gamboa. La campaña contra el nuevo cónsul tenía el apoyo de Soult y de Parcent y tal intensidad cobró, que el gobierno francés se negó a reconocerle, desairando así a la reina de España y a su gobierno.

Aunque no podemos estar completamente seguros de que la versión de Aviraneta no tuerza los hechos, su relato y denuncia de las vergonzosas y comprometedoras actividades financieras de Gamboa parecen bastante plausibles, y desde luego los hechos explican totalmente la persecución a que Aviraneta fue sometido por aquellos que, lógicamente, pues Aviraneta era agente acreditado del gobierno español, tenían que haberle prestado su ayuda y cooperación.

El más reciente investigador de Aviraneta ha sido Pedro Ortiz Armengol, que le dedicó un capítulo de su libro *Aviraneta y diez más*. Este capítulo versa sobre la situación del padre de Aviraneta durante la ocupación francesa de Burgos, y está basado en información sacada de archivos franceses.

Baroja no consiguió sacar nada en claro sobre el padre de Aviraneta. Al principio supuso que había muerto allá por el año 1805; más tarde se encontró con una nota de Aviraneta que decía que el director que organizó las guerrillas en Burgos era su padre, información que Baroja consignó a una nota de la biografía de Aviraneta publicada en 1931 (IV, 1195). Cuando Baroja redactó *El escuadrón del Brigante* basándose en el folleto de Aviraneta *Las guerrillas españolas* no conocía esta información. En la biografía de Aviraneta, Baroja también dice, aunque sin explicar cómo llegó a saberlo, que el padre de Aviraneta fue diputado en la Junta de Municipalidad de Burgos nombrada por el mismísimo Napoleón al pasar éste por aquella ciudad en noviembre de 1808 (IV, 1201). Pero lo más extraño es que Baroja no hace nada por explicar tan insólito hecho: Eugenio milita de guerrillero en las filas de Merino, mientras su padre es funcionario afrancesado.

El dato, sin embargo, es exacto, como ha demostrado Ortiz Armengol: don Felipe Francisco de Aviraneta fue nombrado tesorero general de la provincia de Burgos por José Bonaparte en diciembre de 1808 y desempeñó este cargo hasta septiembre de 1809. Y también tiene base en la realidad la historia que nos cuenta Baroja en *El escuadrón del Brigante* (y también en la biografía) acerca del proceso del Director por espía de los rebeldes y su internamiento en Francia, pues esto fue precisamente lo que le ocurrió a don Felipe Francisco de Aviraneta, como ha podido comprobar Ortiz Armengol.

Los documentos hallados por éste prueban terminantemente que Aviraneta padre fue colaborador de los invasores franceses, y no sólo tuvo estrechas relaciones con los jefes franceses (tuvo una larga entrevista con el mismo Napoleón), sino que también aprovisionó al ejército invasor en más de una ocasión. Y precisamente durante esta época colaboracionista don Felipe perdía a su hijo, que se marchaba a militar en las filas de los patriotas.

¿Pero era don Felipe un auténtico afrancesado o era un agente doble que engañaba a los franceses? En abril de 1810 don Felipe fue detenido por las autoridades militares francesas bajo la acusación de estar en correspondencia con el temible don Jerónimo Merino, pero el consejo de guerra que tuvo lugar un mes después le halló inocente por cinco votos a dos. Todo esto concuerda bastante bien con lo que cuenta Baroja en *El escuadrón del Brigante,* salvo que Baroja no dice en absoluto que el director fuese don Felipe de Aviraneta.

A pesar del fallo del consejo de guerra, el mariscal francés Dorsenne, no se sabe si con buenos motivos o no, dispuso que no se libertara a don Felipe, sino que se le condujera preso a Bayona y se le internara en el famoso Castillo Viejo de aquella ciudad. Sólo un par de meses pasó don Felipe en prisión, pues al poco tiempo se le puso en libertad vigilada, fijándose su residencia en Mont de Marsans.

Ortiz Armengol se inclina a pensar que don Felipe de Aviraneta fue un afrancesado genuino y que su acusación se debió a que alguna carta que le escribiese su hijo desde el monte fuese interceptada. Armengol supone también que el papel de agente doble de don Felipe fue invento de Aviraneta hijo. A nosotros esto se nos antoja poco probable. Primero, si Eugenio era un ardiente patriota y su padre un traidor afrancesado, lo más probable es que el muchacho sintiera desprecio por su padre y no gastara el tiempo enviándole noticias suyas. Si Eugenio llegó a comunicarse con su padre durante su época de guerrillero, alguna razón más poderosa tendría. Segunda, ¿por qué iba Eugenio a falsificar la historia de su padre ya en una época en que el afrancesamiento no era ninguna deshonra? En realidad, el misterio de las relaciones entre padre e hijo sigue aún en pie.

Apéndice 2
Aviraneta y la derrota del carlismo

¿Cuánta verdad hay en la afirmación de Aviraneta de que sus trabajos de zapa contra el carlismo contribuyeron de forma decisiva a su derrota? Para dar una respuesta satisfactoria a esta pregunta habría que llevar a cabo una investigación a fondo no ya de las actividades de Aviraneta, sino, lo que es mucho más importante, de la rápida desintegración del carlismo en 1839. Desde luego no todos creyeron lo que Aviraneta relataba en su *Memoria dirigida al gobierno español sobre los planes y operaciones puestos en ejecución para aniquilar la rebelión de las provincias del norte de España.* José Segundo Flórez, en su biografía de Espartero, calificó el relato de Aviraneta de baladre y completamente absurdo, y acusó a su autor de haber hecho un juego a cartas vistas y de haber confeccionado su documento con la intención de reclamar un mérito que no le pertenecía. Llamó a Aviraneta inepto e inútil como agente secreto además de tildarle de engreído e incluso mentalmente perturbado. (José Segundo Flórez, *Espartero. Historia de su vida política y militar y de los grandes sucesos contemporáneos,* Madrid, 1843-45, vol. III, páginas 35-36).

Aunque admitamos la vanidad y exageración de Aviraneta, el testimonio de Flórez no es fidedigno. Después
de todo Flórez pone a Espartero por las nubes, y es evidente que cuanto más merecimiento se le conceda a
Aviraneta por su contribución a poner fin a la guerra,
menos se le puede conceder a Espartero. Flórez opta
por seguir el camino más corto y desecha por completo
la labor de Aviraneta, convirtiendo así a Espartero en
el héroe único e inigualable de la guerra y de la paz.

Aviraneta replicó a Flórez en su *Contestación a los
autores de la Vida política y militar del general Espartero*
y también en su *Apéndice a la Contestación*. Refiriéndose a la biografía de Espartero, escribe Aviraneta: «Se
lee en ella [en una introducción por W. Ayguals de Izco
a la biografía]: 'Puestos en relaciones con el mismo
Espartero y con sus más fieles adictos y amigos más
allegados, hemos confiado su dirección al entendido historiador don José Segundo Flórez, y el éxito ha coro-
nado nuestra empresa.' Esta es la manera de escribir im-
parcialmente la historia de España» (Aviraneta, *Contestación,* p. iii).

Este último comentario irónico de Aviraneta nos parece perfectamente válido y merecido: la biografía de
Flórez no es historia, sino un panegírico.

Aviraneta sigue su defensa haciendo constar que la
Memoria dirigida al gobierno español la redactó no
varios meses después del tratado de Vergara, sino en
octubre de 1839 (el tratado se firmó el 31 de agosto).
También consigna los nombres de las personas que
atestiguaron la autenticidad de la *Memoria,* todas ellas
partidarias de Espartero, y algunas de las cuales hasta le
asistieron durante su fuga de España en 1843. Añade
Aviraneta que Agustín Fernández Gamboa informó al
gobierno de sus maniobras mucho antes de Vergara.

A pesar de lo que Flórez opinaba de la *Memoria*
aviranetiana, ésta es en ciertos aspectos bastante per-
suasiva. Esto se debe más que nada al conocimiento
íntimo que Aviraneta tenía de la situación, y no desde
luego a su constante auto-aplauso, cuyo efecto es todo
lo contrario. No cabe duda de que Aviraneta explica

bien la situación. Su comprensión de las diversas cuestiones que entran en juego le permite organizar su relato de forma plausible y significativa (por ejemplo, indica que el 5.º batallón de Navarra se sublevó contra Maroto tres días después de recibir don Carlos el Simancas). El siguiente juicio nos parece bastante justo: «El esquema aviranetiano de la situación se caracteriza por un análisis correcto de la realidad, unido a una deformación de la influencia de la propaganda en la descomposición del carlismo. En su *Memoria* insistirá reiteradamente en el decisivo cambio de la coyuntura político-militar del carlismo en 1839, cambio que atribuye con evidente exageración a su personal influjo, omitiendo los restantes factores que juegan en él. Es el Aviraneta que Castillo Puche se dedicó a desmontar, tratando de ponerlo en ridículo. Junto al deus ex machina que Aviraneta pretende ser, existe, sin embargo, el agente secreto, realizador de lo que hoy llamaríamos guerra psicológica, elemento importante aunque siempre difícil de medir, en el desenlace del conflicto. Merece insistirse, sin embargo, en la exactitud de la descripción hecha por Aviraneta» (Miguel Artola Gallego, Introducción a Fernández de Córdova, *Mis memorias íntimas,* Biblioteca de autores españoles, Vol. 192, p. xxxix).

Aviraneta vio la grieta que amenazaba con partir al carlismo —la mutua hostilidad entre Maroto y los apostólicos— y aplicó su mente febril al ensanchamiento de esa grieta. Indudablemente la división ya existía antes de que el Simancas fuese concebido, pero don Carlos no se había pronunciado contra Maroto, ni necesariamente lo hubiera hecho si Aviraneta no hubiera percibido las posibilidades de la situación y no hubiera puesto en marcha sus planes.

Respecto a la operación Simancas, una indicación de su éxito en engañar a don Carlos y a sus consejeros la tenemos en el libro del carlista inglés M. G. Mitchell, que en su obra *Le camp et la cour de Don Carlos* reproduce tres de las cartas apócrifas de Aviraneta como si fuesen documentos genuinos que prueban que Maroto tenía relaciones secretas con una organización liberal (hemos consultado la traducción española de esta obra, *El campo y la corte de Don Carlos,* Madrid, 1840. La obra es evidentemente tendenciosa y llena de prejuicios contra Maroto. Los documentos apócrifos de Aviraneta se encuentran en las páginas 179 a 181).

Pero si no podemos evaluar con exactitud el impacto que tuviera el Simancas, al menos podemos concederle a Aviraneta el mérito de haber concebido el plan y haberlo puesto en operación. Hasta el mismo Castillo Puche, que no pierde oportunidad de ridiculizar a Aviraneta y rebajar sus pretensiones, no halla qué criticar en este caso: «Si no tan eficaz como él lo ha pregonado, el Simancas fue verdaderamente un prodigio de imaginación y de ingenio. Este era el fuerte de Aviraneta, cerebro incandescente, capaz de producir en un giro de asteroide jornadas de pavor y de catástrofe en las mentes un tanto provincianas o fanáticas de la corte de don Carlos. El artefacto estaba bien calculado, y por parte de Aviraneta nada quedó sin ultimar y precisar» (Castillo Puche, *Memorias íntimas de Aviraneta o manual del conspirador,* p. 246).

Finalmente, no es más que justo el señalar que aunque Aviraneta evidentemente se daba cierta importancia, no parece que intentase quitarle a Espartero la suya. Entre los papeles que Aviraneta le dejó al historiador Pirala hay uno en que leemos lo siguiente: «Pita Pizarro y Espartero: he aquí los dos hombres que he considerado como los dos héroes a quienes se debió la conclusión de la guerra civil en el norte de España» (véase Apéndice III). Resulta bastante falsa, pues, la afirmación de Castillo Puche de que «su avidez de renombre le llevó a considerar a Espartero como un rival y a creer que éste le había arrebatado la gloria que sólo a él pertenecía» (op. cit., p. 223).

Inventario
de los documentos de la Colección Pirala
relacionados con Aviraneta

La colección más importante de manuscritos de Aviraneta forma parte de la Colección Pirala que se halla en la Real Academia de la Historia en Madrid. A Baroja no se le permitió consultar esta colección, pero no obstante, la colección es de interés para los barojistas y para el estudio de las fuentes de las *Memorias de un hombre de acción,* ya que muchos de los documentos tienen su paralelo más o menos exacto en las novelas de Baroja. Estos documentos aviranetianos de la Colección Pirala se los tuvo que enviar el mismo Aviraneta al historiador cuando éste proyectaba su obra, y evidentemente fueron copia o refundición de otros escritos que conservó Aviraneta. Gran parte de este material manuscrito —no todo: véase Apéndice IV— fue reproducido por José Luis Castillo Puche en su libro *Memorias íntimas de Aviraneta o manual del conspirador,* aunque con muchos errores de transcripción.

La Colección Pirala es de difícil consulta, porque aunque hay un índice de los documentos que contiene, este índice da sólo la fecha aproximada a que se refiere cada documento y no el número del legajo en que se encuentra, lo cual significa que hay que armarse de mucha paciencia para dar con el documento que se busca. A continuación ofrecemos un inventario de los documentos aviranetianos que hemos encontrado, junto con la signatura del legajo en que se encuentran, para asegurar así su rápida localización. Los títulos, cuando existen, los transcribimos en bastardilla; los subtítulos van entre comillas. Cuando la materia del documento no es evidente por el título damos una concisa descripción. Cuando el documento en cuestión ha sido transcrito por Castillo Puche hacemos referencia a ello.

Debido al estado y al tamaño de la Colección Pirala, no podemos garantizar de forma absoluta que nuestro inventario sea completo; podría habérsenos escapado algún documento. Es de esperar que el inventario sea de alguna utilidad a quien desee investigar la vida de Aviraneta. A pesar de que Aviraneta sigue siendo una figura un tanto oscura, sus actividades son de un fuerte interés y están llenas de implicaciones políticas. Por ello merece una investigación histórica seria y profunda.

INVENTARIO

SIGNATURA DEL LEGAJO	DOCUMENTOS AVIRANETIANOS QUE CONTIENE

9-31-3/6798: *Estatutos de la confederación general de los guardadores de la inocencia o isabelinos* (folleto impreso).

9-31-3/6801: *Apuntes autógrafos de Aviraneta sobre sucesos políticos en 1836 y 1823.*
1) *Apuntes políticos y militares o confesiones de Aviraneta.* (Manuscrito. Comienzan los apuntes con un índice. El texto comienza con el exilio de Aviraneta a las Islas Canarias. Prosigue con su fuga, su llegada a Cádiz [y no a Argel como supuso Baroja basándose en el lugar de impresión que daba el folleto *Mina y los proscriptos*], su estancia en Málaga, donde es testigo de la revolución de julio de 1836, su vuelta a Cádiz, su cargo al frente del cuerpo médico de la división del general Butrón en la batalla de Majaceite, su

282

arresto y encarcelamiento por orden de Mendizábal, su puesta en libertad y finalmente su primera comisión como agente del ministro D. Pío Pita Pizarro.) [Puche 190-216.]

2) *Sociedad secreta de Jovellanos.* (Manuscrito. Aviraneta parece haber usado esta sociedad real como base para la suya apócrifa. Hay un dibujo de los diversos triángulos que componían la Sociedad.)

9-31-4/6808:   1) Carta del cuartel general de Madrid al conde de Mirasol avisándole de la salida de Aviraneta para el norte. (Manuscrito.) [Puche 228.]

2) *Espediente sobre los acontecimientos de Hernani.* (Impresos y manuscritos de Mirasol y la *Vindicación* de Aviraneta.)

3) Carta de Aviraneta a Pirala defendiéndose de las acusaciones de Mirasol. (Manuscrito. Esta carta la reproduce Pirala en su *Historia de la guerra civil.)*

9-31-4/6816:   1) *Apuntes históricos de Aviraneta.* (Manuscrito. La continuación de los *Apuntes políticos.* Aviraneta va a Bayona comisionado por Pita Pizarro, pero la vigilancia a que es sometido le obliga a abandonar su misión.)

2) «Mi Vindicación, escrita, impresa y publicada en Madrid el 20 de junio de 1838». (Manuscrito. Aviraneta comenta la publicación de su *Vindicación* y cómo el gobierno le dio una nueva comisión.)

3) «Insurrección militar de los batallones carlistas en el Real Estella en marzo de 1838.»

4) *Vindicación de Aviraneta.* (Impreso. Otro ejemplar del folleto.)

5) Una colección de recortes de periódico algunos de los cuales mencionan a Aviraneta. *(El Corresponsal* del 3 de julio de 1841 lleva la segunda parte de un artículo por José María de Arizaga que pretende refutar las pretensiones de Aviraneta sobre Vergara, pero que más bien que negar la eficacia de Aviraneta muestra la participación de otras personas. La primera parte de este artículo falta.)

9-31-4/6818:   *Segundo viaje de Aviraneta a Bayona en 20 de diciembre de 1838.* (Manuscrito de 92 páginas. Continuación de los *Apuntes políticos*. Incluye el relato del agente María de Taboada que reproducimos en el Apéndice IV.)

«Adición al segundo viaje de Aviraneta a Bayona». (Trata de las relaciones de Aviraneta con un carlista llamado Villena, quizá el Vinuesa barojiano.)

«Motín militar de Estella en marzo de 1838 y antecedentes del oficial Don Pedro Luis Arreche (a) Bertache, principal ajente que lo promovió; así como la sublevación del 5º, 11º y 12º Batallones de Navarra en principios de agosto de 1839». (Aviraneta explica cómo utilizó a la novia de Bertache para instigar la insurrección.)

Otros documentos sueltos (manuscritos):

1) Aviraneta es acusado por Gamboa de haber causado los incidentes sangrientos que siguieron a la sublevación de los batallones carlistas.

2) Aviraneta afirma haber introducido la discordia en las filas carlistas.

3) Aviraneta afirma que nunca intrigó contra Espartero.

9-31-4/6820: *Plan de las operaciones que deben emprenderse en las Provincias Vascongadas con la vandera de Paz y Fueros.* (Manuscrito.) [Puche 275-278.]

9-31-4/6826: 1) *Proyectos o planes propuestos por mí al gobierno de S.M. para prender al Pretendiente don Carlos; y lo que trabajé para plantearlos y su ejecución en el año de 1839.* (Manuscrito. Contiene también un croquis.) [Puche 260-271.]

2) *Proyecto o plan para prender al Pretendiente en Azcoitia, rectificado en Bayona en marzo de 39.* (Manuscrito.) [Puche 272-275, pero con errores que a veces privan al texto de sentido; por ejemplo, en la página 273 dos veces pone chapelgorris donde el original dice, lógicamente, chapelchuris.]

9-31-4/6830: *Comunicación de Aviraneta al cónsul de España en Bayona, y una nota.* (Manuscrito. La comunicación está fechada en Bayona a 30 de agosto de 1839. Aviraneta se queja de que en una carta enviada desde Bayona al Comandante General de Guipúzcoa se le acusa de obstaculizar el establecimiento de la paz. Aviraneta declara que su trabajo en pro de la paz es bien conocido por el cónsul, y añade que a causa de esa carta maliciosa ha tenido que abandonar su proyectado viaje a San Sebastián, donde iba a darle el golpe de gracia al carlismo. La nota se refiere a Manuel Salvador, «agente secreto asalariado del embajador español en París», según Aviraneta).

9-31-4/6833:   *Documentos y memoria sobre el viaje de Avira-neta a Cataluña.* (Manuscrito.)

Los documentos llevan la siguiente paginación:

1. Carta de Francisco Narváez a Espartero. [Puche 285.]

2. Carta de Otero a Espartero. [Puche 285].

3. Mensaje de la policía al ejército del norte. [Puche 283.]

4. Carta al 2º Cabo de Aragón. (Con fecha del 6 de febrero de 1840. Dice que el Secretario de Estado ha ordenado que Aviraneta, detenido en Zaragoza, sea puesto en libertad.)

5. Carta de Oviedo a Espartero. [Puche 285-286.]

6-7. Carta de Aviraneta a Pirala. (Fechada en San Sebastián a 23 de diciembre de 1857. Dice que preparará una memoria sobre sus actividades en 1839-40.)

8-9. Carta de Aviraneta a Espartero. [Puche 286-288].

10. Carta de Domingo de Echegaray (Aviraneta) a D. Antonio Thora (Arias Tejeiro). (Fechada en San Juan Pie de Puerto a 4 de abril de 1840, con una traducción francesa de la carta.) [Puche 313.]

11. Carta de Domingo de Echegaray al Marqués de Orgeix. (Fechada en San Juan Pie de Puerto a 4 de abril de 1840. Orgeix actúa de intermediario entre Aviraneta y Arias Tejeiro.) [Puche 315.]

12-13. Carta a M. François G.ª (Fechada en Bayona a 14 de febrero de 1840. Comunicación totalmente misteriosa que se refiere a otras personas por letras y que está firmada M.)

14-15. Carta a M. García Fr. (El destinatario es evidentemente el mismo que el de la carta anterior.)

16-18. Carta de Domingo de Echegaray a Arias

Tejeiro. (Fechada en San Juan Pie de Puerto, a 1 de marzo de 1840, con traducción francesa.) [Puche 307.]

19-21. Carta de Antonio Thora a D. Domingo de Echegaray. (Con fecha del 13 de marzo de 1840.) [Puche, 310.]

22. (Nombres y palabras sin aparente sentido escritos en una hoja suelta.)

23-24. Carta de Antonio Thora a D. Domingo de Echegaray. (Con fecha del 24 de abril de 1840.) [Puche 315, con la fecha equivocada.]

25-26. Carta de Domingo de Echegaray a D. Antonio Thora. (Sin fecha.) [Puche 311.]

27-28. (Nota en francés y español, fechada en Toulouse a 13 de abril de 1840, sin destinatario y sin firma.)

29-46. *Tercer viaje a Francia en enero de 1840.* (Continuación de los *Apuntes políticos.*) [Puche 292-306].

47-49. «Conclusión de la narración de los tres viajes a Bayona. Dn Pío Pita Pizarro y el General Espartero». [Puche 255-257. Pero Puche omitió el siguiente trozo: «Pita Pizarro y Espartero: he aquí los dos hombres que he considerado como los dos héroes a quienes se debió la conclusión de la guerra civil en el Norte de España».]

9-31-4/6835: *Documentos de los trabajos de Aviraneta para dividir a los carlistas.* (Manuscrito. Gran número de cartas y comunicaciones, muchas escritas en lenguaje masónico y con sellos que llevan las letras S.E.D.J.)

Los documentos de este cuaderno van divididos en cuatro secciones:

1) «Documentos que constituyen el borrador del Simancas».

2) «Muestrario de timbres y sellos».

3) «Correspondencia oficial y de confidentes». (Correspondencia de Aviraneta con sus agentes en el bando carlista.)

4) «Cuadernos copiadores de comunicaciones». (Las comunicaciones de Aviraneta con el gobierno de Madrid.) [Puche 439-479, selección de las comunicaciones.)

En el mismo legajo se encuentran también los siguientes folletos impresos de Aviraneta.

Vindicación de Aviraneta.

Memoria dirigida al gobierno español.

Contestación de Aviraneta a los autores, etc.

Apéndice a la Contestación.

Apéndice 4
Un escrito inédito de Aviraneta, fuente de Baroja

Entre los papeles aviranetianos de la Colección Pirala hemos hallado un documento manuscrito de gran interés que no figura en el libro de Castillo Puche. El documento en cuestión relata la historia de María de Taboada, uno de los agentes que Aviraneta utilizó para infiltrar las filas carlistas, y es de interés no sólo porque arroja cierta luz sobre los métodos de Aviraneta, sino también porque es una fuente indudable de Baroja; tanto es así que Baroja copió el documento entero casi palabra por palabra (IV, 140-142, 144, 167-168, 429-430). Claro que el documento que vio Baroja no sería precisamente éste, sino uno idéntico. Por su calidad de inédito y de fuente barojiana transcribimos el documento aquí. Nos hemos tomado la pequeña libertad de corregir la ortografía verdaderamente anárquica de Aviraneta; de lo contrario nos veríamos obligados a puntear el relato con una sucesión abrumadora de *sics*.

La conquista. D.ª María de Taboada, natural de Madrid, hija natural según unos, y legítima según otros, del abogado Taboada, que fue corregidor de Guipúzcoa en 1824, y luego en la guerra civil asesor de Zumalacárregui: la señorita María de Taboada

288

era huérfana en 1839 de padre y madre y servía de doncella en una casa de campo de las inmediaciones de Bayona. Era muy conocida en aquella ciudad por su talento, travesura y exaltación carlista. En tiempo de Zumalacárregui había desempeñado diferentes misiones secretas en Madrid, Turín y Nápoles, por lo que disfrutaba concepto de travesura con altas notabilidades del carlismo. En este partido, tenía ideas moderadas y pertenecía a la parcialidad de Maroto, Villarreal y el Padre Cirilo. Mi principal agenta en Bayona, me la indicó y me puso en relaciones con ella. Era una morena bastante graciosa y de edad de unos 26 años. Traté de sondearla y ganarla con dádivas y agasajos, pero me pareció empresa difícil o casi imposible el que abandonase su partido para pasarse a las filas de los liberales. Era fanática carlista, y pertenecía a las congregaciones religiosas de San Vicente de Paúl. Fueme, pues, necesario variar de plan (sistema). Supúseme partidario del bando moderado del campo de Isabel 2ª y enemigo mortal del exaltado, haciéndola entender que los moderados de Isabel 2ª y los del campo de Don Carlos, podían entenderse, porque eran casi insignificantes los puntos que los dividían y tenían alejados. Que el casamiento del hijo de Don Carlos con Isabel 2ª, estrañando de España a Cristina y el Infante Don Carlos, realizaría este pensamiento. Que la reyedad o la suprema autoridad del Estado, residiría en Isabel y Carlos como estuvo en tiempos de los reyes católicos, que atrajeron la unión de las coronas de Castilla y Aragón. Que se convocarían cortes, y se daría al Estado una constitución y régimen moderado. Que para conseguir esto era preciso reducir a la nulidad a los corifeos del bando exaltado en ambos campos, y moralizar a los filiados en los partidos. Este plan gustó mucho a la María, y me aseguró que en el alma sería partidaria del plan y que desde luego era mi esclava, y de todo corazón y fielmente me serviría para llevarlo a cabo. En su exaltación me abrazó y besó, derramando lágrimas de alegría. La instruí en todo lo que convenía que hiciese en el campo carlista con Maroto y sus amigos, y con el General García y los suyos. La escribí las instrucciones en tinta simpática y la despaché el 21 de enero de 1839 al campo carlista, entregándola ocho onzas en oro para el viaje.

Llegó felizmente y desde Tolosa me escribió el 27 del mismo mes su llegada, diciéndome que iba observando el espíritu del soldado y de la oficialidad: que el de éstos era muy bueno y que todos estaban contra Don Carlos y los que lo rodeaban. Que Villarreal no tenía mando todavía; y que sólo aguardaba para obtenerlo a que el padre Cirilo subiese al poder, por pertenecer al partido de Villarreal y los demás caídos.

El 4 de febrero supe que la María había llegado a Vergara en ocasión de entrar también en aquella villa el Pretendiente. Desde aquella fecha se eclipsó, y no supe de ella sino el 11 del mismo, que otra persona me escribió desde Eibar, diciéndome que después de haber permanecido dos días en Vergara, se había marchado a Estella. El 18 del propio mes fusiló Maroto a cuatro de los principales caudillos de la facción, y la María, que jugó el principal papel en aquel sangriento y ruidoso drama, aterrorizada se refugió y ocultó en un convento de monjas .

Más de un mes se pasó, sin que yo tuviese la menor noticia acerca del paradero de la María, si era muerta o viva: no me resolvía preguntar, por segunda persona, a carlistas residentes en Bayona y concesionados con ellas, antecedentes sobre su paradero, para no infundir sospechas y comprometerla. Se sabía en Bayona, por noticias que corrían, que muchas personas complicadas en la trama de Estella, unas habían logrado fugarse, otras se habían ocultado, y no pocas se hallaban presas. En esta incertidumbre, llamé a Bayona a Don Domingo Orbegozo, y le hice partícipe del secreto. Le encargué que a costa de cualquier sacrificio, se indagase por medio de nuestras confidentas en el campo enemigo el paradero de María. Orbegozo se encargó de esta comisión y despachó a tres confidentas las más sagaces y seguras: la una a la casa de la viuda de Zumalacárregui, con quien la María tenía relaciones de amistad; otra a Plasencia de las Armas, y la tercera a Vergara, siendo esta última la que encontró allí el rastro, y tuvo que seguirlo para indagar lo que se solicitaba.

La misma María, en persona, apareció en Bayona el 27 de abril. Venía muerta de miedo y demudada en su semblante. Díjome que se había salvado milagrosamente y ocultado en un convento de monjas en Estella, hasta que supo con toda seguridad que no sonaba ni aparecía su nombre en la causa que mandó formar Maroto al General García y compañeros. Que debió su salvación al silencio de Carmona, que no la denunció ni declaró sobre el plan que le dio con su firma para entregarlo al

General García, y que hizo ella cayese en manos de Maroto, conforme al proyecto que le di en tinta simpática, y el General Villarreal, de acuerdo con el padre Cirilo de Alameda y otras dos personas que lo formalizaron y comprometieron a Carmona y los demás fusilados. Que ella desde que llegó a Tolosa, había hecho tres viajes a Estella a verse con García, y quedar conformes con el plan, hasta su última perfección.

La María volvió a Bayona trastornada también en sus ideas políticas; y aquel entusiasmo con que partió al campo carlista el 21 de febrero, desapareció enteramente, y se convirtió en una muchacha reservada y taciturna. No me quiso abrazar ni admitir una joya de valor que la compré y varios cortes de vestido. En medio de su preocupación e indiferencia con que me miraba en los almuerzos que la daba en mi casa, observé que al pasar con ella al despacho donde tenía mis papeles, aquella mujer cambiaba de semblante, y revivía, por decirlo así, tomaba tan pronto un papel de sobre la mesa, como le mudaba por otro, examinando primero a la luz de los cristales el timbre de la fábrica. Lo mismo hacía con tres sellos, de mis iniciales. Esto me hizo caer en sospechas, y la armé un lazo, para asegurarme de su fidelidad, y convencerme de que me iba a ser infiel. Al día siguiente la convidé también a almorzar y estando sentados a la mesa, hice que se me entregase una carta cerrada, como que venía del cónsul, llamándome a toda prisa a su casa. Hice (Fingí) que leía la carta, y me levanté de la silla diciendo a la María: El cónsul me llama a toda prisa, sin duda debe ocurrir alguna novedad grave y urgente. V. continúe almorzando y luego que concluya, puede pasar a mi despacho y esperar a mi vuelta; ahí tiene V. libros y periódicos para entretenerse. Cogí mi sombrero y salí a paseo, dejando a la María muy contenta.

En la casa donde yo estaba hospedado, había una señorita, sobrina de la patrona, muchacha sumamente lista e instruida Yo la había aleccionado la víspera para que observase a la María luego que saliese yo y ella se trasladase al despacho; bien por el ojo de la cerradura de la puerta, o por una ventanita que había detrás de la alcoba de mi despacho y que comunicaba a un pasillo oscuro, y que subida sobre una silla pudiera ver sin ser vista.

Hecho y dicho. Apenas me alejé de la casa y calle, María

pasó al despacho y cerró la puerta con el picaporte. La sobrina de mi patrona se colocó en su atalaya. María principió a mirar mis papeles, aunque indiferentes, y luego tropezó con uno importante que compuse la noche anterior. Era una nota figurada y reservada de mis corresponsales en el cuartel Real y entre otros aparecía Maroto. Y otra nota de sujetos carlistas residentes en Bayona, que suponía estaban de acuerdo conmigo; y una cifra, que suponía también usar en mi correspondencia. Luego que la María tropezó con estos papeles se puso a copiarlos, y concluida la operación, encendiendo la luz, sacó copias de mis tres sellos, con un lacre encarnado. Concluida la obra se guardó las copias en el pecho, y se puso a leer en los periódicos, dejando la puerta un poco entornada.

Estuve como una hora paseándome en las Allés-marines, y volví alegre a mi casa y me encontré con la María, muy jovial también contra su costumbre. La pedí mis excusas sobre lo mucho que la había hecho esperar, y la regalé cuatro mentiras que forjé, como noticias de importancia y oficiales procedentes del consulado. Me despedí de ella hasta el día siguiente y hora del almuerzo.

Mi Argos me dio cuenta por su parte de cuanto había observado, y la valió esto un hermoso sombrero-capota de que sabía tenía buenas ganas.

El día siguiente, que era el 30 de abril, vino puntualmente a almorzar conmigo, y la propuse el nuevo viaje que convenía hiciese al campo carlista para llevar otra carta al General Villareal. Se conformó y la extendí la que aparece copiada entre los documentos de mi memoria bajo el Nº 15. El día siguiente se puso en camino, con cuatro onzas que le di para sus gastos.

El 19 de mayo estaba la María de regreso en Bayona, poco satisfecha de su viaje. Tanto Villareal, como el padre Cirilo y sus compañeros, que creían apoderarse del mando y formar el ministerio a su manera, de resultas del aniquilamiento del bando exaltado, y manejar a Don Carlos bajo el sistema moderado, les había sucedido todo lo contrario. Entronizaron un nuevo partido, el militar bajo la dirección absoluta del General Maroto, dejando cesantes a Villareal, el padre Cirilo y su facción, que fueron los que prepararon la trama de Estella, siendo víctimas García y los demás fusilados con él. Maroto se apoderó del ejército, erigiéndose en dictador militar. Don Carlos y su corte, y los enemigos encubiertos de Maroto, quedaron burlados en sus esperanzas y reducidos a la nulidad, y de casi igual condición que los exaltados carlistas desterrados a Francia. La María me trajo el recado verbal de su amigo el General Villareal que referí en mi memoria oficial, página 34.

Me confesó francamente la María que Villareal y sus amigos estaban reducidos a la impotencia, y que nada podían hacer en favor de mis planes. Con esto concluí mis relaciones con la María, y ésta volvió a la casa de campo a ejercer su ocupación de doncella.

Todavía me quedaba por descubrir la verdadera causa de la transformación de ideas que eché de ver en la María desde el primer viaje a Estella y su regreso a Bayona. Este enigma lo resolví completamente, valiéndome de mi principal agenta en aquella ciudad, doña F.G.F. Esta tenía cuatro hijas, de muy buen parecer, y eran amigas íntimas de la hija del Brigadier carlista Martínez, residente en la misma ciudad, y ligada en amistad con la María y en cierta manera celosa del papel político que ejercía con sus correligionarios. Tocaron en sus conversaciones el punto de las idas y venidas de María al campo carlista. La señorita de Martínez les dijo que era fácil adivinar el tráfago que traía María. Según ella, era la querida y amante de Villareal, que la amaba entrañablemente hacía mucho tiempo y aun en vida de su padre y del General Zumalacárregui, y se suponía iba a casarse con ella. Como Villareal estuvo preso y desgraciado con el Pretendiente y con Maroto no tenía ni lo puramente necesario para sustentarse él mismo, por lo que le fue preciso enviar a María a Bayona, recomendándola a sus amigos, que la proporcionasen alguna colocación, y éstos la proporcionaron en una familia honrada de aquel país, en cuya compañía vivía en clase de doncella. Que sus viajes frecuentes al campo carlista, en estos últimos tiempos, debían atribuirse a su amor y cariño a Villareal y ver si conseguía colocación en activo servicio de resultas de los últimos acontecimientos. Que por lo visto sus esperanzas se habían frustrado cuando había vuelto al seno de la familia en cuya casa servía algún tiempo hacía.

Desde su último regreso, se había advertido que estaba muy entregada a los ejercicios espirituales, en las congregaciones religiosas de San Vicente de Paúl.

Cuando a fines de agosto de 1839 se refugiaron a Francia

Don Carlos y su ejército, hallándome en la plaza de armas viendo entrar tanto carlista refugiado, se llegó la María donde estaba yo y dándome una palma en las espaldas, exclamó: *Infame, ésta es tu obra,* y se metió en un grupo de carlistas. Es la última vez que la vi, y a poco tiempo supe que había entrado monja en un convento de Bayona.

Bibliografía

Esta bibliografía incluye solamente aquellas de las obras consultadas en la preparación de este estudio que fueron pertinentes a nuestro trabajo. Muchas de ellas han sido citadas en el texto, pero otras no; no obstante, las incluímos aquí por considerar que tienen cierta conexión con el tema, por muy indirecta que ésta sea. La bibliografía no incluye documentos.

Hemos creído conveniente dividir la bibliografía en secciones, y cada obra va clasificada en la sección más apropiada a su tema. Ninguna obra se incluye en más de una sección.

1. BIBLIOGRAFÍA CRÍTICA FUNDAMENTAL SOBRE BAROJA

Alberich, José: *Los ingleses y otros temas de Pío Baroja,* Madrid, 1966.
Arbó, Sebastián: *Pío Baroja y su tiempo,* Barcelona, 1963.
Azorín: *Ante Baroja,* Zaragoza, 1946.
Baeza, Fernando (ed.): *Baroja y su mundo,* Madrid, 1961.
Balseiro, José: *Cuatro individualistas de España,* University of North Carolina, 1949.
Barja, César: *Libros y autores contemporáneos,* New York, 1964.
Baroja en el banquillo. Antología crítica, 2 tomos, Zaragoza, s. a.

Barrow, Leo: *Negation in Baroja. A Key to his Novelistic Creativity,* University of Arizona, 1971.

Bolinger, Dwight: «Heroes and Hamlets: The Protagonists of Baroja's Novels», *Hispania* (Stanford), vol. XXIV, 1941, páginas 91-94.

Cangiotti, Gualtiero: *Pío Baroja osservatore del costume italiano,* Universitá di Urbino, s. a.

Corrales Egea, José: *Baroja y Francia,* Madrid, 1969.

Eoff, Sherman: *The Modern Spanish Novel,* London, 1962.

Feal Deibe, Carlos: «Zalacaín el aventurero y las tres mujeres de Pío Baroja», *Revista Hispánica Moderna,* vol. XXXIII, páginas 285-292.

Flores Arroyuelo, Francisco: *Las primeras novelas de Pío Baroja,* Murcia, 1967.

Flores Arroyuelo, Francisco: *Pío Baroja y la historia,* Madrid, 1971.

Fox, E. I.: «Baroja and Schopenhauer. El árbol de la ciencia», *Revue de Littérature Comparée,* vol. XXXVII, 1963, páginas 350-359.

García de Nora, Eugenio: *La novela española contemporánea,* vol. I, 2.ª ed., Madrid, 1963.

Granjel, Luis: *Retrato de Pío Baroja,* Barcelona, 1953.

Granjel, Luis: *Baroja y otras figuras del 98,* Madrid, 1960.

Iglesias, Carmen: *El pensamiento de Pío Baroja,* Méjico, 1963.

Iglesias, Carmen: «El devenir y la acción en la obra de Pío Baroja», *Cuadernos Americanos,* mayo-junio de 1962, pp. 263-270.

Indice de Artes y Letras, núm. homenaje a Baroja, núms. 70-71, enero-febrero de 1954.

Lloris, Manuel: «Baroja, presunto escritor misógino», *Revista Hispánica Moderna,* vol. XXXIII, 1967, pp. 293-298.

Maristany, Luis: «La concepción barojiana de la figura del golfo», *Bulletin of Hispanic Studies,* vol. XLV, 1968, pp. 102-122.

Nallim, Carlos: *El problema de la novela en Pío Baroja,* Méjico, 1964.

Nallim, Carlos: «Alcances del mundo novelístico de Pío Baroja», *Actas del primer congreso internacional de hispanistas,* Oxford, 1964, pp. 375-384.

Ortega y Gasset, José: «Ideas sobre Pío Baroja» y «Una primera vista sobre Baroja», *Obras Completas,* vol. II, Madrid, 1950.

Owen, Arthur: «Concerning the ideology of Pío Baroja», *Hispania* (California), vol. XV, 1932, pp. 15-24.

Pérez Ferrero, Miguel: *Vida de Pío Baroja,* Barcelona, 1960.

Regalado García, Antonio: «Verdugos y ejecutados en las novelas de Pío Baroja», *Papeles de Son Armadans,* vol. XLI, 1966, pp. 9-29.

Reid, John: *Modern Spain and Liberalism,* Stanford University, 1937.

Revista de Occidente, núm. 62, 1968. Número dedicado a Baroja.

Seeleman, Rosa: «The treatment of landscape in the novelists of the generation of 1898», *Hispanic Review,* vol. IV, 1936, páginas 226-238.

Shaw, D. L.: «A reply to *deshumanización:* Baroja on the art of the novel», *Hispanic Review,* vol. XXV, 1957, pp. 105-111.

Shaw, D. L.: «The concept of *ataraxia* in the later novels of Baroja», *Bulletin of Hispanic Studies,* vol. XXXIV, 1957, páginas 29-36.

Shaw, D. L.: «Two novels of Baroja: an illustration of his technique», *Bulletin of Hispanic Studies,* vol. XL, 1963, pp. 151-159.

Templin, E. H.: «Pío Baroja: three pivotal concepts», *Hispanic Review,* vol. XII, 1944, pp. 306-329.

Templin, E. H.: «Pío Baroja and science», *Hispanic Review,* volumen XV, 1947, pp. 165-192.

Uribe Echevarría, Juan: *Pío Baroja: técnica, estilo, personajes,* Universidad de Chile, 1957.

Urrutia, Luis: «Baroja y el periodismo», *Actas del segundo congreso internacional de hispanistas,* Nijmegen, 1967, pp. 655-665.

2. Otros trabajos menores que se ocupan
   de las Memorias de un hombre de acción

Andrenio: *Novelas y novelistas,* Madrid, 1918, pp. 193-216.

Andrenio: «Una página de la historia. Los emigrados de 1830», *El Sol,* 1.º de octubre de 1927.

Artigas Arpón, Benito: «Sobre *Humano enigma* y *La senda dolorosa*», *La Voz,* 12 de febrero de 1929.

Ballesteros y Martos, Antonio: «Sobre *La venta de Mirambel*», *El Sol,* 17 de marzo de 1931.

Brion, Marcel: «Sobre *El aprendiz de conspirador*», *Mercure de France,* 16 de julio de 1913.

Browne, James: «Pío Baroja's *Memorias de un hombre de acción* as historic novels», tesis de Master inédita, Universidad de Cincinati, 1934.

Castillo Puche, José Luis: «Baroja no leyó las Memorias de Aviraneta», *Correo Literario,* vol. III, núm. 40, 15 de enero de 1952.

Castillo Puche, José Luis: «Baroja al descubierto entre dos Aviranetas», *Correo Literario,* vol. V, núm. 91, 1.º de marzo de 1954.

Díez Canedo, Enrique: «Lecturas de la semana. La vida de un conspirador», *El Sol,* 18 de abril de 1931.

Hamilton, Jane: «Las guerras carlistas en la literatura contemporánea», tesis doctoral inédita, Universidad de Madrid, 1954.

Marañón, Gregorio: «Aviraneta al descubierto. Memorias íntimas de un conspirador del siglo xix», *Correo Literario,* vol. IV, número 65, 1.º de febrero de 1963. [Este artículo apareció anteriormente como prólogo al libro de Castillo Puche.]

Mikulski, Richard: «The Carlist Wars in the Serial Novels of

Galdós, Baroja and Valle-Inclán», tesis doctoral inédita de la Universidad de Kansas, 1956.

Mondragón Jara, Nelly: «*Memorias de un hombre de acción:* trabajo de investigación realizado en el Instituto Pedagógico de la Universidad de Chile», Santiago, 1956. [Este trabajo figura en la bibliografía de Jorge Campos en *Baroja y su mundo,* pero no hemos podido consultarlo.]

Mourlane Michelena, Pedro: «La academia, Baroja y el estilo», *El Sol,* 27 de abril de 1935. [Reseña de *Crónica escandalosa* y *Desde el principio hasta el fin.*]

Obregón, Antonio de: «Pío Baroja: *Aviraneta o la vida de un conspirador*», *Revista de Occidente,* vol. IX, junio de 1931, páginas 317-320.

Ortega, Juan: «El mito de Aviraneta», *Indice de Artes y Letras,* números 70-71, enero-febrero de 1954.

Río, Angel del: «Sobre *Crónica escandalosa* y *Desde el principio hasta el fin*», *Revista Hispánica Moderna,* vol. III, 1937, páginas 220-221.

Sánchez, Federico: «Sobre las *Memorias de un hombre de acción* de Baroja», *Hispania* (Stanford), vol. XIII, 1930, pp. 301-310.

Tenreiro, Ramón: «El aprendiz de conspirador», *La Lectura,* volumen XIII, 1913, p. 406.

Tenreiro, Ramón: «Libros recientes de Baroja: *La veleta de Gastizar* y *Los caudillos de 1830*», *La Lectura,* vol. XVIII, 1918, páginas 405-408.

Tenreiro, Ramón: «*La Isabelina,* por Pío Baroja», *La Lectura,* volumen XIX, 1919, pp. 394-395.

3. Estudios históricos sobre Aviraneta

Bataillon, Marcel: «Para la biografía de un héroe de novela: Eugenio Aviraneta», *Revista de Filología Española,* vol. XVIII, 1931, pp. 255-258.

Castillo Puche, José Luis: *Memorias íntimas de Aviraneta o manual del conspirador,* Madrid, 1952.

Chacón y Calvo, José María: «Aviraneta, pacificador», *Revista Cubana,* 1935, pp. 5-10.

Fernández, Luis: «Un plan inédito de Aviraneta para la reconquista de Méjico», *Hispania* (Revista española de historia), volumen VIII, 1948, pp. 621-650.

Núñez de Arenas, Manuel: «Aviraneta habla de sí mismo», *L'Espagne des Lumières au Romantisme,* París, 1963, pp. 293-295.

Ortiz Armengol, Pedro: *Aviraneta y diez más,* Madrid, 1970.

Ríos, Fernando de los: «Recuerdo de Aviraneta en Ginebra», *El Sol,* 15 de septiembre de 1927.

Sosa, Luis de: «Conspiradores y espionaje: Aviraneta», *Revista Nacional de Educación,* vol. III, 1943, pp. 22-43.

4. Obras de Historia

Alcalá Galiano, Antonio: *Memorias,* Biblioteca de autores españoles, vols. 83-84.

Arizaga, José Manuel de: *Memoria militar y política sobre la guerra de Navarra, los fusilamientos de Estella y principales acontecimientos que determinaron el fin de la causa de don Carlos Isidro de Borbón,* Madrid, 1840.

Artola Gallego, Miguel: *Los orígenes de la España contemporánea,* Madrid, 1959, 2 tomos.

Auguet de Saint Sylvain, Louis: *Un Chapitre de l'Histoire de Charles V,* París, 1835.

Ballesteros y Beretta, Antonio: *Historia de España y su influencia en la Historia Universal,* Barcelona, 1918-1940, 10 tomos.

Bayo, Estanislao de Koska: *Historia de la vida y reinado de Fernando VII,* Madrid, 1842, 3 tomos.

Bermejo, Ildefonso: *La estafeta de Palacio,* Madrid, 1868.

Burgo, Jaime del: *Fuentes de la historia de España: bibliografía de las luchas políticas y guerras carlistas en el siglo XIX,* Pamplona, 1953-55, 3 tomos.

Burgos, Javier de: *Anales del reinado de Isabel II,* Madrid, 1850-51, 6 tomos.

Cabello / Santa Cruz / Temprado: *Historia de la guerra última en Aragón y Valencia,* Madrid, 1845-46, 2 tomos.

Calvo Rochina de Castro, Dámaso: *Historia de Ramón Cabrera y de la guerra civil en Aragón, Valencia y Murcia,* Madrid, 1845.

Cambronero, Carlos: «La matanza de los frailes el año 1834 según documentos inéditos del Archivo Municipal», *Revista Contemporánea,* vol. CVII, 1897.

Carr, Raymond: *Spain 1808-1939,* Oxford, 1966.

Christiansen, E.: *The Origins of Military Power in Spain,* Oxford, 1967.

Comellas, J. L.: *Los primeros pronunciamientos en España,* Madrid, 1958.

Comín Colomer, Eduardo: *Historia de la masonería en España,* Madrid, 1944.

Córdoba, Buenaventura de: *Vida militar y política de Cabrera,* Madrid, 1844-45, 4 tomos.

Corpas, Cecilio: *Précis historique de l'origine et des progres de la rebelion d'Espagne,* París, 1823.

Custine, Marquis de: *L'Espagne sous Ferdinand VII,* Bruxelles, 1838.

Delgado, Jaime: *España y Méjico en el siglo XIX,* Madrid, 1950, 2 tomos.

Emigrado del Maestrazgo, Un: *Vida y hechos de los principales cabecillas facciosos de las provincias de Aragón y Valencia,* Valencia, 1840.

La *España del siglo XIX. Colección de conferencias históricas celebradas durante el curso de 1885-86,* Madrid, 1886, 3 tomos.

Espoz y Mina, Francisco: *Memorias del general don Francisco Espoz y Mina,* Biblioteca de autores españoles, vols. 146 y 147.

Fabre, Auguste: *Histoire du siège de Missolonghi,* París, 1827.

Fernández de Córdoba, Fernando: *Memorias íntimas,* Biblioteca de autores españoles, vols. 192 y 193.

Fernández de los Ríos, A.: *Estudio histórico de las luchas políticas de la España del siglo XIX,* Madrid, 1879, 2 tomos.

Fernández Suárez, Manuel: *Las sociedades secretas y los orígenes de la España contemporánea,* Madrid, 1961.

Flórez, José Segundo: *Espartero. Historia de su vida política y militar y de los grandes sucesos contemporáneos,* Madrid, 1843-45, 4 tomos.

Fuente, Vicente de la: *Historia de las sociedades secretas antiguas y modernas en España y especialmente la francmasonería,* Lugo, 1870-71, 3 tomos.

Gamba, Pierre: *Relation de l'expédition de Lord Byron en Grèce,* París, 1825.

Gómez de Arteche, José: *Guerra de la Independencia. Historia militar de España de 1808 a 1814,* Madrid, 1868-1907, 14 tomos.

Gómez de Arteche, José: «Juan Martín El Empecinado. La Guerra de la Independencia bajo su aspecto popular: los guerrilleros», artículo incluido en *La España del siglo XIX,* vol. I (véase más arriba).

Holt, Edgar: *The Carlist Wars in Spain,* London, 1967.

Hugo, Abel: *Histoire de la campagne d'Espagne en 1823,* París, 1824-25, 2 tomos.

Lafuente, Modesto: *Historia general de España desde los tiempos primitivos hasta la muerte de Fernando VII,* Continuada por don Juan Valera, Madrid, 1877, 1882, 1885, 6 tomos.

Lassala, Manuel: *Historia política del partido carlista,* Madrid, 1841.

Le Brun, Charles: *Retratos políticos de la Revolución de España,* Filadelfia, 1826.

Lesur, Charles Louis: *Annuaire historique universel,* París, 1820-43, 24 tomos.

Lichnowsky, Prince Félix: *Souvenirs de la guerre civile en Espagne,* París, 1844.

Lurine, Louis: *Le père Cyrille et le général Maroto,* Bordeaux, 1839.

Maroto, Rafael: *Vindicación del general Maroto,* Madrid, 1846.

Martignac, Vicomte de: *Essai historique sur la Révolution d'Espagne et sur l'intervention de 1823,* París, 1832.

Martínez de la Rosa, Francisco: *La revolución actual de España,* Biblioteca de autores españoles, vol. 155.

Martínez Villergas, J.: *Los políticos en camisa,* Madrid, 1845 y 1847, 2 tomos.

Menéndez y Pelayo, Marcelino: *Historia de los heterodoxos españoles*, Madrid, 1956, 2 tomos.

Mesonero Romanos, Ramón de: *Memorias de un setentón*, Biblioteca de autores españoles, vol. 203.

Miraflores, Marqués de: *Memorias del reinado de Isabel II*, Biblioteca de autores españoles, vols. 172-174.

Mitchell, M. G.: *El campo y la corte de Don Carlos*, Madrid, 1840.

Nombela, Julio: *Impresiones y recuerdos*, Madrid, 1909-12, 4 tomos.

Oyarzun, Román: *Vida de Ramón Cabrera y las guerras carlistas*, Barcelona, 1961.

Pastor Díaz, Nicomedes: *Galería de españoles célebres contemporáneos*, Madrid, 1841-46, 9 tomos.

Pi y Margall / Pi y Arsuaga: *Historia de España en el siglo XIX*, Barcelona, 1902, 5 tomos.

Pirala, Antonio: *Historia de la guerra civil y de los partidos liberal y carlista*, Madrid, 1868-69, 6 tomos.

Quin, Michael J.: *Memorias históricas sobre Fernando VII*, traducción de J. García Jiménez, Valencia, 1840.

Quintana, Manuel José: *Cartas a Lord Holland sobre los sucesos políticos de España en la segunda época constitucional*, Biblioteca de autores españoles, vol. 19.

Ribot Fontseré, Antonio: *La revolución de julio en Madrid*, Madrid, 1854.

Rodríguez Solís, Enrique: *Los guerrilleros de 1808*, Madrid, 1887, 2 tomos.

Sanjinés y Osante, Cristóbal: *Ligeras memorias del general Renovales*, Bilbao, s. a.

Toreno, Conde de: *Historia del levantamiento, guerra y revolución de España*, Biblioteca de autores españoles, vol. 64.

Urquinaona, Pedro de: *La España bajo el poder arbitrario de la congregación apostólica*, Madrid, 1835.

Valera, Juan: Continuación de la *Historia general de España*, de Lafuente (véase más arriba).

Wisdom, Thomas: *Estudio histórico-militar de Zumalacárregui y Cabrera*, Madrid, 1890.

Zarátiegui, J. A.: *Vida y hechos de don Tomás Zumalacárregui*, Madrid, 1845.

5. Obras sobre filosofía de la historia

Barraclough, Geoffrey: *History in a Changing World*, Oxford, 1957.

Berlin, Isaiah: *Historical Inevitability*, London, 1954.

Blake, Christopher: «Can history be objective?», *Mind*, volumen LXIV, 1955, pp. 61-78.

Carr, E. H.: *What is History?*, London, 1961.

Collingwood, R. G.: *The Idea of History*, Oxford, 1946.

Croce, Benedetto: *History: Its Theory and Practice*, New York, 1921.

Dilthey, Wilhelm: *The Essence of Philosophy*, Chapel Hill, 1954.

Gardiner, Patrick: *Theories of History*, New York, 1959.

Gardiner, Patrick: *The Nature of Historical Explanation*, Oxford, 1952.

Geyl, Pieter: *The Use and Abuse of History*, New Haven, 1955.

Oakeshott, Michael: *Experience and its Modes*, Cambridge, 1933.

Ortega y Gasset, J.: *Historia como sistema*, Obras Completas, volumen VI, Madrid, 1952.

Popper, Karl: *The Poverty of Historicism*, London, 1957.

Walsh, W. H.: *An Introduction to Philosophy of History*, London, 1967.

6. OTRAS OBRAS (LITERARIAS, CRITICAS, ETC.)

Alonso, Amado: *Ensayo sobre la novela histórica*, Buenos Aires, 1942.

Azorín: «La novela histórica», *Clásicos y modernos*, Buenos Aires, 1949.

Balseiro, José: «Valle-Inclán, la novela y la política», *Hispania* (Stanford), vol. XV, 1932, pp. 437-464.

Berlin, Isaiah: *The Hedgehog and the Fox. An Essay on Tolstoy's View of History*, London, 1954.

Buendía, F.: *Antología de la novela histórica en España, 1830-1844*, Madrid, 1963.

Borrow, George: *The Bible in Spain*, London, 1914.

Cam, Helen Maud: *Historical Novels*, Historical Association Pamphlet G 48, London, 1961.

Campos, Jorge: «La novela histórica», *Historia general de las literaturas hispánicas*, editada por Díaz-Plaja, Barcelona, 1957, volumen IV, 2.ª parte, pp. 219-239.

Casalduero, Joaquín: *Vida y obra de Galdós*, Madrid, 1951.

Earle, Peter G.: «Unamuno and the theme of history», *Hispanic Review*, vol. XXXII, 1964, pp. 319-339.

Fernández Almagro, Melchor: *Vida y literatura de Valle-Inclán*, Madrid, 1943 (Sección titulada «Carlismo y literatura», pp. 142-154).

Ford, Richard: *Cosas de España, país de lo imprevisto*, Madrid, 1922-23, 2 tomos.

Franco, Dolores: *España como preocupación*, Madrid, 1960.

Gómez de Baquero, Eduardo: «*Paz en la guerra* y los novelistas de las guerras civiles», *De Gallardo a Unamuno*, Madrid, 1926, páginas 233-247.

Gómez de la Serna, Gaspar: *España en sus episodios nacionales*, Madrid, 1954.

Hinterhauser, Hans: *Los Episodios Nacionales de Benito Pérez Galdós*, Madrid, 1963.

Kantor, M.: «The Historical Novel», *Three Views of the Novel,* Washington, 1957.

Laín Entralgo, Pedro: *La generación del 98,* Madrid, 1963.

López Morillas, Juan: «Preludio del 98 y literatura del desastre», *Modern Language Notes,* vol. LXXVII, 1962, pp. 163-177.

López Morillas, Juan: «Historia y novela en el Galdós primerizo», *Revista Hispánica Moderna,* vol. XXXI, 1965, pp. 273-285.

Lukacs, G.: *The Historical Novel,* Translated by Hannah and Stanley Mitchell, London, 1962.

Lloris, Manuel: «Valle-Inclán y la guerra carlista», *Hispanófila,* número 32, 1968, pp. 39-49.

Manzoni, Alejandro: *De la novela histórica y en general de las composiciones mezcla de historia y de ficción,* Biblioteca clásica, vol. CLI, Madrid, 1871, pp. 267-340.

Montesinos, J. F.: *Costumbrismo y novela. Ensayo sobre el redescubrimiento de la realidad española,* Valencia, 1960.

Montesinos, J. F.: *Galdós,* Madrid, 1968.

Montesinos, J. F.: *Introducción a una historia de la novela en España en el siglo XIX,* Valencia, 1955.

Nietzsche, Federico: «De la utilidad y de los inconvenientes de los estudios históricos para la vida», *Consideraciones intempestivas,* Obras completas, Madrid, 1932, vol. II.

Nietzsche, Federico: *Así habló Zaratustra,* edición citada, vol. VI.

Pattison, Walter: *El naturalismo español,* Madrid, 1965.

Pons, J. S.: «Le roman et l'histoire: de Galdós à Valle-Inclán», *Hommage à Ernest Martinenche,* Paris, s. a.

Ramsden, Herbert: *Angel Ganivet's Idearium Español,* Manchester University Press, 1967.

Regalado García, Antonio: *Benito Pérez Galdós y la novela histórica española, 1868-1912,* Madrid, 1966.

Rodríguez, Alfred: *An Introduction to the Episodios Nacionales of Galdós,* New York, 1967.

Schopenhauer, Arturo: *El mundo como voluntad y como representación,* traducción de Eduardo Ovejero, Santander, s. a.

Sheppard, A. T.: *The Art and Practice of Historical Fiction,* London, 1930.

Sobejano, Gonzalo: *Nietzsche, en España,* Madrid, 1967.

Tolstoy, León: *Guerra y paz,* traducción de Serge T. Baranov y N. Balmanya, Barcelona, 1959.

Varela Hervías, E.: *Cartas de Pérez Galdós a Mesonero Romanos,* Madrid, 1943.

Zellers, Guillermo: *La novela histórica en España, 1828-1850,* New York, 1938.

Notas al texto

Introducción

[1] Esta es nuestra sincera opinión y la de algún otro crítico que se ha ocupado de la obra tardía de Baroja. V. E. García de Nora, *La novela española contemporánea,* Madrid, 1953, vol. I, páginas 220-229, y su artículo en *Baroja y su mundo,* editado por Fernando Baeza, Madrid, 1961, vol. I, pp. 222-229, así como el de Elena Soriano en el mismo volumen, pp. 207-221. Hay que advertir sin embargo que las últimas novelas de Baroja están prácticamente sin estudiar.

[2] Baroja escribe: «El escritor puede imaginar, naturalmente, tipos e intrigas que no ha visto; pero necesita siempre el trampolín de la realidad para dar saltos maravillosos en el aire. Sin ese trampolín, aun teniendo imaginación, son imposibles los saltos mortales» (IV, 320). En las novelas históricas ese trampolín de la realidad es precisamente la historia.

[3] No vayan a interpretar esto los aficionados a Galdós, entre los cuales nos contamos nosotros, como un intento de rebajar la obra del gran novelista español decimonónico. Sólo queremos apuntar la diferencia en el impulso inicial hacia la historia que hay entre Baroja y Galdós. La cuestión, naturalmente, es más complicada de lo que decimos aquí, pero ya tendremos ocasión de volver sobre ello en el último capítulo de nuestro estudio.

¹ Véase particularmente el prólogo y el apéndice a la biografía de Aviraneta *Aviraneta o la vida de un conspirador* (IV, 1181-6 y 1331-6); y también·el tomo de las memorias de Baroja *La intuición y el estilo* (VII, 1072-5). No obstante, Baroja se repite mucho, de tal forma que las mismas cosas, a veces las mismas frases, aparecen en diferentes sitios.

² B. Pérez Galdós, *Memoranda,* Obras completas, 5.ª edición, Madrid, 1968, vol. VI, pp. 1426 y siguientes.

³ *Cartas de Pérez Galdós a Mesonero Romanos,* editadas por E. Varela Hervías, Madrid, 1943.

⁴ Estos comentarios son citados por Baroja (IV, 1183-4).

⁵ En *La España del siglo XIX,* Madrid, 1886, pp. 81-132.

⁶ Ibid., p. 112.

⁷ M. Lafuente, *Historia general de España.* Continuada por don Juan Valera. Madrid, 1885, vol. VI, p. 292.

⁸ Ibid. pp. 293 y 301. Valera también da detalles del plan de Aviraneta para capturar a don Carlos.

⁹ Maroto negó que hubiese sido influenciado por Aviraneta. En su *Vindicación* reproduce dos cartas que según Aviraneta le habían sido enviadas, pero que Maroto niega haber recibido (las cartas fueron publicadas por el mismo Aviraneta). En estas cartas Aviraneta avisaba a Maroto que los apostólicos pensaban envenenarle. Maroto escribe: «Ciertamente que el señor de Aviraneta con sus manejos (de los cuales sólo manifiesto una corta parte) pudo influir de algún modo en los procederes de Don Carlos, pero no en los míos, que, repito, no recibí sus maquia-vélicos escritos, y que regularmente los hubiera adivinado y calificado tales aunque hubieran llegado a mi poder...» (Rafael Maroto, *Vindicación de Maroto,* 1846, p. 261.)

¹⁰ Marqués de Miraflores, *Memorias del reinado de Isabel II,* Biblioteca de Autores Españoles, vol. 173, p. 12.

¹¹ Ibid. p. 13.

¹² Martínez López fue agente de Aviraneta en París en 1840 y tenía a su cargo el desenmarañar las intrigas de los carlistas exilados en la capital francesa. La correspondencia entre Aviraneta y Martínez la reproduce Castillo Puche en su libro *Memorias íntimas de Aviraneta o manual del conspirador,* Madrid, 1952.

¹³ Miraflores, op. cit., p. 103.

¹⁴ Martínez Villergas, *Los políticos en camisa,* Madrid, 1845, vol. II, p. 225.

¹⁵ Ibid., p. 227.

¹⁶ Ibid., p. 225. Este trozo lo cita Baroja entero (III, 1267).

¹⁷ En la biografía de Aviraneta el único comentario de Baroja sobre el relato de Villergas es: «Lo que sucedió allá a Aviraneta lo ha contado un biógrafo suyo con más o menos

exageración» (IV, 1277). En *Las furias,* Baroja añade el siguiente comentario a la cita: «—¿Y es verdad eso? —Hay algo de verdad. Lo cierto es que nos dijeron que iban a echarnos al agua al llegar a la altura de los Alfaques, y que yo estaba tan desesperado de haber caído en aquel lazo, que me encontraba dispuesto a hacer cualquier barbaridad, desde soltarle un tiro al capitán hasta hacer saltar el barco, pegándole fuego a la santabárbara» (III, 1267).

18   Antonio Pirala, *Historia de la guerra civil y de los partidos liberal y carlista,* 2.ª edición, Madrid, 1868, vol. I, pp. 442-6. Un relato más corto de La Isabelina y de la participación en ella de Aviraneta puede verse en Ildefonso Bermejo, *La estafeta de Palacio,* Madrid, 1872, vol. I, p. 119.

19   Pirala, op. cit., vol. I, p. 442.

20   Ibid., vol. II, pp. 143-50.

21   Ibid., p. 146.

22   Ibid., p. 150.

23   Ibid., vol. IV, pp. 659-65.

24   Ibid., vol. V, pp. 185-7; 340-2; 485-91; 643-7.

25   Ibid., vol. VI, pp. 72-4.

26   Don Julio Caro, el conocido antropólogo e historiador y sobrino del novelista, nos informa de que Baroja tuvo en un tiempo un relato del propio Aviraneta en que éste contaba sus experiencias en Missolonghi.

27   Pirala, op. cit., vol. VI, p. 74.

28   Pirala no siempre acepta las afirmaciones de Aviraneta. Por ejemplo, cuando Aviraneta acusa al general Seoane de haber instigado el motín de Hernani, Pirala añade el siguiente comentario: «No hemos visto la menor prueba de este aserto, que no admitimos» (op. cit., vol. IV, p. 664). Lo cual demuestra que Pirala no era tan crédulo como Castillo Puche supone.

29   Las *Memorias íntimas,* que tratan de la estancia de Aviraneta en América, no las usó Baroja para las *Memorias de un hombre de acción,* pero sí las utilizó extensamente para la biografía.

30   Esto se desprende de los «Apuntes políticos y militares o confesiones de Aviraneta», de los que trataremos en la próxima sección de este capítulo.

31   Aviraneta, *Mina y los proscriptos,* p. 10.

32   Ibid., p. 11.

33   Ibid., p. 13.

34   Ibid., p. 19.

35   Ibid., p. 21.

38   Baroja parece que intenta corregir la fecha dada por Aviraneta. Pero el decreto a que Aviraneta se refiere es más probable que sea el de 25 de septiembre.

37   *Mina y los proscriptos,* p. 22.

38   Ibid., p. 23.

39   Aviraneta, *Memoria dirigida al gobierno español,* p. 12.

⁴⁰ Es incomprensible la afirmación de Castillo Puche de que Aviraneta y Baroja tienen un estilo parecido: «Se da una estrecha concordancia entre el estilo del narrador Aviraneta y el Baroja novelista» («Baroja no leyó las Memorias de Aviraneta», *Correo Literario*, 15 de enero, 1952). Es cierto que Baroja a menudo copia párrafos casi palabra por palabra; pero cuando el original tiene un estilo pretencioso, lo cual se da con bastante frecuencia, siempre hallamos una simplificación estilística muy notable en la versión barojiana.

⁴¹ Esta información está en Pirala, op. cit., vol. IV, p. 659, y en la *Vindicación de Aviraneta*. La correspondencia entre Mirasol y el cuartel general la reproduce Castillo Puche, *Memorias íntimas de Aviraneta*, pp. 228-30.

⁴² La fuente de esta afirmación se halla en una carta que Aviraneta envió a Pirala y que éste reproduce: «Este último plan se frustró por la persecución que suscitó a Aviraneta el cónsul de Bayona, agente eficaz del ministro de Estado, Calatrava, grande enemigo del ministro Pita Pizarro; unidos aquellos a Mendizábal, Gil de la Cuadra y otros personajes de la emigración de Londres...» (*Historia de la guerra civil y de los partidos liberal y carlista*, 2.ª edición, Madrid, 1868, vol. IV, p. 662).

⁴³ Aviraneta había atacado a Mendizábal en un artículo titulado «La Verdad» que apareció en un periódico gaditano. El artículo puede verse en Castillo Puche, *Memorias íntimas de Aviraneta*, p. 217.

⁴⁴ Véase Luis de Sosa, «Conspiradores y espionaje: Aviraneta», *Revista Nacional de Educación* (Madrid), III, 1943, pp. 22-43. Resumimos este artículo en el apéndice I.

⁴⁵ *Memoria dirigida al gobierno español*, p. 18. El manifiesto que planeaba Aviraneta fue su *Vindicación*, publicada en junio de 1838.

⁴⁶ Pudiera parecer extraño que Aviraneta atacase a Maroto y a la facción moderada, pues ésta estaría más a favor de un convenio. Pero Aviraneta dice que como Maroto estaba en posición dominante había que intentar socavarle: «Como el fusilamiento del 18 de febrero dejaba triunfante a Maroto y su partido, traté ya de dividir a éste entre sí mismo...» (*Memoria*, p. 24.)

⁴⁷ Ibid., p. 42.

⁴⁸ Ibid., p. 44.

⁴⁹ Ibid., p. 51. Este trozo lo copia Baroja (IV, 349).

⁵⁰ Ibid., p. 50.

⁵¹ Podemos inferir la existencia de un relato del propio Aviraneta sobre la campaña del *Empecinado* de ciertas palabras del mismo Baroja: «Se presentaron dos jóvenes que me parecieron de pueblo y me dijeron si quería comprarles unos papeles que hablaban del *Empecinado*. Eran cinco o seis cuadernos manuscritos. No eran del *Empecinado*, sino de Aviraneta, escritos unos con letra de éste y los otros copiados por alguien» (VII, 1074). Y en otro lugar escribe Baroja: «'Los guerrilleros del *Empecinado* en 1823' es el relato de una campaña hecho casi todo él con do-

cumentos originales; en los libros de historia no se encuentra dato
alguno acerca de esta lucha» (Mis mejores páginas, 1961, p. 285).
Como ya dijimos antes, la información de que Baroja tuvo en un
tiempo un relato de Aviraneta sobre su encuentro con Byron
en Missolonghi se la debemos a don Julio Caro. Para los datos
sobre el sitio de Missolonghi, Baroja utilizó dos obras francesas:
Auguste Fabre, Histoire du siège de Missolonghi, París, 1827,
y Pierre Gamba, Rélation de l'expédition de Lord Byron en
Grèce, París, 1825.

⁵² «En el tránsito de la nabegación de Canarias a Cádiz, Bel-
trán Soler y yo redactamos un manifiesto a la nación, titulado
Mina y los proscriptos, poniendo de manifiesto los funestos acontecimientos de Barcelona en los días 4 y 5 de enero, insertando
todos los documentos relativos a la materia. Lo fechamos en
Argel y apareció como impreso en la imprenta de la colonia,
habiéndolo sido realmente en Cádiz en la imprenta de don Ti-
burcio Campe, y Ruiz Tagle costeó la impresión.» No sólo no
fue Mina y los proscriptos publicado en Argel, sino que Aviraneta no menciona el haber estado en Argelia: «[Aviraneta] prefirió abandonar la Isla, como lo verificó un mes después de su
llegada a ella, descolgándose de sus murallas que daban a la mar,
en una noche obscura, y embarcándose en una barca catalana con
rumbo a Cádiz... A los pocos días de nabegación, Aviraneta llegó
a Cádiz, donde desembarcó» («Apuntes políticos y militares o
confesiones de Aviraneta». Aviraneta a veces escribe de sí mismo
en tercera persona).

⁵³ Los tres trozos que hemos citado están sacados de los
«Apuntes políticos y militares» (sección titulada «Tercer viaje a
Francia en enero de 1840»). Esta parte de los «Apuntes políticos»
la reproduce Puche en su libro, pp. 292-306. La versión barojiana
es, como se desprende de los extractos citados, fiel a la original,
pero hay algunos cambios curiosísimos. He aquí algunos de ellos:
Aviraneta: «Fueron tantos los disgustos que me ocasionaron y
tantos los advertimientos que recibía de mis amigos fieles (y de
los postizos) que me guardase de las acechanzas y lazos que me
urdían que caí gravemente enfermo con una conjestión cerebral.
Un amigo mío, el Dr. Araujo, me sacó de semejante trance.»
Baroja: «Por aquellos días Aviraneta recibió una serie de anóni-
mos amenazadores y de advertencias inquietantes. Le decían: 'Tenga usted mucho cuidado. Se halla expuesto a mil asechanzas.
Se urde algo contra su persona'. Una noche, al entrar en su casa,
dos hombres. al parecer borrachos, se peleaban en la acera y se
echaron encima de él. Aviraneta fue a separarse rápidamente y se
dislocó un pie. Quizá aquel encontronazo fue casual, pero a don
Eugenio le quedó la sospecha de una intención aviesa. Aviraneta
subió a su casa como pudo y llamó a un médico amigo, el doctor
Araujo.» (IV, 711.) Aviraneta: «Me tomé chocolate y almorcé.»
Baroja: «Almorzó allí dos huevos con jamón y una taza de café.»
(IV, 818.) Aviraneta: «Para principiar mis operaciones llamé a
Tolosa a Mr. Roquet, mi agente francés, que me había servido

308

en Bayona y el mismo que introdujo el Simancas en el Real de D. Carlos.» Baroja: «Aviraneta pensó llamar a Roquet, que fue quien introdujo el Simancas en el Real de Don Carlos y se manejó con gran habilidad; pero como la misión no era tan difícil y no había más que entregar la carta, no le llamó. Supo que un mozo del almacén de vinos de las Cuevas del Padre José, en el barrio de San Cipriano, iba a hacer el viaje hasta Berga, y Aviraneta le dio la carta.» (IV, 956.)

[54] Además de que esa «documentación totalmente inédita» se hallaba ya en parte en las *Memorias de un hombre de acción,* hay que rectificar otra impresión dada por Castillo Puche. En 1952, poco antes de publicar su libro sobre Aviraneta, Puche publicó un artículo titulado «Baroja no leyó las *Memorias* de Aviraneta» *(Correo Literario,* 15 de enero de 1952). Este título deliberadamente provocativo dio una impresión totalmente falsa, pues lo que Baroja no conocía (es decir, no conocía en su totalidad) era los «Apuntes políticos y militares», que fue lo que Puche logró consultar en la Real Academia de la Historia. El motivo del título del artículo está claro. A estos «Apuntes» los llamó Puche «Memorias» porque las novelas de Baroja se llamaban *Memorias de un hombre de acción.* Anunciar con grandes titulares que Baroja no leyó las «Memorias» de Aviraneta resultaba bastante sensacional y prometía bien para la venta de su próximo libro.

[55] Esta memoria se publicó póstumamente en Méjico en 1906 en forma de apéndice a *Mis memorias íntimas, 1825-1829.*

[56] En la Real Academia de la Historia hemos hallado nosotros un manuscrito de Aviraneta que Castillo Puche no debió haber conocido, pues no hace mención de él en su libro. El relato se refiere al agente de Aviraneta María de Taboada. Reproducimos este documento en el apéndice IV.

[57] La hoja de bautismo de Aviraneta se conserva en la biblioteca de Vera. Lo que puso a Baroja sobre la pista de este documento fue cierta información contenida en el folleto de Aviraneta *Apéndice a la contestación,* p. 19.

[58] Las hojas de servicio las halló Baroja en los archivos de lo que era entonces el Ministerio de la Guerra, después Ministerio de la Defensa. Los archivos han sido trasladados a Segovia. Una copia de la hoja de servicio se conserva en la biblioteca de Vera. Baroja la reproduce, con pequeñas omisiones, en su biografía de Aviraneta.

[59] No sabemos con certeza si Baroja llegó a conocer este artículo, pues no da ninguna cita de él, cosa que suele hacer. Pero desde luego sabía que existía y de qué se trataba (véase III, 1283).

[60] J. L. Castillo Puche, *Memorias íntimas de Aviraneta o manual del conspirador,* p. 217.

[61] *Vindicación de don Eugenio de Aviraneta,* p. 5. Los artículos de prensa mencionados por Baroja (nosotros no los hemos visto) son: *El Eco de la Razón y de la Justicia* (Madrid), 25, 27 y 30 de julio de 1837. Da pormenores de la primera misión de Aviraneta en el norte de España. *El Centinela de los Pirineos*

(Bayonne), enero de 1839. Menciona la llegada de Aviraneta a Bayona y lo relaciona con el motín de Hernani en julio de 1837. *L'Émancipation* (Toulouse), marzo de 1840. Informa que el gobierno español le ha ordenado a Miraflores que haga detener a Aviraneta. *La France*, 8 de octubre de 1842. Contiene la defensa de Aviraneta contra ciertas acusaciones hechas anteriormente en el mismo periódico. *L'Illustration Française*, 24 de abril de 1847. Contiene noticias de la detención de Aviraneta y de su exilio a Almería tras una conmoción que ocurrió en Madrid en 1847.

[62] En una carta a James R. Browne que éste reproduce en su tesis de Master («Pío Baroja's Memorias de un hombre de acción as historic novels», Universidad de Cincinati, 1934), Baroja dice haber utilizado las siguientes obras: Lafuente, *Historia general de España*. Pirala, *Historia de la guerra civil*. J. de Burgos, *Anales del reinado de Isabel II*. Alcalá Galiano, Continuación de la historia de España del inglés Dunham. Alcalá Galiano, *Memorias*. Ildefonso Tritórico [sic] Bermejo, *La Estafeta de Palacio*. Pi y Margall, *Historia de España del [sic] siglo XIX*. Quin, *Memorias históricas sobre Fernando VII*. Fernández de los Ríos, *Las luchas políticas de la España de nuestros días* [sic]. Menéndez Pelayo, *Historia de los heterodoxos*. En su carta a Browne, Baroja sólo menciona estas obras generales, añadiendo, aunque sin ofrecer pormenores, que también utilizó otras obras, folletos, y documentos de archivos.

[63] Tampoco Baroja nos dice siempre de dónde sacó sus datos. Sin embargo, puesto que sus artículos históricos se publicaban en la prensa, la falta de referencias es comprensible. La biografía de Van Halen está bien documentada y bien provista de referencias. El comentario de Baroja de que las historias del siglo XIX se derivaban unas de otras es bastante justo.

[64] Pirala, op. cit., vol. I, p. 185. Esta biografía de Merino que ofrece Pirala también la utilizó Aviraneta en su folleto *Las guerrillas españolas*.

[65] Pirala recogió un número enorme de documentos, de los cuales sólo una proporción muy pequeña fueron reproducidos en su obra. El índice de la colección, que se preserva en la Real Academia de la Historia, registra alrededor de los diez mil documentos. Desgraciadamente la colección se encuentra en un estado de desorganización casi total que dificulta enormemente su utilización.

[66] Baroja no sentía ninguna simpatía por Menéndez y Pelayo, quizá con su poquito de razón: «Menéndez y Pelayo niega la autenticidad de los escritos de Juan Van Halen porque era un liberal, porque pertenecía a las sociedades secretas, etcétera... Este clericalismo basto, cerrado y dogmático de Menéndez y Pelayo y de los que le han seguido ha dado ese carácter infecundo, mular, a la erudición española» (IV, 1348).

[67] Baroja también habla de ciertos documentos sobre la conspiración del triángulo: «En la novela de Pío Baroja *Los caminos del mundo* hay detalles auténticos sobre esta conspiración de Ri-

chard, recogidos en el archivo de Aranda» (IV, 1373). No hemos visto estos documentos; pero la mayor parte de la información sobre la conspiración se halla en el libro de Bayo.

[68] Sobre la expedición de Mina, Baroja seguramente obtuvo alguna información de los habitantes más viejos de Vera del Bidasoa, que aunque no testigos oculares de lo que ocurrió en las proximidades de Vera en 1830, sí es muy probable que hubiesen oído relatar los sucesos a sus padres o abuelos. En cierta ocasión escribe Baroja: «Hace años, cuando yo iba a visitar a algunos viejos campesinos de Vera para ver si me daban datos de la expedición de Mina en 1830...» (V, 1266).

[69] Además de la información que se encuentra en las *Memorias de un hombre de acción*, véase «Los masones» (V, 743), «Los carbonarios» (V, 1147), «El ángel exterminador» (VIII, 885), y el capítulo quinto de la biografía de Van Halen (IV, 1365).

[70] Pirala, op. cit., vol. V, pp. 269-279.

[71] Miraflores, op. cit., vol. II, pp. 33-35. Flores Arroyuelo (*Pío Baroja y la historia,* pp. 118-119 y 393-398) menciona otras obras utilizadas por Baroja en su relato de la historia del conde: Gaspar Díaz de Lavandero, *Historia de la guerra civil en Cataluña en la última época y Memorias;* Félix Ramón Tresserra y Fábrega, *Historia de la última época de la vida política y militar del conde de España;* y un folleto anónimo titulado *Muerte del conde de España.* No nos ha sido posible consultar estas obras.

[72] A raíz de las campañas de Wellington en la guerra de la Independencia y de la legión británica en la primera guerra carlista, hubo en Inglaterra una proliferación de memorias y relatos sobre los sucesos de España. Pero sólo una pequeña proporción fueron traducidos al español, y Baroja no podía leer inglés con ninguna facilidad.

[73] La versión original inglesa fue publicada en Londres en 1824. Según Palau y Dulcet esta obra es realmente una traducción de las memorias de José Joaquín de Mora. Quin estuvo en España durante el trienio liberal: véase M. J. Quin, *A Visit to Spain,* London, 1823.

[74] El traductor del libro de Wisdom es un carlista ferviente. A la negativa de Cabrera a tomar parte en la segunda guerra carlista la llama «una traición sin nombre y sin disculpa posible». Refiriéndose a Wisdom, escribe: «Se deslizan de su pluma errores notabilísimos y juicios muy equivocados que suplirá el buen sentido de nuestros lectores, sabiendo que es inglés y quizás protestante y racionalista el que los profiere.»

[75] No conocemos versión castellana de los libros de Rahden y no podemos decir si contribuyeron positivamente a la obra barojiana. Baroja tampoco sabía alemán.

[76] Por ejemplo, refiriéndose a la célebre ejecución del librero Miyar en 1831, Custine explica que si el día de la ejecución hubiera hecho buen tiempo el rey hubiera salido a dar su acostumbrado paseo, se hubiera encontrado con la mujer de Miyar que le aguardaba para implorar clemencia, y hubiera perdonado

311

al reo. Pero desgraciadamente aquel día hizo un tiempo lluvioso y Fernando se quedó en casa. Baroja permanece escéptico: «... aunque hubiese lucido un sol magnífico, el *Deseado* no hubiera salido de su palacio o se hubiera marchado por otro lado para no encontrar a la mujer del librero y no verse en la precisión de otorgar el indulto.»

77 Antonio Regalado García, *Benito Pérez Galdós y la novela histórica española,* Madrid, 1966, p. 315.
78 Ibid., p. 313.
79 José Alberich, *Los ingleses y otros temas de Pío Baroja,* Madrid, 1967, p. 61.

Capítulo 2

1 M. Flores Arroyuelo, en «Baroja y la historia», *Revista de Occidente,* núm. 62, 1968, pp. 204-223, intenta explicar la actitud de Baroja hacia la historia en general. Hay también un artículo flojísimo de Louis Ugalde, «El supuesto antihistoricismo de Pío Baroja», *Hispanófila,* núm. 36, 1969, pp. 11-20. Este tema lo tratamos nosotros en más detalle en el próximo capítulo.
2 Pensamos en obras tales como *En torno al casticismo, España invertebrada,* e *Idearium español.*
3 Baroja escribe: «El que quiera hacer un esbozo de Historia un poco vivo, no tiene más remedio que recurrir a la anécdota y al rumor» (V, 1157).
4 Para el *Idearium español* consúltese el interesante estudio de H. Ramsden *Angel Ganivet's Idearium español,* Manchester, 1967.
5 A. Regalado García, op. cit., p. 20.
6 Hay también motivos estructurales en este comienzo por el medio; pero de ello tratamos más adelante.
7 Esta idea un poco vaga de la rebelión «espontánea» del pueblo, proviene seguramente de Toreno, *Historia del levantamiento, guerra y revolución,* Biblioteca de autores españoles, volumen 64. V., por ejemplo, pp. 6, 56, 78.
8 Baroja no deja ninguna duda acerca de su opinión de las tácticas de Merino: «Merino no era un valiente..., ni un estratégico de genio... No tenía una idea noble de la guerra; a él que no le hablaran de heroísmo, de arrogancias con los contrarios; él peleaba siempre con ventaja. Conocía las veredas y los senderos de aquella sierra como nadie, y en este conocimiento basaba su estrategia. Cuando atacaba, lo hacía contando, por lo menos, con doble fuerza que el enemigo y ocupando una posición mejor» (III, 151).
9 Baroja no es justo con José Bonaparte, pues olvida su interés por las reformas. Compárese lo que dice un historiador moderno: «Pero caben pocas dudas de que el reformismo de José era auténtico y se conjugaba con un intento de echar mano del pasado español.» Y también: «Pero a pesar de los impuestos, de

la miseria y del peso abrumador del ejército francés en el reino de José Bonaparte y en los feudos independientes de los generales, logróse que una administración racional y moderna sustituyera las confusiones del antiguo régimen.» Raymond Carr, *España 1808-1939*, Barcelona, 1969, pp. 120 y 122.

[10] De esto pudiera desprenderse que los afrancesados y los liberales tenían los mismos objetivos políticos. Esto sería verdad sólo en cuanto que ambos partidos deseaban la reforma del antiguo régimen. Pero hay una importante diferencia que Baroja no parece señalar. Los afrancesados eran al fin y al cabo partidarios del despotismo ilustrado, creían en la reforma desde arriba. En cambio los liberales favorecían un sistema de gobierno mucho más democrático en su forma.

[11] Lo más probable es que en esta época Aviraneta estuviese viviendo en Aranda de Duero. V. apéndice I.

[12] Para un relato reciente de ésta y de otras conspiraciones liberales durante la primera fase absolutista de Fernando VII, véase el libro de J. L. Comellas, *Los primeros pronunciamientos en España*, Madrid, 1958.

[13] *Mis mejores páginas*, Barcelona, 1961, p. 267.

[14] Algo más habría que decir sobre este asunto. A Fernando le hubiera gustado llegar a un acuerdo con los liberales, siempre naturalmente que ellos aceptasen su autoridad suprema. Sabemos, por ejemplo, que poco antes del alzamiento y revolución de 1820 Fernando estaba considerando el hacer concesiones a los reformistas.

[15] Por ejemplo, los rebeldes no consiguieron tomar Cádiz después de tomar San Fernando y sitiaron la ciudad, que permaneció en mano de las tropas leales al rey. Pero ninguno de los dos bandos hizo nada por atacar al otro. Las fuerzas liberales fueron a su vez sitiadas por otro destacamento leal a Fernando, y sitiadores y sitiados se limitaron a mantener tan curiosa situación. Mientras tanto, Riego, con una fuerza que disminuía por momentos, erraba de pueblo en pueblo proclamando la Constitución. Al tiempo de su entrada en Córdoba, se hallaba en esta ciudad un destacamento leal a Fernando. Cada facción pretendió ignorar la existencia de la otra. Solamente los sucesos en otras partes del país, sobre todo la insurrección en Galicia, aseguraron el éxito de la revolución de Riego, cosa que el mismo Baroja pone en claro. En cuanto a los acontecimientos de Cádiz, lo absurdo de la situación queda confirmado por el hecho de que el único derramamiento de sangre ocurrió tres días después de que el rey hubiese acordado establecer la Constitución. Hay un aspecto del análisis barojiano de la Revolución del 20 que nos parece equivocado: Baroja desestima seriamente el papel del ejército. Al fin y al cabo fue la negativa del ejército a apoyar al gobierno absolutista contra los oficiales sublevados lo que hizo posible el éxito de la insurrección.

[16] Alcalá Galiano, *Recuerdos de un anciano*, Biblioteca de autores españoles, vol. 83, p. 130.

17 Todo esto ya lo había dicho Galdós mucho antes en su novela *La Fontana de Oro.*

18 Alcalá Galiano llamó a los guerrilleros absolutistas «partidarios de la misma *causa monárquico-religiosa*», Memorias, Biblioteca de autores españoles, vol. 84, p. 198 (el subrayado es nuestro).

19 Con característica torpeza, Castillo Puche dice que Baroja hace del *Empecinado* «un ignorante y un bruto» (*Memorias íntimas de Aviraneta o manual del conspirador,* p. 146). La observación de Puche no puede ser más absurda, y está hecha sencillamente para acomodar su opinión sobre la «falsificación» barojiana de Aviraneta.

20 Los anilleros, o Sociedad del Anillo, querían modificar la Constitución y transformarla en cédula real. Los comuneros, al otro extremo de la escala, eran los más radicales y tendían al republicanismo. No hay nada de particular en la insistencia de Baroja en las divisiones del campo liberal. Alcalá Galiano, por ejemplo, había tratado de ello en sus *Memorias;* v. Biblioteca de autores españoles, vol. 84, pp. 170-171.

21 Compárese lo que dice Mina: «No hubo uno [español] siquiera... que no se persuadiese de que Francia estaba resuelta a obligar a Fernando VII a que restableciese en su reino las cosas al estado que tenían antes de la entrada en él de los cien mil hijos de San Luis en el año de 1823. Esto era un deber de toda justicia; pero Luis Felipe y su Gobierno juzgaron de muy distinta manera que los honrados españoles, una vez que Fernando y las demás testas coronadas que formaban la mal llamada Santa Alianza dejaron entrever en sus contestaciones personales con Luis Felipe la ninguna dificultad que por parte de ellas habría para reconocer todas las mudanzas hechas en Francia, siempre que su Gobierno garantizase a los demás que no protegería ni fomentaría la propaganda militar ni política» (Espoz y Mina, *Memorias,* Biblioteca de autores españoles, vol. 147, p. 142).

22 Todo esto, aunque expresado en lenguaje más moderado, se halla en Mina (op. cit., p. 143).

23 En lo que se refiere a las vicisitudes de las fuerzas invasoras, Baroja centra su relato en las fortunas de la expedición de Valdés. El motivo está claro; este destacamento se vio envuelto en acciones en los alrededores de Vera del Bidasoa.

24 El relato barojiano de la aparición del carlismo hubiera sido mucho más claro si hubiera trazado la historia de los apostólicos durante el reinado de Fernando. Compárese lo que dice Miraflores: «El núcleo de su partido [el de Don Carlos] existía organizado y robusto desde los años de 1825, en el cual, y sobre todo el de 1827, había abrazado ya clara y paladinamente su bandera. El partido llamado apostólico, alma de la facción carlista, era a quien tocaba levantar la voz en favor de las pretensiones de Don Carlos, al cual había ya aclamado rey aun en vida de su hermano. Era pues consiguiente que en el principio de la lucha todo lo que no fuese apostólico se asociase a la causa de la reina,

al paso que todo lo apostólico apoyase la de Don Carlos y se identificase con ella» (Marqués de Miraflores, *Memorias del reinado de Isabel II,* Biblioteca de autores españoles, vol. 172, página 26).

²⁵ También Miraflores se refiere al freno que significaba la vida de Fernando: «No había poder en la tierra bastante fuerte que pudiera oponerse a un torrente luego que había arrollado el solo dique capaz de contenerle. Para mí este dique era el Rey, y sólo el Rey Fernando» (op. cit., p. 28).

²⁶ Los cuatro tomos dedicados a la guerra del norte son: *El amor, el dandismo y la intriga, Las figuras de cera, La nave de los locos, Las mascaradas sangrientas.* Y los cuatro dedicados a la guerra del este: *Humano enigma, La senda dolorosa, Los confidentes audaces, La venta de Mirambel.*

²⁷ ¿Estaría pensando Baroja en Valle-Inclán al escribir esto?

²⁸ Compárese el análisis barojiano con los siguientes extractos de una reciente historia:

«Por lo tanto, para la gran masa de los carlistas la devoción a la Iglesia y al rey era el núcleo de su credo. La devoción al principio de la legitimidad dio a Carlos V, poco simpático y desagradecido, un derecho a exigir sacrificios que no podía ser amenguado por sus defectos como dirigente» (Raymond Carr, op. cit., p. 188).

«Por su carácter rural, el carlismo no pudo conseguir el apoyo de las clases ilustradas que veía en el liberalismo un sistema político más apropiado a sus intereses y a su modo de vida... El carlismo, por lo tanto, era de sentimientos antiaristocráticos, más popular que patricio» (ibid., p. 190).

«La cuestión de los fueros fue, sin embargo, expresión de lo que tal vez era la corriente más profunda del carlismo: el odio del campo hacia la ciudad, de la montaña al llano» (ibid., p. 189).

«El carlismo cortesano no podía improvisar un programa nacional viable; las provincias del centro y del sur seguían considerándolo una forma muy desarrollada de bandidaje» (ibid., página 190).

Todos estos aspectos del carlismo son mencionados por Baroja.

²⁹ También Aviraneta en su *Memoria* critica duramente esta medida.

³⁰ «El gran hombre es a veces para Baroja un mito, y como tal falso y despreciable. El gran hombre es a veces un producto de la habilidad propagandística, de la estupidez de los que le rodean más que de sus propias capacidades. Tal es la luz en que se nos presenta Espartero, por ejemplo, en las novelas de Aviraneta. En general, el ideal heroico de Baroja tiene una grandeza menos histórica y más íntima. El tamaño moral del hombre no está en proporción directa de los resultados que consigue, sino de sus fuerzas íntimas, de su empuje vital. Muchos guerrilleros y pequeños caudillos carlistas que nada consiguieron de provecho político son más grandes a sus ojos que Napoleón. Baroja es el cantor de los héroes oscuros y fracasados como Aviraneta»

(José Alberich, *Los ingleses y otros temas de Pío Baroja,* p. 30).

³¹ En febrero de 1837 el cabecilla carlista Miralles *El Serrador* sitió el pueblo de Mirambel, defendido por un pequeño desta- camento de tropas liberales que acababan de llegar escoltando un convoy de provisiones. Los sitiados se defendieron con difi- cultad, pues su corto número no les permitía guardar toda la extensión de la muralla de la ciudad. Algunos habitantes car- listas, en complicidad con los atacantes, les abrieron las puertas de la ciudad. Los liberales retrocedieron hasta la iglesia donde se dispusieron a resistir. Entonces Miralles forzó a los habitan- tes del pueblo, bajo amenaza de fusilamiento, a recoger leña, y luego procedió a quemar la iglesia. Muchos de los liberales mu- rieron asfixiados y otros murieron al saltar de las ventanas. Un centenar se entregaron, y de éstos Miralles separó a los sar- gentos y oficiales y los fusiló.

³² Durante el sitio de Morella por las tropas de Espartero, un número considerable de tropas y paisanos decidieron hacer un intento de fuga al abrigo de la noche. Espartero, avisado segu- ramente del proyectado éxodo de los carlistas, interceptó a los fugitivos. Los carlistas retrocedieron en pánico hacia el pueblo para ser blanco del fuego mortal de los defensores, los cuales, no pudiendo reconocer a sus compañeros carlistas en la oscuridad de la noche, creyeron que el enemigo se lanzaba al asalto. Para añadir a las desdichas de los fugitivos carlistas cogidos entre dos fuegos, el puente levadizo cedió bajo su peso y cientos de hombres, mujeres y niños fueron lanzados al foso.

³³ Román Oyarzun, *Vida de Ramón Cabrera y las guerras carlistas,* Barcelona, 1961, p. 131.

³⁴ Oyarzun escribe en respuesta a Baroja: «¿Cómo iba a marchar a auxiliarla si cuando se rindió, sin él saberlo, merced a viles estratagemas y sobornos, Cabrera se hallaba moribundo y con la Extrema Unción?» (op. cit., p. 120).

³⁵ En uno de sus muchos artículos históricos, Baroja com- para los crímenes de los liberales con los crímenes de los abso- lutistas y concluye que aunque los unos fueron tan bárbaros como los otros, los carlistas fueron más crueles. El motivo de esta distinción se halla en que «el liberal ha tendido a suprimir el obstáculo, y el carlista o el absolutista a suprimir el obstáculo y a castigar... Esto última es la herencia judaica de las religiones hijas de la Biblia. El castigar aproxima a la crueldad» (V, 939).

Capítulo 3

¹ Azorín, «La última novela de Baroja», *La Prensa,* Buenos Aires, 18 de marzo de 1928. Reproducido en *Baroja en el ban- quillo,* Zaragoza, s. a., vol. I, p. 90.

² En *El escuadrón del Brigante,* segundo tomo de la serie, hallamos el siguiente comentario escéptico sobre la historia: «Este Palafox, hombre que une la ineptitud con la ambición,

cuya vida pública y privada ha sido sospechosa, que hizo una salida de Zaragoza dejando abandonado el pueblo en el momento de más peligro, pasa por una de nuestras grandes figuras. Así es la historia» (III, 124).

[3] J. Alberich, *Los ingleses y otros temas de Pío Baroja*, página 24.

[4] Esto se hace evidente sobre todo en las descripciones de lugares geográficos.

[5] Citado por E. H. Carr, *What is History?*, Londres, 1961, páginas 15-16.

[6] Y no sólo por Baroja, claro, sino también por varios escritores españoles de principios de siglo. La intrahistoria de Unamuno, por ejemplo, se debe en gran parte a su disgusto con la historiografía del siglo XIX.

[7] E. H. Carr, op. cit., p. 6.

[8] Rechazando la idea de que debido a desavenencias ideológicas entre los vascos sería imposible establecer un museo histórico que ofreciese una exposición imparcial y objetiva, escribe Baroja: «Más pasión ha habido en Francia con relación a la gran Revolución, y sin embargo se la ha estudiado y se han hecho sus archivos con minuciosidad, lo que no obsta, naturalmente, para que se haya escrito acerca de la agitación revolucionaria con apasionamiento» (VIII, 868). Es decir, que puede existir un fondo documental, aunque ello no garantice de manera alguna que la historia basada en él sea más objetiva.

[9] Existe una utilísima antología, en lengua inglesa, de los escritos de estos pensadores y de varios otros: *Theories of History*, ed. P. Gardiner, The Free Press of Glencoe, Nueva York, 1959.

[10] En realidad, Baroja nunca llega a decir que el estudio de la historia sea un ejercicio completamente inútil (aunque alguno de sus personajes, como por ejemplo el conde de España, sí que llega a decirlo). Pero sus ataques están expresados en términos tan radicales que ésta hubiera sido la conclusión lógica. Lo que ocurre con Baroja, en este caso como en casi todos los demás, es que su modo de expresar las ideas es mucho más radical y tajante que las ideas en sí. Por eso Baroja a menudo da una impresión de inflexibilidad e intransigencia que dista mucho de ser su verdadera postura.

[11] «The historian tends to assess rather than to conclude» (P. Gardiner, *The Nature of Historical Explanation*, Oxford, 1952, página 95).

[12] C. Blake, «Can History Be Objective?», *Mind*, vol. 64, 1955. Reproducido en *Theories of History*, pp. 329-343.

[13] Hoy, las ideas de Baroja quizá nos puedan parecer un tanto elementales. Pero hay que tener en cuenta que Baroja escribía en una época en que el máximo impacto de filósofos como Dilthey, Croce y Collingwood aún no había llegado a sentirse. Ha sido sólo en años muy recientes que escritores como Karl Popper y Isaiah Berlin han seguido las líneas de investiga-

ción trazadas por los filósofos antipositivistas a finales del siglo pasado y principios de éste. Para una síntesis del pensamiento histórico en tiempos modernos véase la antología de Gardiner, antes citada.

14 H. A. L. Fisher, *History of Europe,* Preface, vol. I, p. vii.

15 Para un tratamiento detallado de este punto véase W. H. Walsh, «Meaning in History», en *Theories of History,* pp. 296-307.

16 Arturo Schopenhauer, *El mundo como voluntad y como representación,* traducción de Eduardo Ovejero, 3.ª edición, Santander, s. a., p. 274.

17 Ibid., p. 991.

18 Ibid., pp. 275-276.

19 Ibid., p. 994. La bastardilla es nuestra.

20 Idem.

21 Ibid., p. 995.

22 Ibid., p. 996.

23 Ibid., p. 995.

24 Idem.

25 León Tolstoy, *Guerra y paz,* traducción de Serge T. Baranov y N. Balmanya, 3.ª edición, Barcelona, 1959, p. 1107.

26 Véase el estudio de Isaiah Berlin, *The Hedgehog and the Fox. An Essay on Tolstoy's View of History,* Londres, 1954, p. 15.

27 Ibid., p. 11.

28 León Tolstoy, *Guerra y paz,* ed. cit., p. 576.

29 Ibid., p. 1058.

30 Isaiah Berlin, op. cit., p. 47.

Segunda parte: Capítulo 4

1 Los editores de las Obras Completas de Baroja han querido enmendarle la plana al novelista y han dado a los tomos de las *Memorias de un hombre de acción* un orden algo diferente al orden en que fueron originalmente escritos y publicados. En las Obras Completas *Los contrastes de la vida* aparece entre *La ruta del aventurero* y *La veleta de Gastizar,* y en esta posición interrumpe algo menos la cronología de los acontecimientos, aunque tampoco restablece una cronología normal ni mucho menos. Pero es claro que hay que respetar el orden, o desorden, que el autor le dio a su serie, pues sus razones tendría él para proceder de tal forma. En nuestro estudio hemos colocado *Los contrastes de la vida* en su lugar original, es decir, entre *La Isabelina* y *El sabor de la venganza.* Por cierto que F. J. Flores Arroyuelo introduce mayor confusión en el asunto al decir que las dos novelas de *La ruta del aventurero* deberíamos de entenderlas siempre de muy distinta manera a como aparecieron y se han publicado en las obras completas de su autor. Las dos deberían ir junto a una tercera, «La aventura de Missolonghi», que figura en el volumen titulado *Los contrastes de la vida,* y por el orden, si seguimos la cronología de los hechos que se narran,

siguiente: «El viaje sin objeto», «La aventura de Missolonghi» y «El convento de Monsant», amparadas todas ellas por las páginas de «El viajero y su canción», que harían de prólogo *(Baroja y la historia,* p. 143). ¿Pero qué derecho tenemos nosotros a poner las novelas en orden cronológico si eso fue lo que el novelista deliberadamente evitó?

[2] Por supuesto que la historia del convento de Monsant es ficción pura. Tras Missolonghi Aviraneta fue a Burdeos, y de allí a Méjico en abril de 1825.

[3] James R. Browne, «Pío Baroja's Memorias de un hombre de acción as historic novels», tesis de Master, Universidad de Cincinati, EE. UU.

[4] En el tomo undécimo, *El sabor de la venganza,* todavía hay una dislocación cronológica más, pero esta vez es menos anormal. Este tomo contiene varias historias relacionadas remotamente con la estancia de Aviraneta en prisión en 1834-35. «La muerte de Chico» comienza en 1834, pero termina en 1854 con la muerte del jefe de policía durante la revolución.

[5] Hay que insistir en que esta explicación es sólo parcial; mejor dicho, es un factor contribuyente y nada más. Está claro, por la información anticipada del primer tomo y por varios comentarios que Baroja pone en boca de Leguía en los primeros tomos de la serie, que Baroja tenía una idea bastante detallada de la vida de Aviraneta ya para el comienzo de la serie. Y además los huecos que Baroja va dejando en la vida de Aviraneta y en donde luego va encajando nuevas aventuras son a veces deliberadamente creados. El juego de Baroja con las memorias del ficticio Thompson y con las aventuras de Aviraneta entre 1824 y 1830 es un rompecabezas de cuidadosa fabricación. El cuadro ha sido deformado, pero las piezas están todas ahí.

[6] En *El aprendiz de conspirador* vemos a Leguía objetivamente, es decir, visto por Baroja el «editor». En *El amor, el dandismo y la intriga* lo vemos subjetivamente, visto por sí mismo.

[7] A veces la ambigüedad de la primera persona narrativa exige un esfuerzo considerable al lector para no perderse en un laberinto de identidades siempre cambiantes. Veamos un ejemplo, la historia de «La mano cortada» del tercer tomo. En el prólogo, el «yo» es Leguía. A poco de comenzar el primer capítulo la narración pasa a cargo de Alzate, que va a relatar las aventuras de Aviraneta en Méjico. En el capítulo tercero hay un nuevo cambio y Aviraneta asume la narración. Aviraneta entonces relata una conversación que tuvo con Volkonsky, pero esta conversación es relatada en estilo directo, no indirecto, de forma que el «yo» alterna entre Aviraneta y Volkonsky. Tras esto, el «yo» vuelve a Alzate hasta mediado el último capítulo, cuando Leguía una vez más asume el papel de narrador.

[8] Leguía dice que el cuaderno se lo dejó doña Paca Falcón, personaje que apareció en la anterior novela, *El amor, el dandismo y la intriga,* y que tenía una tienda de antigüedades en Bayona, donde también tenía su almacén el viejo Chipiteguy,

patrón de Alvarito Sánchez de Mendoza. Esto demuestra cómo Baroja aprovecha las posibilidades de una situación para crear una nueva situación novelesca (técnica por cierto muy galdosiana). No debe sorprendernos que ese cuaderno que cuenta la vida de Alvaro y de Chipiteguy fuese hallado en la tienda de doña Paca. Ella y Chipiteguy tenían que conocerse, pues los dos andaban metidos en el mismo negocio: compraventa de antigüedades, muebles, cuadros, estatuas, etc. Lo que ya es más difícil de explicar es cómo ese cuaderno puede hablar de la vejez de Alvarito si éste forzosamente tenía que ser más joven que el compilador de la serie, Leguía. Pero en fin, esto sólo ocupa unas páginas al final de *Las mascaradas sangrientas,* y alguna licencia hay que concederle al novelista para que pueda terminar su historia satisfactoriamente.

[9] Por ejemplo, *Point Counter Point,* de Aldous Huxley, o *Les faux monnayeurs* de André Gide, o incluso *Niebla,* de Unamuno. Sobre este tema véase el artículo de León Livingstone «Interior Duplication and the Problem of Form in the Modern Spanish Novel», *Publications of the Modern Language Association of America,* vol. LXXIII, 1958, pp. 393-406.

[10] Corpus Barga, «Una novela de Baroja», *Revista de Occidente,* vol. VIII, 1924. Reproducida en *Baroja y su mundo,* volumen II, pp. 130-132.

[11] A veces la división en partes sí tiene una lógica interna más o menos clara. *El aprendiz de conspirador* va dividido en siete libros. Si entresacamos el asunto principal de cada libro, obtenemos el siguiente esquema:

Libro 1.º — Leguía.
Libro 2.º — Laguardia.
Libro 3.º — Aviraneta visto por sus enemigos.
Libro 4.º — Aviraneta visto de cerca.
Libro 5.º — Martín Zurbano.
Libro 6.º — Niñez de Aviraneta. Descripción de Madrid.
Libro 7.º — Juventud de Aviraneta. Descripción de París.

Lo interesante de esta división es que cada una de estas siete partes tiene en su centro una temática propia, completamente distinta de la de las demás. Pero en las extremidades de cada parte el novelista siempre ha incluido uno o más capítulos que vuelven el relato a la narración «principal». El tomo consiste en siete digresiones y una narración principal que sirve para engarzar esas digresiones. El procedimiento no puede ser más deliberado.

[12] Como se trata de una novela histórica, algunos detalles de la situación vienen ya dados, por ejemplo, la muerte del rey. Pero los personajes se adueñan del tema al hablar de él y al discutir sus implicaciones.

[13] Este aspecto de la técnica barojiana ha sido estudiado por D. L. Shaw en su artículo «Two Novels of Baroja: An Illus-

tration of his Technique», *Bulletin of Hispanic Studies,* vol. XL, 1963, pp. 151-159. Shaw dice que el principal rasgo de la novela barojiana es «the domination of the narrative by a single personage, the novel being constructed as far as possible within the limits of his character and temperament». Indudablemente ésta es una de las técnicas más corrientes de Baroja, pero no debe pensarse que se trata de una regla invariable. *La Isabelina,* por ejemplo, demuestra una técnica muy distinta.

[14]   J. Corrales Egea en *Baroja y su mundo,* vol. I, p. 186.

[15]   Carlos Orlando Nallim, *El problema de la novela en Pío Baroja,* Méjico, 1964, p. 177.

[16]   Baroja, *Mis mejores páginas,* p. 24.

[17]   Otros ejemplos son «El convento de Monsant», «El capitán Mala Sombra», «La casa de la calle de la Misericordia», «La mano cortada». Esta última tiene una extensión corta: 15 páginas en las Obras Completas. La trama habría dado a un escritor más prolijo la oportunidad de escribir una novela de proporciones mucho mayores, pero Baroja demuestra una compacidad ejemplar. No hay ninguna expansión artificial; bien trabada y compacta, la novelita mantiene el interés del lector desde el comienzo hasta el fin. Ni siquiera los pocos párrafos de interés histórico, insertados por consideración a la supuesta naturaleza histórica de la novela, rebajan el efecto cautivador de la narración.

[18]   Baroja, *Mis mejores páginas,* p. 8.

Capítulo 5

[1]   Véase el Apéndice II sobre este asunto.

[2]   Por ejemplo, Luis Granjel en su *Retrato de Pío Baroja,* página 200, acepta la rectificación de Puche, mientras que Camilo José Cela defiende la versión barojiana. Habiéndole preguntado un periodista que cuál de los personajes barojianos recordaba más vivamente, Cela respondió: «Quizás Aviraneta, en su buena versión barojiana, no, claro es, en el títere fantasmal que algún erudito a la violeta ha tenido la osadía y el impudor de querernos sacar a relucir.» (Encuesta en torno a Baroja, *Indice de Artes y Letras,* número homenaje a Baroja, enero-febrero de 1954). Últimamente F. J. Flores Arroyuelo ha vuelto sobre la carga y le ha disparado al novelista de Yecla una serie de andanadas con el objeto, suponemos, de derrumbar de una vez para siempre las pretensiones que tenía el libro de Puche de ser crítica histórico-literaria. (*Baroja y la historia,* pp. 215-217 y 453-455.) En realidad a nosotros nos hubiera gustado ver en el libro de Flores Arroyuelo un tratamiento del tema algo más detallado.

[3]   Aunque hay veces en que Baroja sí que parece darnos por un instante una visión de otro Aviraneta quizá más «verdadero»: «Choribide había dado dos golpes buenos en la coraza de Avi-

321

raneta: uno comparándole con Fouché; el otro, suponiendo que no se le comprendía» (III, 966).

⁴ J. L. Castillo Puche, *Memorias íntimas de Aviraneta o manual del conspirador,* pp. 97, 105, et passim.

⁵ Ibid., pp. 79, 80, 156, et passim.

⁶ Ibid., pp. 122-131.

⁷ Véanse en particular F. J. Flores Arroyuelo, *Baroja y la historia,* pp. 202-214; C. O. Nallim, *El problema de la novela en Pío Baroja,* pp. 197-200; Carmen Iglesias, «El devenir y la acción en la obra de Pío Baroja», *Cuadernos Americanos,* mayo-junio de 1962, pp. 263-270. Este crítico hace una afirmación con la cual concordamos plenamente: «Todo el maquiavelismo de don Eugenio, sus conspiraciones, sus hazañas de guerrillero, tienen como finalidad el triunfo del liberalismo en España, representado por Isabel II, evidenciando así una firmeza de convicciones muy por encima de la moral del aventurero» (p. 267).

⁸ El último en hacerlo es Flores Arroyuelo, pero muy de pasada (quizá porque haya entrevisto que el concepto no es demasiado útil) y sólo para decir, basándose en un ensayo de Max Nordau que Baroja debió leer, que el superhombre está más allá del bien y del mal, es decir, que tiene una moral exclusivamente personal y antisocial (op. cit., pp. 201-202). En realidad, el Aviraneta de Baroja, aunque a veces llegue a jactarse de su amoralidad, revela en sus acciones una preocupación por el sufrimiento humano bastante fuerte, preocupación que contrasta desde luego con la actitud de Merino, Cabrera, el conde de España y un etcétera larguísimo de personajes tanto históricos como novelescos. Aviraneta no es en absoluto cruel, sino todo lo contrario. Sobre la influencia general de Nietzsche en Baroja, véase el libro de Gonzalo Sobejano, *Nietzsche en España,* Madrid, 1967.

⁹ Federico Nietzsche, *Así habló Zaratustra,* Obras Completas, Madrid, 1932, vol. VI, pp. 3-4.

¹⁰ El hecho de que Aviraneta no logre sus objetivos no rebaja su grandeza. «La grandeza no debe depender del éxito, y Demóstenes tuvo grandeza aunque no tuviera éxito», escribe Nietzsche. *(De la utilidad y de los inconvenientes de los estudios históricos para la vida,* ed. cit., vol. II, p. 142.)

¹¹ Luis Granjel, *Retrato de Pío Baroja,* capítulos X, XI, XII.

¹² D. L. Bolinger, «Heroes and Hamlets: the protagonists of Baroja's novels», *Hispania* (Stanford), vol. XXIV, 1941, páginas 91-94.

¹³ ¡Zalacaín reflexiona sobre su impulso a la ación! Sin duda eran los obstáculos los que me daban bríos y fuerza, el ver que todo el mundo se plantaba a mi paso para estorbarme. Que uno quería vivir, el obstáculo; que uno quería a una mujer y la mujer le quería a uno, el obstáculo también» (I, 249). Ya puede estar un personaje todo lo distante que se quiera del mundo intelectual y reflexivo de Pío Baroja, que no escapará a la influencia de su creador.

[14] Véase el interesante análisis de Sherman Eoff en *The Modern Spanish Novel,* London, 1962, pp. 172-185.

[15] Baroja, *Mis mejores páginas,* p. 297.

[16] Sobre el tema de la ataraxia en Baroja véase el artículo de D. L. Shaw, «The concept of ataraxia in the later novels of Baroja», *Bulletin of Hispanic Studies,* vol. XXIV, 1957, páginas 29-36.

[17] Sólo conocemos un artículo que tenga alguna relación con el tema: Antonio Regalado García, «Verdugos y ejecutados en Pío Baroja», *Papeles de son Armadans,* vol. XLI, núm. 121, páginas 9-29.

[18] Antes de que nadie vaya a tomar esto como otra prueba más del misoginismo de Baroja debemos decir que también hay mujeres en las *Memorias de un hombre de acción* pintadas con simpatía, por ejemplo, Kitty de «El convento de Monsant», Manón de *Las figuras de cera,* Susana de *Humano enigma,* Marieta de *Los confidentes audaces.* Para una respuesta a las acusaciones de misoginismo, véase Manuel Lloris, «Baroja, presunto escritor misógino», *Revista Hispánica Moderna,* vol. XXXIII, 1967, pp. 293-298.

[19] Digamos de pasada que un tema tan importante como es el de la posible influencia del naturalismo en Baroja sigue aún sin estudiar. Nallim es el único que ha dicho algo de valor sobre ello (*El problema de la novela en Pío Baroja,* pp. 121-124), pero sólo se ocupa de la actitud de Baroja hacia el naturalismo y no de la influencia de éste sobre aquél. Un artículo por Bernardo G. de Candamo titulado «Baroja y la novela experimental» (*Clavileño,* vol. VIII, núm. 43, pp. 24-26) no aporta absolutamente nada a pesar de lo ambicioso del título.

[20] Segundo Serrano Poncela, *El secreto de Melibea y otros ensayos,* 1959, p. 205.

[21] J. Ortega y Gasset, «Ideas sobre Pío Baroja», *Obras Completas,* vol. II, pp. 97-98.

[22] Baroja, *Mis mejores páginas,* p. 10.

Capítulo 6

[1] Alessandro Manzoni, *De la novela histórica y en general de las composiciones mezclas de historia y ficción,* vol. 151, Biblioteca Clásica, traducción de F. Baráibar y Zumárraga, Madrid, 1891.

[2] Ibid., pp. 267-340.

[3] Para esto, y para un estudio del pensamiento de Manzoni, véase Amado Alonso, *Ensayo sobre la novela histórica,* Buenos Aires, 1942, pp. 88-126. Un punto de vista opuesto, o sea que sólo la realidad histórica puede alzar la novela al plano artístico más alto, es el mantenido por el crítico marxista G. Lukács en su conocido ensayo *La novela histórica.*

[4] «Es significativa esta colocación de ambas narraciones, por

la preferencia que otorga el novelista al episodio de ficción histórica al de marcado carácter histórico sobre el hecho y el dato... [Baroja] prefirió... dar al lector una muestra de su sabiduría novelística con *Las furias,* colocando el verdadero documento histórico al amparo de ella y, en cierto modo, dirigida al lector interesado en averiguar los resortes que desencadenaron aquella explosión de odio y de violencia» (Flores Arroyuelo, *Baroja y la historia,* pp. 160-161). Conviene recordar sin embargo lo que ya dijimos en el primer capítulo de la primera parte: que este documento histórico está escrito desde un punto de vista muy particular y que el mismo Baroja se lo hizo admitir a su Aviraneta novelesco.

⁵ Amado Alonso, op. cit., pp. 45, 130, et passim. Si esto fue un error o no es naturalmente un punto discutible. Según Lukács, op. cit., la mayor importancia prestada a la historia hizo posible la novela social de finales del siglo XIX. De todas formas aquí lo único que nos interesa anotar es la creciente importancia que fue cobrando la historia dentro de la novela histórica, y en esto Alonso y Lukács están de acuerdo.

⁶ «Benito Pérez Galdós: confesiones de su vida y de su obra», *Por esos Mundos,* julio, 1910. Citado por Hinterhauser, *Los episodios nacionales de Benito Pérez Galdós,* p. 223.

⁷ Hinterhauser, op. cit., p. 229.

⁸ Es curioso el debate que ha surgido entre los críticos acerca de la cuestión de la investigación histórica en Galdós, Baroja y Valle-Inclán, todo ello motivado al parecer por el valor de esnobismo que tiene la investigación. Gaspar Gómez de la Serna, en su libro *España en sus episodios nacionales.* para probar que Valle-Inclán fue un investigador nos cita 65 títulos que Valle tenía en su biblioteca; como si la investigación consistiese en coleccionar libros, o como si las novelas históricas de Valle cobrasen mayor mérito porque su autor tuviese 65 libros de historia en casa. Hinterhauser defiende la falta de investigación en Galdós diciendo que si la hubiera hecho no hubiera tenido tiempo de escribir 46 novelas históricas. Quizás no, pero es inverosímil suponer que Galdós renunciase desde un principio a una labor de investigación porque tenía la intención de escribir cuarenta y tantos volúmenes y temía quedarse sin tiempo. Antonio Regalado García lamenta profundamente la falta de investigación en Galdós y declara la superioridad de Baroja en este respecto. Flores Arroyuelo rechaza la apología de Hinterhauser diciendo que Galdós podía haber escrito no seis novelas como Valle, pero sí 22 como Baroja, y añade que «Galdós no tenía una serie de condiciones intelectuales y psíquicas que se deben dar en todo investigador». Nosotros, la verdad, no vamos a meternos en decidir qué tiene más mérito, si 22 tomos con investigación o 46 sin ella. Creemos que si Galdós no se dedicó a la investigación fue porque no le dio la gana y porque estimó que para su objetivo —el trazar el desarrollo histórico-político de España en el siglo XIX— le bastaba y le so-

braba con unos cuantos libracos más o menos respetables y con cierta información obtenida por vía oral. Lo absurdo sería que Baroja hubiese repetido el procedimiento de Galdós, pues esto hubiese dado por fruto una cosa imitativa y servil. Baroja tuvo que investigar por fuerza, con o sin condiciones intelectuales y psíquicas.

⁹ José Ortega y Gasset, *Obras Completas,* vol. II, Madrid, 1950, p. 96.

¹⁰ Alfred Rodríguez, *An Introduction to the Episodios Nacionales of Galdós,* Nueva York, 1967, p. 27. El original inglés dice así: «His treatment implies a much broader didactic goal: to facilitate the understanding of the present by tracing the process of its realization.»

¹¹ Para este aspecto de la técnica galdosiana, véase Hinterhauser, op. cit., pp. 233-247; y J. F. Montesinos, *Galdós,* volumen I, Madrid, 1968, p. 108 y siguientes.

¹² Pedro Laín Entralgo, *La generación del 98,* Colección Austral, 1963, p. 167.

¹³ Idem.

¹⁴ Benito Pérez Galdós, *Obras Completas,* vol. I, p. 1199.

¹⁵ Los galdosistas, mejor informados que Laín Entralgo, lo han podido demostrar sin dificultad. Veamos la opinión de tres críticos que se han ocupado recientemente de la cuestión:

«Desde el principio había intentado Galdós exponer la historia oficial y privada, la grande y la pequeña historia en su paralelismo, en sus interferencias y en sus mutuas relaciones didácticas» (Hinterhauser, op. cit., p. 108).

«Es evidente que lo que Galdós buscaba en su reconstrucción novelesca de los orígenes de la España contemporánea era la *historia viva,* es decir, no la superficial de reinados, batallas y alianzas, sino la interna —algo análogo a la intrahistoria unamuniana— que reflejara la vida de aquellos que cabalmente 'no tienen historia'» (Juan López Morillas. «Historia y novela en el Galdós primerizo», *Revista Hispánica Moderna,* vol. XXXI, 1965, página 273).

Alfred Rodríguez, op. cit., concluye tras examinar la cuestión que la técnica galdosiana refleja su deseo de transformar «the everyday existence of an entire people into the substance of History, which immediately brings Unamuno's concept of intrahistoria to mind. As we know, Galdós did not limit himself to the background level of historical reality, but his successful fusion of 'historia e intrahistoria' may actually represent Unamuno's true intention» (p. 43).

¹⁶ Laín Entralgo, op. cit., p. 167.

¹⁷ Ibid., p. 165.

¹⁸ Ibid., pp. 167-8.

¹⁹ Es lamentable la postura de hostilidad hacia 'el otro bando' adoptada por varios críticos conocidos. Ya hemos visto cómo Laín Entralgo quiso quitarle méritos a Galdós para proclamar los de la generación del 98. Y a la inversa, un gran crítico como

J. F. Montesinos intenta rebajar a los noventaiochistas en sus esfuerzos por hacernos apreciar a Galdós, como se nota por ejemplo en una referencia que hace a Baroja (op. cit., p. 81). En Hinterhauser también se nota cierta antipatía hacia los noventaiochistas, totalmente obvia en el caso de Baroja, a quien llama «el malévolo Baroja» (op. cit., p. 30).

[20] Naturalmente hay diferencias históricas también, sobre todo teniendo en cuenta el afán de corrección de Baroja; pero son más bien diferencias de detalles. Sobre este tema véase la interesante comparación que hace Pedro Ortiz Armengol en su libro *Aviraneta y diez más,* Madrid, 1970. Es de advertir, sin embargo, que los juicios de índole estética que hace Armengol son muy discutibles, por no decir caprichosos.

[21] Hinterhauser, op. cit., p. 117.

[22] «A rigorous chronological sequence between novels suggests Galdós primary concern with presenting a historical continuum.» (Alfred Rodríguez, op cit., p. 14.) Nótese que esta preocupación de Galdós, histórica en principio, trasciende inevitablemente al plano de lo artístico.

Índice

Prólogo   5

Advertencia   8

Introducción: Las novelas. El período histórico. El protagonista   10

Primera parte: *Las Memorias de un hombre de acción como historia*

1. Las fuentes históricas   23

   1. Fuentes relacionadas con Aviraneta   23

      i) Información oral   28
      ii) Las historias generales   30
      iii) Los folletos de Aviraneta   44
      iv) Los escritos inéditos de Aviraneta   61
      v) Documentos oficiales y la prensa   68

   2. Fuentes históricas generales   70

2. La interpretación de la historia ... ..., ...   82

   1. La lucha contra el invasor, 1808-1814   84
   2. Liberalismo contra absolutismo, 1814-1834   91

    3. Liberalismo contra carlismo, 1834-1840   105
    4. La visión de España: «La nave de los locos» ...   117

3. El significado de la historia   125

    1. Escepticismo histórico   126

        i)   Las limitaciones de la historiografía   127
        ii) El caos de la historia   139
        iii) Crítica de las ideas barojianas   145

    2. La influencia de Schopenhauer y Tolstoy   148

Segunda parte: *Las Memorias de un hombre de acción como novela*

4. Las Memorias como ciclo novelesco: cronología y estructura   161

    1. Dislocación cronológica   161
    2. Técnicas de enlace   167
    3. Diversificación y estructuración de las tramas ...   179

5. La creación de los personajes   200

    1. Aviraneta   201
    2. Acción y contemplación   209
    3. Criminales y psicópatas   218
    4. La función de los personajes secundarios   230

6. Historia y ficción: concepto barojiano de la novela histórica   237

    1. La conexión de historia y ficción   237
    2. Baroja y Galdós   252

Conclusión   260

Apéndices:

1. Información reciente sobre Aviraneta   269
2. Aviraneta y la derrota del carlismo   277

3. Inventario de los documentos aviranetianos de la Colección Pirala   281

4. Un escrito inédito de Aviraneta, fuente de **Baroja** ...   288

Bibliografía   295

Notas al texto   304

Colección Universitaria de Bolsillo
PUNTO OMEGA

1. Jacques Rueff: **La época de la inflación.**
2. Mircea Eliade: **Lo sagrada y lo profano.**
3. Jean Charon: **De la física al hombre.**
5. E. Mounier: **Introducción a los existencialismos.**
6. J. Bloch-Michel: **La «nueva novela».**
8. N. Sarraute: **La era del recelo.**
9. G. A. Welter: **Filosofía y ciencia en la Unión Soviética.**
11. K. Papaioannou: **El marxismo, ideología fría.**
12. M. Lamy: **Nosotros y la medicina.**
13. Charles-Olivier Carbonell: **El gran octubre ruso.**
14. C.-G. Jung: **Consideraciones sobre la historia actual.**
15. R. Evans: **Conversaciones con Jung.**
16. J. Monnerot: **Dialéctica del marxismo.**
17. M. García-Viñó: **Pintura española neofigurativa.**
18. E. Altavilla: **Hoy con los espías.**
19, 20 y 21. A. Hauser: **Historia social de la Literatura y el Arte, I, II y III.**
22. **Los cuatro Evangelios.**
23. Julián Marías: **Análisis de los Estados Unidos.**
24. Kurz-Beaujour-Rojas: **La nueva novela europea.**
25. Mircea Eliade: **Mito y realidad.**
26. Janne-Laloup-Fourastié: **La civilización del ocio.**
27. B. Pasternak: **Cartas a Renata.**
28. A. Breton: **Manifiestos del surrealismo.**
29. G. Abetti: **Exploracin del Universo.**
30. A. Latreille: **La Segunda Guerra Mundial** (2 tomos).
31. Jacques Rueff: **Visión quántica del Universo. Ensayo sobre el poder creador.**
32. Carlos Rojas: **Auto de fe** (novela).
33. Vintila Horia: **Una mujer para el Apocalipsis** (novela).
34. Alfonso Albalá: **El secuestro** (novela).
35. S. Lupasco: **Nuevos aspectos del arte y de la ciencia.**
36. Theo Stammen: **Sistemas políticos actuales.**
37. Lecomte du Noüy: **De la ciencia a la fe.**
38. G. Uscatescu: **Teatro occidental contemporáneo.**
39. A. Hauser: **Literatura y manierismo.**
40. H. Clouard: **Breve historia de la literatura francesa.**
41. H. Van Ssachno: **Literatura soviética posterior a Stalin.**
42. **Literatura clandestina soviética.**

43. L. Pirandello: **Teatro.**
44. L. Pirandello: **Ensayos.**
45. Guillermo de Torre: **Ultraísmo, existencialismo y objetivismo en literatura.**
46. Guillermo de Torre: **Vigencia de Rubén Darío y otras páginas.**
47. S. Vilas: **El amor y la novela española contemporánea.**
48. H. Jürgen Baden: **Literatura y conversión.**
49. G. Uscatescu: **Proceso al humanismo.**
50. J. Luis L. Aranguren: **Etica y política.**
51. Platón: **El banquete, Fedón, Fedro.** Trad. de Luis Gil.
52. Sófocles: **Antígona, Edipo Rey, Electra.** Trad. de Luis Gil.
53. A. Hauser: **Introducción a la historia del arte.**
54. Carleton S. Coon: **Las razas humanas actuales.**
55. A. L. Kroebes: **El estilo y la evolución de la cultura.**
56. J. Castillo: **Introducción a la sociología.**
57 y 58. E. Ionesco: **Diario, I y II.**
59. P. Calderón de la Barca: **El Gran Duque de Guardia** (comedia inédita). Presentación de Guillermo Díaz-Plaja.
60. G. Miró: **Figuras de la Pasión del Señor.**
61. G. Miró: **Libro de Sigüenza.**
62. Pierre de Boisdeffre: **Metamorfosis de la Literatura, I:** Barrés-Gide-Mauriac-Bernanos.
63. Pierre de Boisdeffre: **Metamorfosis de la Literatura, II:** Montherlant-Malraux-Proust-Valéry.
64. Pierre de Boisdeffre: **Metamorfosis de la Literatura, III:** Cocteau-Anouilh-Sartre-Camus.
65. R. Gutiérrez-Girardot: **Poesía y Prosa de Antonio Machado.**
66. Heimendahl - Weizssäcker - Gerlach - Wieland - Max Born - Günlher - Weisskopf: **Física y Filosofía: Diálogo de Occidente.**
67. A. Delaunay: **La aparición de la vida y del hombre.**
68. Andrés Bosch: **La Revuelta** (novela).
69. Alfonso Albalá: **Los días del odio** (novela).
70. M. García-Viñó: **El escorpión** (novela).
71. J. Soustelle: **Los Cuatro soles. Origen y ocaso de las culturas.**
72. A. Balakian: **El movimiento simbolista.**
73. C. Castro Cubells: **Crisis en la conciencia cristiana.**
74. A. de Tocqueville: **La democracia en América.**
75. G. Blöker: **Líneas y perfiles de la literatura moderna.**
76. S. Radhakrishnan: **La religión y el futuro del hombre.**
77. L. Marcuse: **Filosofía americana.**
78. K. aspers: **Entre el destino y la voluntad.**
79. M. Eliade: **Mefistófeles y el andrógino.**
80. H. Renckens: **Creación, paraíso y pecado original.**
81. A. de Tocqueville: **El Antiguo Régimen y la Revolución.**
82. L. Cernuda: **Estudios sobre poesía española contemporánea.**
83. G. Marcel: **Diario metafísico.**
84. G. Pullini: **La novela italiana de la posguerra.**
85. Léo Hamon: **Estrategia contra la guerra.**
86. José María Valverde: **Breve historia de la literatura española.**
87. José Luis Cano: **La poesía de la Generación del 27.**

88. Enrique Salgado: **Radiografía del odio.**
89. M. Sáenz-Alonso: **Don Juan y el Donjuanismo.**
90. Diderot-D'Alembert: **La Enciclopedia.** Selección.
91. L. Strauss: **¿Qué es Filosofía Política?**
92 y 93. Z. Brzezinski - S. Huntington: **Poder político USA-URSS,** I y II.
94. J. M. Goulemot - M. Launay: **El Siglo de las Luces.**
95. A. Montagu: **La mujer, sexo fuerte.**
97. T. Marco: **Música española de vanguardia.**
98. L. John: **Muntu: Las culturas de la negritud.**
99. L. Pirandello: **Uno, ninguno y cien mil.**
100. L. Pirandello: **Teatro,** II.
102. G. Uscatescu: **Maquiavelo y la pasión del poder.**
103. P. Naville: **La psicología del comportamiento.**
104. E. Jünger: **Juegos africanos.**
105. A. Gallego Morell: **En torno a Garcilaso y otros ensayos.**
106. R. Sédillot: **Europa, esa utopía.**
107. J. John: **Las literaturas neoafricanas.**
108. A. Cublier: **Indira Gandhi.**
109. M. Kidron: **El capitalismo occidental de la posguerra.**
110. R. Ciudad: **La resistencia palestina.**
111 y 112. J. Marías: **Visto y no visto,** I y II.
113. J. Coll: **Variaciones sobre el jazz.**
114 y 115. E. Ruiz García: **América Latina hoy,** I y II.
116. J. Vogt: **El concepto de la historia de Ranke a Toynbee.**
117, 118 y 119. G. de Torre: **Historia de las literaturas de vanguardia,** I, II y III.
120. P. L. Mignon: **Historia del teatro contemporáneo.**
121. A. Berge: **La sexualidad hoy.**
122. J. Salvador y Conde: **El libro de la peregrinación a Santiago de Compostela.**
123. E. J. Hobsbowm: **Las revoluciones burguesas.**
124. Gabriel Marcel: **Incredulidad y fe.**
125. A. Arias Ruiz: **El mundo de la televisión.**
126 y 127. L. F. Vivanco: **Introducción a la poesía española contemporánea,** I y II.
128. A. Timm: **Pequeña historia de la tecnología.**
129. L. von Bertalanffy: **Robots, hombres y mentes.**
130. A. Hauser: **El manierismo, crisis del Renacimiento.**
131. A. Hauser: **Pintura y manierismo.**
132. G. Gómez de la Serna: **Ensayos sobre literatura social.**
133. J. López Rubio: **Al filo de lo imposible.**
134. J. Charon: **De la materia a la vida.**
135. M. Montero: **La poesía del yo al nosotros.**
136. G. Marcel: **Filosofía para un tiempo de crisis.**
137 y 138. Vicente Gaos: **Claves de literatura española,** I y II.
139. R. Bloch - A. Hus: **Las conquistas de la arqueología.**
140 y 141. Josué de Castro: **Geopolítica del hombre,** I y II.
142. Eduardo Baselga: **Los drogadictos.**
143. Carlos Areán: **Treinta años de arte español.**
144. G. Duncan Mitchell: **Historia de la sociología,** I.

145. A. López Quintás: **El pensamiento filosófico de Ortega y D'Ors.**

146. L. García Ballester: **Galeno.**

147. Martín Alonso: **Segundo estilo de Bécquer.**

148. Luis Bonilla: **Las revoluciones españolas en el siglo XVI.**

149. Gérard Bonnot: **Han matado a Descartes.**

150. Pascual Jordan: **El hombre de ciencia ante el problema religioso.**

151. Emilio Beladiez: **El Oriente extremoso.**

152. Jean-Paul Harroy: **La economía de los pueblos sin maquinismo.**

153. Auer, Congar, Böckle, Rohner: **Etica y medicina.**

154. Claude Mauriac: **La aliteratura contemporánea.**

155. Emilia N. Kelley: **La poesía metafísica de Quevedo.**

156. J. Stuart Mill, H. Taylor Mill: **La igualdad de los sexos.**

157. John Eppstein: **¿Se ha vuelto loca la Iglesia católica?**

158. E. O. James: **La religión del hombre prehistórico.**

159 y 160. José Acosta Montoro: **Periodismo y literatura, I y II.**

161. Armando de Miguel: **Diagnóstico de la Universidad.**

162. Martín Almagro: **Introducción al estudio de la Prehistoria y de la Arqueología de Campo.**

163. Paul Ramsey: **El hombre fabricado.**

164. G. Duncan Mitchell: **Historia de la sociología, II.**

165. G. Durozoi - B. Lecherbonnier: **El surrealismo.**

166. André Rey: **Conocimiento del individuo por los tests.**

167. Pedro Sánchez Paredes. **El marqués de Sade.**

168 y 169. Ramón Gómez de la Serna: **Automoribundia.**

170. José Luis Cano: **Poesía española contemporánea. Las generaciones de posguerra.**

171. Carlos Longhurst: **Las novelas históricas de Pío Baroja.**

172. Henri Lefebvre: **Marx.**

173. Antonio Gallego Morell: **Angel Ganivet.**

174. Giacomo Lauri-Volpi: **Voces paralelas.**

175. T. Navarro Tomás: **Manual de entonación española.**

176. W. Clarke - G. Pulay: **El dinero en el mundo.**

F